WOHNHÄUSER
IKONEN DER ARCHITEKTURGESCHICHTE

DOMINIC BRADBURY
Fotografien von RICHARD POWERS

Edition **DETAIL**

INHALT

008   **EINLEITUNG**

010   **1900 VICTOR HORTA HOTEL SOLVAY** BRÜSSEL, BELGIEN

011   **1905 ANTONI GAUDÍ VILLA BELLESGUARD** BARCELONA, SPANIEN

012   **1911 JOSEF HOFFMANN PALAIS STOCLET** BRÜSSEL, BELGIEN

013   **1912 OTTO WAGNER VILLA WAGNER II** WIEN, ÖSTERREICH

014   **1919 CARL LARSSON LILLA HYTTNÄS/LARSSON HAUS** SUNDBORN, SCHWEDEN

015   **1924 GERRIT RIETVELD SCHRÖDER HAUS** UTRECHT, NIEDERLANDE

016   **1927 KONSTANTIN MELNIKOV MELNIKOV HAUS** MOSKAU, RUSSLAND

017   **1928 LUDWIG WITTGENSTEIN HAUS WITTGENSTEIN** WIEN, ÖSTERREICH

017   **1929 EILEEN GRAY E-1027** ROQUEBRUNE-CAP-MARTIN, FRANKREICH

018   **1932 JUAN O'GORMAN RIVERA/KAHLO HAUS & ATELIERS** MEXIKO-STADT, MEXIKO

019   **1932 PIERRE CHAREAU LA MAISON DE VERRE** PARIS, FRANKREICH

020   **1941 CURZIO MALAPARTE CASA MALAPARTE** PUNTA MASSULLO, CAPRI, ITALIEN

020   **1947 RICHARD BUCKMINSTER FULLER WICHITA HAUS** KANSAS, USA

022   **1962 PAUL RUDOLPH MILAM RESIDENCE** PONTE VEDRA, JACKSONVILLE, FLORIDA, USA

023   **1968 MATTI SUURONEN FUTURO HAUS** VERSCHIEDENE ORTE

023   **1969 STAFFAN BERGLUND VILLA SPIES** TORÖ, SCHWEDEN

024   **1978 CARLO SCARPA VILLA OTTOLENGHI** BARDOLINO, VERONA, ITALIEN

025   **1991 MATHIAS KLOTZ CASA KLOTZ** PLAYA GRANDE, TONGOY, CHILE

026   **1993 USHIDA FINDLAY TRUSS WALL HOUSE** TOKIO, JAPAN

027   **1995 KENGO KUMA WASSER-GLAS-HAUS** ATAMI, SHIZUOKA, JAPAN

28	**1900 MACKAY HUGH BAILLIE SCOTT** BLACKWELL BOWNESS-ON-WINDERMERE, CUMBRIA, ENGLAND	60	**1930 ELIEL SAARINEN** SAARINEN HAUS CRANBROOK, BLOOMFIELD HILLS, MICHIGAN, USA	96	**1938 COLIN LUCAS** 66 FROGNAL HAMPSTEAD, LONDON, ENGLAND
32	**1900 EDWIN LUTYENS** GODDARDS ABINGER COMMON, SURREY, ENGLAND	64	**1931 LE CORBUSIER** VILLA SAVOYE POISSY, FRANKREICH	100	**1939 FRANK LLOYD WRIGHT** FALLINGWATER BEAR RUN, PENNSYLVANIA, USA
36	**1902 HENRI SAUVAGE & LOUIS MAJORELLE** VILLA MAJORELLE NANCY, LORRAINE, FRANKREICH	70	**1931 ARNE JACOBSEN** ROTHENBORG HAUS KLAMPENBORG, DÄNEMARK	106	**1939 ALVAR AALTO** VILLA MAIREA NOORMARKKU, FINNLAND
40	**1903 CHARLES RENNIE MACKINTOSH** HILL HAUS HELENSBURGH, DUNBARTONSHIRE, SCHOTTLAND	76	**1933 ROBERT MALLET-STEVENS** VILLA NOAILLES HYÈRES, PROVENCE, FRANKREICH	110	**1947 RICHARD NEUTRA** KAUFMANN HAUS PALM SPRINGS, KALIFORNIEN, USA
44	**1905 EDWARD PRIOR V** VOEWOOD/HOME PLACE HOLT, NORFOLK, ENGLAND	80	**1935 BERTHOLD LUBETKIN** BUNGALOW A WHIPSNADE, BEDFORDSHIRE, ENGLAND	114	**1948 MARCEL BREUER** BREUER HAUS II NEW CANAAN, CONNECTICUT, USA
48	**1906 CHARLES F. A. VOYSEY** THE HOMESTEAD FRINTON-ON-SEA, ESSEX, ENGLAND	84	**1936 SEELY & PAGET** ELTHAM PALACE GREENWICH, LONDON, ENGLAND	116	**1948 GEOFFREY BAWA** LUNUGANGA DEDDUWA, BENTOTA, SRI LANKA
52	**1908 GREENE & GREENE** GAMBLE HAUS PASADENA, KALIFORNIEN, USA	88	**1937 GIUSEPPE TERRAGNI** VILLA BIANCA SEVESO, LOMBARDEI, ITALIEN	120	**1949 CHARLES & RAY EAMES** EAMES HAUS/CASE STUDY #8 PACIFIC PALISADES, LOS ANGELES, KALIFORNIEN, USA
56	**1922 RUDOLPH SCHINDLER** SCHINDLER HAUS WEST HOLLYWOOD, LOS ANGELES, KALIFORNIEN, USA	90	**1938 SERGE CHERMAYEFF** BENTLEY WOOD HALLAND, EAST SUSSEX, ENGLAND	126	**1949 PHILIP JOHNSON** GLASS HOUSE NEW CANAAN, CONNECTICUT, USA
58	**1929 AUGUSTE PERRET** ATELIERHAUS FÜR CHANA ORLOFF PARIS, FRANKREICH	94	**1938 WALTER GROPIUS** GROPIUS HAUS LINCOLN, MASSACHUSETTS, USA	132	**1950 HARRY SEIDLER** ROSE SEIDLER HAUS WAHROONGA, NEW SOUTH WALES, AUSTRALIEN

136 **1951 LUDWIG MIES VAN DER ROHE** FARNSWORTH HAUS PLANO, ILLINOIS, USA	168 **1965 CHARLES DEATON** SCULPTURED HOUSE GENESEE MOUNTAIN, GOLDEN, DENVER, COLORADO, USA	206 **1972 JØRN UTZON** CAN LIS PORTO PETRO, MALLORCA, SPANIEN
142 **1954 OSCAR NIEMEYER** HAUS IN CANOAS RIO DE JANEIRO, BRASILIEN	172 **1966 CHARLES GWATHMEY** GWATHMEY HAUS & STUDIO AMAGANSETT, HAMPTONS, LONG ISLAND, USA	210 **1973 MARIO BOTTA** HAUS IN RIVA SAN VITALE TESSIN, SCHWEIZ
146 **1954 JEAN PROUVÉ** MAISON PROUVÉ NANCY, LORRAINE, FRANKREICH	176 **1966 JOSEPH ESHERICK** ESHERICK HEDGEROW HOUSE SEA RANCH, SONOMA COUNTY, KALIFORNIEN, USA	214 **1973 RICHARD MEIER** DOUGLAS HAUS HARBOR SPRINGS, MICHIGAN, USA
150 **1957 EERO SAARINEN** IRWIN MILLER HAUS COLUMBUS, INDIANA, USA	180 **1968 LUIS BARRAGÁN** GESTÜT SAN CRISTÓBAL LOS CLUBES, MEXICO-STADT, MEXICO	218 **1975 PETER EISENMAN** HAUS VI WEST CORNWALL, CONNECTICUT, USA
154 **1961 LOUIS KAHN** ESHERICK HAUS CHESTNUT HILL, PHILADELPHIA, PENNSYLVANIA, USA	182 **1968 JOHN LAUTNER** ELROD RESIDENCE PALM SPRINGS, KALIFORNIEN, USA	222 **1976 MICHAEL & PATTY HOPKINS** HOPKINS HAUS HAMPSTEAD, LONDON, ENGLAND
156 **1961 BASIL SPENCE** SPENCE HAUS BEAULIEU, HAMPSHIRE, ENGLAND	188 **1969 RICHARD ROGERS** DR ROGERS HAUS WIMBLEDON, LONDON, ENGLAND	226 **1978 FRANK GEHRY** GEHRY HAUS SANTA MONICA, LOS ANGELES, KALIFORNIEN, USA
160 **1962 ALISON & PETER SMITHSON** UPPER LAWN PAVILION TISBURY, WILTSHIRE, ENGLAND	192 **1970 CRAIG ELLWOOD** PALEVSKY HAUS PALM SPRINGS, KALIFORNIEN, USA	228 **1981 TADAO ANDO** KOSHINO HAUS ASHIYA, HYOGO, JAPAN
164 **1964 ROBERT VENTURI** VANNA VENTURI HAUS CHESTNUT HILL, PHILADELPHIA, PENNSYLVANIA, USA	196 **1970 AGUSTÍN HERNÁNDEZ** CASA HERNÁNDEZ MEXICO-STADT, MEXICO	230 **1984 JAN BENTHEM** BENTHEM HAUS ALMERE, AMSTERDAM, NIEDERLANDE
166 **1964 ALBERT FREY** FREY HAUS II PALM SPRINGS, KALIFORNIEN, USA	198 **1970 PAULO MENDES DA ROCHA** MILLÁN HAUS SÃO PAULO, BRASILIEN	234 **1985 PIERRE KOENIG** KOENIG HAUS #2 BRANTWOOD, LOS ANGELES, KALIFORNIEN, USA
	202 **1972 SCOTT TALLON WALKER** GOULDING HAUS ENNISKERRY, COUNTY WICKLOW, IRLAND	238 **1988 CHARLES CORREA** HAUS IN KORAMANGALA BANGALORE, INDIEN

240 **1989 JOHN PAWSON & CLAUDIO SILVESTRIN** **NEUENDORF HAUS** MALLORCA, SPANIEN	286 **1995 O. M. UNGERS** **HAUS UNGERS III** KÖLN, DEUTSCHLAND	328 **2000 DAVID ADJAYE** **ELEKTRA HOUSE** WHITECHAPEL, LONDON, ENGLAND
246 **1989 ANTTI LOVAG** **PALAIS BULLES** THÉOULE-SUR-MER, CANNES, FRANKREICH	292 **1996 FUTURE SYSTEMS** **HAUS IN WALES** MILFORD HAVEN, PEMBROKESHIRE, WALES	332 **2000 SEAN GODSELL** **CARTER/TUCKER HAUS** BREAMLEA, VICTORIA, AUSTRALIEN
250 **1991 RICARDO LEGORRETA** **GREENBERG HAUS** LOS ANGELES, KALIFORNIEN, USA	294 **1997 HITOSHI ABE** **GÄSTEHAUS YOMIURI** ZAO, MIYAGI, JAPAN	336 **2000 WERNER SOBEK** **SOBEK HAUS/HAUS R128** STUTTGART, DEUTSCHLAND
256 **1992 ALBERTO CAMPO BAEZA** **CASA GASPAR** ZAHORA, CÁDIZ, SPANIEN	298 **1997 DENTON CORKER MARSHALL** **FARMHAUS** AVINGTON, KYNETON, VICTORIA, AUSTRALIEN	338 **2005 HORDEN, HAACK & HÖPFNER** **MICRO COMPACT HOME** VERSCHIEDENE ORTE
260 **1992 SIMON UNGERS** **T-HOUSE** WILTON, SARATOGA SPRINGS, NEW YORK, USA	304 **1997 HERZOG & DE MEURON** **RUDIN HAUS** LEYMEN, HAUT-RHIN, FRANKREICH	342 **2009 ISAY WEINFELD** **CASA GRÉCIA** SÃO PAULO, BRASILIEN
264 **1993 ERIC OWEN MOSS** **LAWSON-WESTEN HAUS** BRENTWOOD, KALIFORNIEN, USA	306 **1997 KEN SHUTTLEWORTH** **CRESCENT HOUSE** WINTERBROOK, WILTSHIRE, ENGLAND	348 **2010 BEDMAR & SHI** **JIVA PURI VILLAS** BALI, INDONESIEN
268 **1993 ANTOINE PREDOCK** **TURTLE CREEK HOUSE** DALLAS, TEXAS, USA	312 **1998 REM KOOLHAAS** **HAUS NAHE BORDEAUX** BORDEAUX, FRANKREICH	352 **2012 TOM KUNDIG** **STUDHORSE** WINTHROP, WASHINGTON, USA
274 **1994 ANTHONY HUDSON** **BAGGY HOUSE** CROYDE, DEVON, ENGLAND	318 **1998 EDUARDO SOUTO DE MOURA** **MOLEDO HAUS** MOLEDO, CAMINHA, PORTUGAL	356 BIOGRAFIEN 365 BIBLIOGRAFIE 368 ORTSVERZEICHNIS 370 HÄUSER NACH STILEN 372 BILDNACHWEIS 373 REGISTER
280 **1994 GLENN MURCUTT** **SIMPSON-LEE HAUS** MOUNT WILSON, NEW SOUTH WALES, AUSTRALIEN	322 **1998 UN STUDIO** **MÖBIUS HAUS** HET GOOI, NIEDERLANDE	
284 **1995 SHIGERU BAN** **PAPIERHAUS** YAMANAKASEE, YAMANASHI, JAPAN	324 **1999 STEVEN HOLL** **Y-HAUS** CATSKILL MOUNTAINS, NEW YORK, USA	

EINLEITUNG

Wenn es um Architektur geht, sind es doch die Wohnhäuser, zu denen wir am leichtesten Zugang finden und denen gegenüber wir am nachsichtigsten sind. Denn im Grunde unseres Herzens wissen wir, dass ein Haus so viel mehr ist als eine jener viel zitierten „Wohnmaschinen". Häuser haben emotionale Tiefe, gehören zu den intimsten Ausdrucksformen unserer Persönlichkeit, sind Rückzugsort und alltäglicher Aufenthaltsort zugleich. Darüber hinaus können sie Arbeitsstätte sein, Kunstgalerie, Spielplatz und privates Freizeitzentrum. Umso wichtiger, dass sie perfekt auf uns und unsere Bedürfnisse zugeschnitten sind. Erst das macht sie zu einem Zuhause. Kein Wunder also, dass ein Eigenheim für so viele ein Traum ist – und oft hart erarbeiteter Luxus. Denn statt beengt in irgendeiner genormten Wohnkiste zu sitzen, wünschen wir uns ein Zuhause, das unserer Lebensweise entspricht, eine in sich schlüssige Struktur aufweist und unseren ästhetischen Vorstellungen nahekommt.

Aus all diesen Gründen übt der Bau eines Wohnhauses auch auf Architekten einen ganz besonderen Reiz aus, selbst wenn es nicht das eigene ist. Ein solcher Auftrag ist nicht nur architektonisch eine Herausforderung, sondern stets auch eine intensive persönliche Erfahrung, was Bauherr und Entwerfer oft zu einer besonderen Einheit zusammenschweißt, die noch über Jahre besteht.

Viele der Häuser in diesem Buch sind Ausdruck eines solch engen Verhältnisses zwischen Architekt und Auftraggeber, das harmonisch und unproblematisch, aber auch beschwerlich und anstrengend sein kann. Man denke dabei nur an die schwierige Beziehung zwischen Ludwig Mies van der Rohe und Edith Farnsworth, das abenteuerliche Auf und Ab der Verbindung zwischen Frank Lloyd Wright und Edgar J. Kaufmann oder die verführerische Rolle, die Robert Mallet-Stevens' Villa Noailles im Leben ihrer „geistigen Schöpfer" spielte. Fehlt nur noch die berühmte Entstehungsgeschichte von Peter Eisenmans House VI, bei der die Geduld von Bauherrin und Architekt bis zum Zerreißen gespannt war. Der Bau eines Hauses ist definitiv ein Abenteuer und zugleich ein Lernprozess von großer emotionaler und intellektueller Eigendynamik. Angesichts der damit verbundenen Risiken erfordert ein solcher Schritt durchaus Bravour und Wagemut. Die Ausführung nimmt Monate, ja oft Jahre in Anspruch, in denen ein gegenseitiges Vertrauen zwischen Menschen gefragt ist, die einander meist nicht wirklich kennen.

„Aufträge für Wohnhäuser erlauben es, Ideen zu formulieren und eine Reihe von Grundsätzen zu entwickeln, die sich, so hofft man, langfristig auf die künftige Arbeit auswirken werden", brachte es der Architekt Richard Meier auf den Punkt. „Sie sind grundlegender Ausdruck architektonischer Ideen. Formal bieten sie den intimsten Maßstab, mit dem man arbeiten kann. Und symbolisch haben sie eine enorme Kraft, sowohl als Repräsentanten des individuellen Lebens, das zwischen ihren Wänden geführt wird, als auch durch ihre nachhaltige Einflussnahme auf die Architekturentwicklung über die Jahrhunderte."

So ist der Architekt beim Bau eines Wohnhauses gleich doppelt gefordert. Dabei wird vor allem sein eigenes – und davon finden sich in diesem Buch eine Reihe – ganz schnell zum künstlerisch-handwerklichen Statement und damit weit mehr als ein bloßes Zuhause. Es wird zum Manifest, ein Ideenlabor auf dem Prüfstand. Mitunter gewinnt es dabei entscheidenden Einfluss auf die weitere Karriere seines Schöpfers oder seiner Schöpferin wie bei Eileen Grays Haus E-1027, Rudolph Schindlers Atelierhaus in Los Angeles, Philip Johnsons Glass House oder Werner Sobeks Haus in Stuttgart.

Einige Beispiele fallen auch unter die Kategorie „Bau uns ein Haus", wenn die Eltern des Architekten zum Auftraggeber werden. Im Allgemeinen ist der Spielraum hier besonders groß. Bei meist wenigen Vorgaben und viel Wohlwollen von Seiten der „Bauherren" können die Architekten hier jene Themen und Ideen ausprobieren, die ihnen besonders am Herzen liegen. Solche Projekte halfen beispielsweise Harry Seidler, Robert Venturi, Charles Gwathmey oder Richard Rogers, eine eigene Sprache zu finden.

Es überrascht also nicht weiter, dass das Wohnhaus so großen Raum in unserem Denken einnimmt und unsere Vorstellung und

Wahrnehmung von Architektur weit mehr beeinflusst als ein grandioses Museum oder ein aufsehenerregendes Superbauwerk. Die berühmten Wohnhäuser der Vergangenheit üben eine fast schon magische Anziehungskraft auf unser kollektives Bewusstsein aus und sind längst ein fester Bestandteil der internationalen Architektursprache geworden. Bauten wie Le Corbusiers Villa Savoye, Frank Lloyd Wrights Fallingwater oder Richard Neutras Kaufmann House sind heute Schlüsselwerke für unser Verständnis der Architektur des 20. Jahrhunderts.

Diese und die vielen anderen Wohnhäuser in diesem Band gelten aus verschiedensten Gründen als Architekturikonen. Vor allem natürlich, weil sie experimentell sind und innovativ. Viele davon kann man als geradezu revolutionär bezeichnen, da sie unsere Vorstellung davon verändert haben, was ein Haus eigentlich sein sollte. In diesem Sinne geht ihr Einfluss weit über den historischen Kontext hinaus, in dem sie geschaffen wurden. Die hier vorgestellten Häuser haben häufig entscheidend dazu beigetragen, ein neues architektonisches Paradigma zu etablieren oder bilden einen zentralen Bezugspunkt innerhalb bestimmter architektonischer und stilbildender Bewegungen. Oft waren sie die

1900 VICTOR HORTA (1861–1947)
HOTEL SOLVAY BRÜSSEL, BELGIEN

Victor Horta war einer der ersten Architekten seiner Generation, der die Vergangenheit aktiv in Frage stellte und nach einer neuen Herangehensweise suchte – ohne Rücksicht auf Tradition und historische Vorbilder. Als einem der bedeutendsten Vertreter des Jugendstils ging es ihm vor allem um die Umsetzung eines ganzheitlichen Wohnbegriffs, der Architektur und Innenarchitektur bis hin zum Möbeldesign als integrale Einheit verstand.

Das Hotel Tassel von 1893 ist ein frühes Beispiel für einen solchen Ansatz. Mit seiner verspielt-organischen Linienführung und einer fast schon skulpturalen Grazie dürfte es das erste realisierte Jugendstilgebäude überhaupt gewesen sein. Viele Auftraggeber Hortas gehörten der wohlhabenden Elite Brüssels an. So erhielt er 1894 den Auftrag, ein Haus für den frisch vermählten Industriellensohn Armand Solvay zu entwerfen, der zu diesem Zeitpunkt noch keine 30 Jahre alt war. Die geschwungene Fassade des heutigen Hotels wird dominiert von zwei großen Doppelfenstern mit Balkon, während der seitlich positionierte Eingang nur eine Nebenrolle spielt. Der prächtige Treppenaufgang im Inneren teilt sich auf dem Weg hinauf zu den Empfangsräumen im Obergeschoss.

Horta gestaltete alles mit großer Akribie – vom großen Ganzen bis zur Türklingel. Dieses auf so sublime Weise spektakuläre Haus ist ohne Frage ein Kind des neuen Jahrhunderts.

Meilensteine in der Karriere ihrer Architekten und gehören zu deren bekanntesten Werken, wie Staffan Berglunds Villa Spies oder Charles Deatons Sculptured House.

Die meisten dieser Häuser nehmen in vorbildlicher Weise Bezug auf ihren Standort, das Umfeld, die Landschaft und gehen sensibel, aber stilvoll auf die spezifischen Wünsche der Auftraggeber ein. Insgesamt ergeben sie ein faszinierendes Gesamtbild der Veränderungen und Entwicklungen innerhalb der neueren Architektur, das weit mehr ist als die Summe seiner Teile.

Dieses kartografische Bild ist zugleich von einem Exotismus geprägt, der von einer zunehmenden Globalisierung von Ideen und Konzepten herrührt – ein Prozess, der im Zeitalter der Massenkommunikation deutlich an Fahrt aufgenommen hat. Ideen verbreiten sich schneller als je zuvor und führen im Nu zu internationalen Bewegungen.

Das breite Spektrum dieser Publikation reicht von der Arts-and-Crafts-Bewegung um 1900, für die Mackay Hugh Baillie Scotts Blackwell oder Greene & Greene's Gamble Haus stehen, bis zu den bahnbrechenden formalen Experimenten der Gegenwart, für die Büros wie

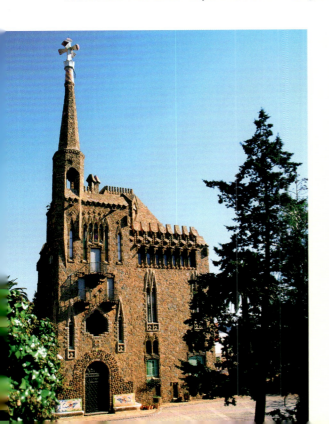

1905 ANTONI GAUDÍ (1852–1926)
VILLA BELLESGUARD BARCELONA, SPANIEN

Eine der ersten Auftragsarbeiten Gaudís waren Straßenlaternen, seine letzte die grandiose, unvollendet gebliebene Kathedrale Sagrada Familia. Dazwischen entstand eine ganze Reihe außergewöhnlicher Gebäude, die seinen Ruf als einer der originellsten Architekten seiner Zeit bestätigten. Insbesondere seine Wohnhäuser, allen voran die berühmte Casa Milà (1910), sind zu einem stilprägenden Bestandteil seiner Heimatstadt Barcelona geworden.

Gaudís eindrucksvollstes Einfamilienhaus ist wohl die Villa Bellesguard, auch bekannt unter dem Namen Casa Figueras. In ihrer Architektur verschmelzen, wie bei so vielen seiner unverwechselbaren Werke, Ideen aus Jugendstil und Neogotik zu einer einzigartigen Stileinheit. Die Villa entstand praktisch auf den Überresten eines mittelalterlichen katalanischen Palastes. Maria Sagués, die Witwe eines wohlhabenden Kaufmanns, erteilte den Bauauftrag. Inspiriert von Natur und Geschichte schuf Gaudí hier ein extravagantes Gebäude, das sich von seiner kubischen Grundform aus emporschwingt zu einem skulpturalen, zinnengeschmückten Dach mit Mansarde und schlankem Aussichtsturm. Der Baukörper besteht aus Backstein, dient aber nur als Basis für allerlei Schnörkel. Wände und Mauern sind innen wie außen dekorativ mit Schiefer, Stein und Steinpaste verkleidet. Dieses Privathaus stellt eine von Gaudís vollkommensten Schöpfungen dar.

1911 JOSEF HOFFMANN (1870–1956)
PALAIS STOCLET BRÜSSEL, BELGIEN

Josef Hoffmann, ein Schüler Otto Wagners und Mitbegründer der einflussreichen Wiener Werkstätten, die mittels Kunsthandwerk die Alltagskultur zu verändern suchten, war ein Wiener Architekt, dessen berühmtestes Gebäude jedoch in Brüssel steht: Der Palais Stoclet wurde von dem belgischen Finanzier und Kunstmäzen Adolphe Stoclet in Auftrag gegeben. Ursprünglich wollten er und seine Frau Suzanne ein Haus in Wien, ihrem damaligen Wohnsitz, doch mit dem Tod von Stoclets Vater kehrten sie nach Brüssel zurück und änderten ihre Pläne.

Hoffmann entwarf ein imposantes Herrenhaus, das ausreichend Platz für Stoclets wachsende Kunstsammlung bot – darunter herausragende Werke aus Asien und Afrika. Die Stoclets ließen dem Architekten bei der Gestaltung freie Hand, und so schuf er ein dynamisches „Gesamtkunstwerk" – als stimmige Einheit von innen und außen. Auf den ersten Blick gibt sich das Gebäude kubistisch, mit einem seitlich dramatisch aufragenden Turm, doch bei näherer Betrachtung zeigt es sich ummantelt mit Platten aus weißem norwegischem Marmor und versehen mit Kupfereinfassungen. Auch innen wurde kein Aufwand gescheut, so schmücken das Esszimmer Wandfriese von Gustav Klimt. Der Palais Stoclet zählt zu den bedeutendsten architektonischen Pionierleistungen des frühen 20. Jahrhunderts.

UN Studio, Ushida Findlay oder Ken Shuttleworth verantwortlich zeichnen.

Die Arts-and-Crafts-Bewegung propagierte die Hinwendung zum Kunsthandwerk und eine partielle Rückkehr zu den Werten und der einfachen Lebensweise des vorindustriellen Zeitalters. Sie forderte Respekt vor Handwerk und Tradition statt einer Glorifizierung der Massenproduktion. Dennoch ist es faszinierend zu sehen, dass Architekten wie Baillie Scott, Edward Prior, Charles Voysey oder die Brüder Greene ebenso sehr nach vorne blickten wie zurück.

In ihren Werken kommt ein sanftes Aufbegehren zum Ausdruck gegen Konvention, Tradition und jene rigide Förmlichkeit, die das viktorianische Wohnhaus des 19. Jahrhunderts so perfekt verkörperte – erste tastende Versuche, flexiblere und informellere Wohnräume zu schaffen. Zur gleichen Zeit entwarfen Edward Prior oder Edwin Lutyens innovative Grundrisse, die an die Form von Schmetterlingen erinnern, und Prior begann mit den konstruktiven Möglichkeiten von Beton zu experimentieren.

Diese Häuser des frühen 20. Jahrhunderts sind höchst spannende Vorläufer der revolutionären Veränderungen, die schon bald darauf folgen sollten. Am faszinierendsten sind dabei jene Architekten, die sich an der Schnittstelle von Vergangenheit und Zukunft bewegten und die Speerspitze der Moderne bilden: Dazu gehören etwa Adolf Loos, Otto Wagner, Josef Hoffmann oder Henri Sauvage. Sie machten Front gegen die Architektur der Gründerzeit und ihrem Faible fürs Ornament und strebten nach formaler wie struktureller Erneuerung. In dieser ersten Dekade der Jahrhundertwende liegen die Anfänge des multifunktionalen Wohnbereichs oder „Universalraums", und man beginnt erstmals, mit modernen Materialien zu experimentieren. In den späten 1920er-Jahren verwendeten dann Architekten wie Pierre Chareau oder Auguste Perret Glas, Beton und Stahl auf nie zuvor gekannte Weise. Diese revolutionären Bestrebungen gewannen noch zusätzlich an Momentum, als Rudolph Schindler und andere es wagten, das Wohnhaus in seiner damaligen Form grundsätzlich infrage zu stellen und dafür neue Konzepte zu entwickeln.

Zugleich war der Beginn des 20. Jahrhunderts auch die Zeit der schrägen Experimente, Spektakel, ja Exzesse des Art nouveau beziehungsweise Jugendstils, wie sie etwa in den Werken von Victor Horta und Antoni Gaudí zum Ausdruck kamen, die sich von den amorphen Formen der Natur inspirieren ließen. Es folgten Glanz und Gloria des Art déco in der Euphorie der Zwischenkriegszeit, der sich gelegentlich mit den ersten Versuchen des Modernismus überschnitt. Das Interieur von Seely & Pagets Eltham Palace in London etwa ist der Inbegriff des klassischen „Jazz Age"-Stils der 1920er-Jahre. Doch selbst Eileen Grays Haus E-1027, diese wahre Ikone der frühen Moderne, ist mit ihrer dynamischen Formensprache und den an die Ozeandampfer der Zeit erinnernden Terrassen ebenfalls deutlich vom Art déco geprägt.

In den 1930er-Jahren war die Revolution der Moderne vor allem in Amerika und England in vollem Gang, und überkommene Wohnkonzepte wurden über Bord geworfen. Neue Materialien und Fortschritte auf dem Ingenieurssektor führten zu einer regelrechten Neuerfindung des Eigenheims. Die Pioniere der Moderne suchten innovative Antworten auf alte Fragen. Berühmte, vormals am Bauhaus tätige Emigranten wie Walter Gropius, Ludwig Mies van der Rohe oder Marcel Breuer hatten an dieser Entwicklung maßgeblichen Anteil und lehrten, nachdem sie Deutschland den Rücken kehren mussten,

1912   OTTO WAGNER (1841–1918)
VILLA WAGNER II WIEN, ÖSTERREICH

Wie Josef Hoffmann war Otto Wagner aktives Mitglied der Wiener Secession – gerne bezeichnet als österreichisch-deutsche Version des Jugendstils – zugleich aber auch einer der frühen Visionäre der Moderne. Seine Entwürfe forcierten eine strengere Architektursprache, mit einer Abkehr vom rein Dekorativen zugunsten einer größeren Fokussierung auf Form, Funktion, Materialität, Klarheit und Rationalität. Er war der Wegbereiter einer neuen Architektur, und Bauten wie sein Postsparkassengebäude (1912) mit einer Konstruktion aus Stahl und Glas nahmen die Formensprache der Zukunft vorweg.

Die Villa Wagner II, konzipiert als Familiensitz und Sommerhaus inmitten einer üppigen Gartenlandschaft, zeigt anschaulich, wie sehr den Architekten die Möglichkeiten neuer Materialien und Bauweisen faszinierte. So kamen hier etwa Stahlbeton, Flachglas, Aluminium und Glasmosaik zum Einsatz. Die klar strukturierte, rechteckige Fassade weist zur Straße hin eine serielle Abfolge schmaler Fenster auf, während ein Band aus bunten Glasziegeln einen starken Kontrast zum weißen Putz schafft.

Auf der mittleren der drei Etagen legte Wagner einen für unsere Zeit typischen Multifunktionsraum an, der zugleich als Wohn- und Esszimmer diente. Dies war eine erste deutliche Abwendung von der damals üblichen formellen Anordnung der Räume entsprechend ihrer jeweiligen Funktion.

1919 CARL LARSSON (1853–1919)
LILLA HYTTNÄS/LARSSON HAUS SUNDBORN, SCHWEDEN

Als Maler, Designer und Schriftsteller trug Larsson vielleicht mehr als jeder andere dazu bei, das gängige Klischee des schwedischen Stils zu prägen. Obwohl er selbst kein Architekt war, übte das Haus, in dem die zehnköpfige Familie lebte, dennoch eine nachhaltige Wirkung auf die internationale Architekturszene aus.

Larsson stammte aus ärmlichen Verhältnissen und musste sich aus eigener Kraft hocharbeiten. Er und seine Frau, ebenfalls Künstlerin und Textildesignerin, waren gebildete Leute und hatten vielfältige Interessen. Als Karins Vater ihnen ein schlichtes Holzhaus im mittelschwedischen Dörfchen Sundborn schenkte, transformierten sie es in eine radikale und sehr persönliche Version des gustavianischen Stils – auch inspiriert von Elementen anderer Designtraditionen.

Die Larssons erhielten ihr kleines Landhaus 1888 und bauten es in mehreren Phasen aus und um. Dabei arbeiteten sie eng mit Handwerkern vor Ort zusammen und ergänzten das Gebäude in den Jahren 1890, 1900 und 1912 um wesentliche Anbauten. Zu einem vollständigen Ende der Bauarbeiten dürfte es wohl erst mit dem Tode Larssons 1919 gekommen sein. Seine Aquarelle vom Haus, die er in zahlreichen Büchern veröffentlichte – vor allem in dem Klassiker „Unser Heim" (1899) – machten den „Larsson-Stil" weltweit zu einem Markenzeichen. Er erfreut sich nach wie vor größter Beliebtheit.

an der Harvard University und anderen intellektuellen Zentren der amerikanischen Ostküste. Gleichzeitig etablierten Richard Neutra, Charles und Ray Eames und andere Architekten an der Westküste der USA eine ganz eigene, kalifornische Spielart der Moderne, die sich durch fließende Übergänge und eine starke Interaktion zwischen Innen- und Außenraum auszeichnet. Die skandinavische Moderne wiederum, wie sie sich in den Bauten von Alvar Aalto oder Arne Jacobsen zeigt, vertrat einen wärmeren, sanfteren Ansatz, der sich vor allem auf natürliche Materialien stützte. Damit standen sie den organischen Architekturen von Frank Lloyd Wright in den USA sehr nahe. Viele dieser Architekten waren „Universalkünstler" im Sinne der Renaissance, was ihre Werke noch homogener und in sich stimmiger erscheinen lässt. Sie waren Schriftsteller und Theoretiker, malten und zeichneten, hielten Vorlesungen und unterrichteten. Ihre Häuser profitierten von ihrer Fähigkeit, auch Möbel, Beleuchtung und die Inneneinrichtung selbst zu gestalten, und wurden so zu architektonischen Gesamtkunstwerken.

Nicht nur in dieser Hinsicht war der facettenreiche Le Corbusier *Primus inter pares*. Sein Einfluss auf die Architektur des 20. Jahrhunderts war immens, und sein Ansatz hinterließ bei vielen Leitfiguren jener Zeit einen bleibenden Eindruck. Seine Villa Savoye von 1931 war aus vielen Gründen umstritten, nicht zuletzt, weil auftretende Wasserschäden sie für die Auftraggeber praktisch unbewohnbar machten. Doch der nachhaltigen Wirkung dieses Hauses tat dies keinen Abbruch, war es doch die paradigmatische Umsetzung von Corbusiers Manifest „Fünf Punkte zu einer neuen Architektur". Dazu zählen der freie Grundriss beziehungsweise Universalraum und die Befreiung von Stützmauern durch Säulen oder Pilotis, welche die Last des Hauses tragen.

Nach und nach kristallisierten sich die wichtigsten Grundsätze modernen Wohnens heraus, wie sie die Pioniere der Bewegung in ihren Bauikonen umsetzten: der multifunktionale Wohnbereich, die fließenden Übergänge zwischen Innen- und Außenraum, die Vorhangfassade mit ihren großen Glasflächen, der erhöhte Wohnraum beziehungsweise die Neuerfindung der Beletage. Ideen wie diese spielten eine entscheidende Rolle beim allmählichen, doch umso grundsätzlicheren Wandel in der Gestaltung und Raumstruktur unserer Wohnhäuser. Ihnen lag die Sehnsucht nach einer neuen, freieren Lebensweise zugrunde, die in einem Sinn für viel Licht und weite Räume zum Ausdruck kommt und – an passender Stelle – einem lebendigen Dialog mit der Umgebung und der Landschaft.

Was in den 1930er-Jahren revolutionär erschien, ist heute Standard. Diese Ideen waren natürlich nicht nur deshalb erfolgreich, weil sie innovativ waren. Sie entsprachen auch einem moderneren Lebensstil mit anderen Vorstellungen von Gemütlichkeit und einer

1924 GERRIT RIETVELD (1888–1964)
SCHRÖDER HAUS UTRECHT, NIEDERLANDE

Rietvelds Bedeutung als Architekt wurde ganz entscheidend geprägt von dem spektakulären Erfolg seines Schröder Hauses – einem Bauwerk, das die niederländische Avantgarde nachhaltig beeinflussen sollte. Den Auftrag dazu erhielt er von Truus Schröder, einer jungen Witwe, die später auch seine kreative Mitarbeiterin und Geliebte wurde. Das Haus aus verputztem Mauerwerk stellte nicht nur formal und bautechnisch einen Bruch mit der Tradition dar, sondern auch durch eine neue, radikale Raumgestaltung, die Rietveld den strengen Bauvorschriften wie auch der Anspruchlichkeit Schröders zum Trotz mit großem Geschick und Einfallsreichtum durchzusetzen wusste.

Rietveld ermutigte zu einem flexibleren Umgang mit Räumen und ihrer Anpassungsfähigkeit. So setzte er Schiebewände ein, um das obere Stockwerk öffnen beziehungsweise abtrennen zu können. Auch seine Talente als Möbeldesigner kamen in einer Reihe integrierter Entwürfe nach Maß zum Einsatz.

Das Schröder Haus steht im Zentrum eines außergewöhnlichen, lebenslangen kreativen Dialogs mit sich selbst (Rietveld wohnte während seiner letzten Lebensjahre sogar dort). Es ist zugleich das ausdrucksstärkste architektonische Manifest von De Stijl, jener Künstlerbewegung, die eine auf Geometrie und Abstraktion fußende Modernität propagierte und in Rietveld ihre Lichtgestalt fand. Mit seinen Primärformen und -farben war das 1924 an einer Straßenecke in Utrecht errichtete Schröder Haus schon ein wahrlich bemerkenswertes Statement.

Neudefinition von „privatem" und „gemeinschaftlichem" Raum. So hat etwa das räumlich abgetrennte Esszimmer kontinuierlich an Bedeutung verloren zugunsten eines offenen Bereichs, in dem die Familie gemeinsam kochen, speisen und entspannen kann. Zimmer für Angestellte oder Haushaltshilfen sind – für die meisten von uns – kompakten Funktionsräumen gewichen. Und eine großzügige Beleuchtung sowie Räume, die das Outdoor-Erlebnis nach innen holen, gehören zu den zentralen Kriterien zeitgenössischer Architektur.

Wie der Begriff des Internationalen Stils nahelegt, verbreiteten sich die Prinzipien der Moderne rasch über alle Staatsgrenzen hinweg. Nach dem Zweiten Weltkrieg gewannen vor allem Architekturzeitschriften und Fachmagazine an Bedeutung für die Präsentation von Ideen, Projekten und ihren Schöpfern. So spielte etwa John Entenzas Magazin *Arts & Architecture* eine Schlüsselrolle bei der Etablierung des Case-Study-House-Programms für innovative kalifornische Wohnhausarchitektur, während Fotografen wie Julius Shulman und Ezra Stoller viel dazu beitrugen, die Visionen der Architekten in Hochglanz zu popularisieren.

1927 KONSTANTIN MELNIKOV (1890–1974)
MELNIKOW HAUS MOSKAU, RUSSLAND

„Mit einem feinen Sinn für Ausgewogenheit und kontrollierter Spannung bringt es sich in Einklang mit dem Pulsschlag der Moderne", sagte Melnikow über sein eigenes Wohnhaus mit Atelier. Diese seltsame, hoch aufragende Mischung aus Festung und Getreidesilo sollte zu einer architektonischen Ikone werden. Das Melnikow gehörte zu den wenigen Privathäusern, die während der postrevolutionären Ära in Moskau überhaupt gebaut wurden, und war noch dazu der höchst kuriose Ausdruck einer neuen Architektur. Dem Erfolg seines sowjetischen Pavillons auf der Pariser Kunstgewerbeausstellung von 1925 verdankte Melnikow das Wohlwollen der staatlichen Behörden, die ihn beim Erwerb des Baugrundstücks unterstützten (in späteren Jahren wurde seine Tätigkeit von Regierungsseite jedoch zunehmend mit Misstrauen beäugt).

Das zweigeschossige Gebäude aus Mauerwerk durchlief mehrere Entwurfsphasen, bevor Melnikow sich für die Idee zweier miteinander verschmolzener Zylinder entschied. Den vorderen dominiert eine große, offene Fensterfront, die reichlich Licht und Luft einlässt und fast schon als Balkon fungiert, während die Fassade des hinteren Zylinders mit einer Vielzahl sechseckiger Fenster geradezu gespickt ist. Die Sockelbetten in den halboffenen Schlafzimmern scheinen direkt aus dem Fußboden herauszuwachsen. Mit Gestaltungsideen wie diesen wurde das Melnikow Haus im Moskau des 20. Jahrhunderts zu einem Symbol avantgardistischer Architektur.

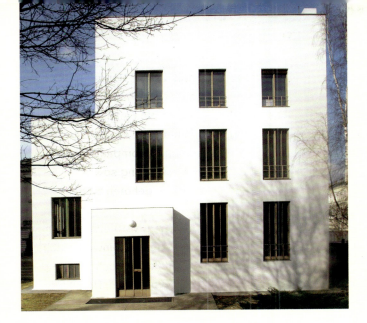

1928 LUDWIG WITTGENSTEIN (1889–1951)
HAUS WITTGENSTEIN WIEN, ÖSTERREICH

In einer Bemerkung über Architektur äußerte Wittgenstein einmal, dass man die Philosophie vermutlich für kompliziert genug halte, dass sie aber in Wahrheit gar nichts sei im Vergleich zu der Aufgabe, ein guter Architekt zu sein. Er selbst versuchte sich neben der Sprachphilosophie gleich in mehreren Berufen – als Ingenieur, Gärtner und Lehrer. Doch keine Tätigkeit schien ihm so anspruchsvoll und quälend zu sein wie die des Architekten, die den detailversessenen Wittgenstein restlos erschöpfte.

Das markante dreistöckige Gebäude im Stil des Kubismus entstand im Auftrag von Wittgensteins Schwester Margarethe „Gretl" Stonborough-Wittgenstein, die sich 1923 von ihrem wohlhabenden Gatten, dem Chemiker Jerome Stonborough, hatte scheiden lassen. Zunächst bat sie den Architekten Paul Engelmann, ein Haus für sie und ihre Kinder zu entwerfen, doch Wittgenstein wurde immer mehr in die Planung mit einbezogen, überwarf sich schließlich mit Engelmann und nahm das Projekt selbst in die Hand. Schon Engelmann stand in der Tradition seines Lehrers Adolf Loos, der allem dekorativen Übermaß bekanntlich den Krieg erklärt hatte. Wittgenstein ging jedoch noch weiter, räumte radikal mit Neoklassizismen jeder Art auf und verbannte Gesimse und ähnliche Zierelemente zugunsten der reinen architektonischen Form. Dies führte fast schon zu einer wahren Obsession mit Oberflächen und Details. Noch heute bewundern viele das Haus wegen seines gewagten experimentellen Charakters.

1929 EILEEN GRAY (1878–1976)
E-1027 ROQUEBRUNE-CAP-MARTIN, FRANKREICH

Obwohl vor allem als Möbeldesignerin bekannt, war Eileen Gray zugleich auch eine angesehene Architektin. Zu ihren populärsten Bauten zählt das Wohnhaus, das sie für ihren Liebhaber und Förderer Jean Badovici über den Steilhängen von Roquebrune an der französischen Riviera errichtete. Badovici war Architekt und Architekturkritiker sowie Begründer der Zeitschrift *L'Architecture Vivante* – der französischen „Bibel" moderner Architektur. Er ermutigte Gray, sich auf dem Gebiet der Architektur zu versuchen, woraufhin sie sich sukzessive vom Einfluss des Art déco löste und dem Modernismus zuzuwenden begann. Die seltsame Bezeichnung E-1027 ist ein alphabetischer Zahlencode, der auf die Initialen des Paares hinweist.

Wie ein schlanker weißer Ozeandampfer öffnet sich das dynamische Gebäude mit seinen Balkonen und Terrassen, seinem Wohnraum und den Schlafzimmern unterm Dach zu einem Panoramablick über die Côte d'Azur und das Mittelmeer bis nach Monte Carlo. Die Inneneinrichtung war ein Kernstück des Projekts, für das Gray viele berühmte Möbelstücke entwarf, darunter den E-1027-Tisch.

Le Corbusier war bekanntlich so überwältigt von der Villa und ihrer Lage, dass er sich später selbst eine Ferienhütte ganz in der Nähe baute. Badovici ließ es sogar zu, dass er die weißen Wände des E-1027 mit bunten Fresken bemalte – sehr zum Ärger von Gray. Nach einer bewegten Geschichte und Jahren des Verfalls steht das Haus heute unter Denkmalschutz und gilt als eine der großen Pionierleistungen der Moderne.

1932 JUAN O'GORMAN (1905–1982)
RIVERA/KAHLO HAUS & ATELIERS MEXIKO-STADT, MEXIKO

Der Architekt und Wandmaler Juan O'Gorman, Sohn eines Iren und einer Mexikanerin, war der Formensprache und Ideenwelt Le Corbusiers zutiefst verbunden. Zwar waren seine späteren Werke stärker geprägt von der Architektur- und Kulturgeschichte Mexikos, doch bei seinem berühmtesten Projekt – dem Atelierhaus für Diego Rivera und Frida Kahlo – ist der Einfluss von Le Corbusiers Pariser Wohnhäusern unverkennbar. Das Rivera/Kahlo Haus war vermutlich das erste Beispiel europäisch-modernistischer Architektur auf mexikanischem Boden und in seiner Nachbarschaft sicherlich nicht unumstritten.

Zwei separate Baukörper, einer für Kahlo und einer für Rivera, sind auf Dachhöhe durch einen Laufgang miteinander verbunden. Sie verkörpern mustergültig die Ideen Le Corbusiers – mit freier Grundrissgestaltung, Dachgärten und Stützpfeilern.

Schon das Raumkonzept – getrennte Arbeits- und Wohnbereiche, die dennoch die Möglichkeit zur Begegnung bieten – trägt der stürmischen Beziehung von zwei der größten Künstler Mexikos Rechnung. Und selbst der Farbanstrich der beiden Gebäude, das eine Blau, das andere Rot und Weiß, spiegelt die ebenso komplexe wie dramatische „Nicht-mit-dir-aber-auch-nicht-ohne-dich"-Psychologie ihres Verhältnisses. Heute befindet sich in den Räumen ein Museum.

1932 PIERRE CHAREAU (1883–1950)
LA MAISON DE VERRE PARIS, FRANKREICH

Die Idee des transluzenten Hauses war bis zu Philip Johnsons Glass House und Ludwig Mies van der Rohes Farnsworth House in den späten 1940ern und frühen 1950ern lange Zeit nur ein architektonischer Traum. Pierre Chareau war der erste Architekt und Designer, der ihn tatsächlich in die Tat umsetzte.

Das L-förmige, dreigeschossige Maison de Verre war das Ergebnis einer engen Freundschaft und Zusammenarbeit. Der Auftrag kam von dem Gynäkologen Dr. Jean Dalsace und seiner Frau, langjährigen Bekannten Chareaus, die ihr im Herzen von Paris gelegenes Stadthaus aus dem 18. Jahrhundert durch ein neues Gebäude samt Praxisräumen ersetzen wollten. Da sich der Bewohner des obersten Stockwerks weigerte, auszuziehen, konnte Chareau nur den unteren Abschnitt neu entwerfen. Er nutzte Reste des originalen Steins zur Verkleidung des auf einer Stahlkonstruktion ruhenden Maison de Verre.

Die berühmte Glasziegelfassade flutet das Haus mit Tageslicht und verwandelt es nachts in einen schimmernden Leuchtkasten. Im Erdgeschoss befinden sich die Praxisräume, doch beherrscht wird der Bau von einem spektakulären, zwei Stockwerke umfassenden Wohnraum. Bei den vielen maßgefertigten Details arbeitete Chareau eng mit dem holländischen Architekten Bernard Bijvoet und dem Kunsthandwerker Louis Dalbet zusammen. Dieses erst nach Jahren fertiggestellte Gebäude – ein Symbol des Optimismus der Zwischenkriegszeit – ist das einzig erhaltene Werk Chareaus.

1941 CURZIO MALAPARTE (1898–1957)
CASA MALAPARTE PUNTA MASSULLO, CAPRI, ITALIEN

Die kühne Dramatik der Casa Malaparte ist die adäquate Antwort auf einen außergewöhnlichen Schauplatz. Auf einem steilen Felsvorsprung errichtet und auf drei Seiten vom Meer umgeben, erscheint sie wie eine einsame Festung, deren Terrakottarot sich leuchtend vom Grau des zerklüfteten Felsens abhebt. Im Stile eines Stufentempels führt eine breite Treppe zur riesigen Aussichtsplattform des Daches hinauf, von wo aus man einen ungehinderten Blick auf das Meer und den Golf von Salerno genießt. Das Haus versinnbildlicht auf eindrucksvolle Weise die frühe Moderne.

Erbaut wurde es von dem extravaganten und höchst umstrittenen Romancier, Dramatiker, Journalisten und politischen Aktivisten Curzio Malaparte. Ursprünglich hatte er Adalberto Libera beauftragt, einen führenden Architekten der italienischen Moderne, doch Architekt und Bauherr überwarfen sich innerhalb kürzester Zeit. So führte Malaparte seinen Entwurf alleine zu Ende und inszenierte sich und sein Haus mit Hilfe lokaler Handwerker als „in Stein gehauenes Selbstbildnis".

Der zweistöckige Bau wurde der Topografie wie ein Handschuh angepasst. Im Erdgeschoss sind die Funktionsräume und Gästezimmer untergebracht, auf der oberen Etage befinden sich zwei Schlafzimmer und ein großer Wohnraum mit Panoramablick. Der entlegenste und exponierteste Raum aber ist Malapartes Arbeitszimmer, das aufs offene Meer hinausragt.

Die Felsenvilla beschwört das romantische Bild des einsamen Künstlergenies, das mitten in der rauen Wildnis lebt und arbeitet. In den späten 1990er-Jahren wurde die Casa Malaparte, die übrigens in Jean-Luc Godards Film „Die Verachtung" eine Hauptrolle spielt, von einer eigens gegründeter Stiftung restauriert.

1947 RICHARD BUCKMINSTER FULLER (1895–1983)
WICHITA HAUS KANSAS, USA

Der Architekt, Ingenieur, Erfinder und Philosoph Richard Buckminster Fuller war seiner Zeit weit voraus und ist heute noch für viele Designer, Planer und Umweltschützer ein Vorbild. Zu größter Berühmtheit gelangte er zwar durch seine patentierte geodätische Kuppel, die auf der Weltausstellung von 1967 in Montreal die Hauptattraktion war, doch bis heute einflussreich ist das von ihm entwickelte bahnbrechende Konzept der modularen Bauweise: Häuser aus in Massenproduktion vorgefertigten Einzelteilen.

Sein Dymaxion (Dynamic Maximum Tension) House von 1929 war ein Gebäude in Leichtbauweise aus Aluminium und Stahl, stark inspiriert vom Schiffsbau sowie der Wohnwagen- und Autoindustrie. Während des Krieges entwarf Fuller auch massenproduzierte Bauten und Schutzräume für militärische Zwecke, danach widmete er sich wieder seinem Dymaxion-Konzept, das er mithilfe der Beech Aircraft Company weiterentwickelte.

Der voll funktionstüchtige Prototyp mit seiner kreisförmigen, aerodynamischen Gestalt und Wohnräumen, die um einen zentralen Versorgungskern herum angeordnet sind, lief unter dem Namen Wichita Haus. Als sich die Fertigstellung verzögerte, zogen die beteiligten Banken trotz vorhandener Aufträge ihre Unterstützung zurück.

Heute befindet sich der Prototyp im Henry Ford Museum in Michigan – als Denkmal für einen visionären Designer, der die Welt und unsere Lebensweise nachhaltig verändern wollte.

Erst durch die mediale Vermittlung erreichten die Bauten ein breiteres Publikum und konnten wiederum andere Architekten inspirieren.

Mit dem Auftrieb des Internationalen Stils verloren jedoch auch Kriterien wie Kontextualität und Regionalität allmählich an Bedeutung, obwohl diese für die modernistische Bewegung in ihrer Gesamtheit prägend waren. Die Moderne an sich bediente sich ja gerne der Stilvielfalt und unverbrauchten Frische regionaler Traditionen aus aller Welt und nahm die Werke jener Architekten, die zwar modern dachten, aber der Tradition ihrer jeweiligen Heimat größten Respekt erwiesen, mit Begeisterung auf. In diesem Zusammenhang sei nur auf Luis Barragán verwiesen, der den Lokalkolorit und die Farbenpracht Mexikos auf einmalige Weise in seine modernen Bauten integrierte, oder Geoffrey Bawa, der auf Sri Lanka eine Vielfalt von Stilen in eine sehr asiatische Form moderner Architektur transformierte, die von einem starken Fokus auf Nachhaltigkeit und der Offenheit zur Landschaft geprägt ist.

Die Werke zeitgenössischer Architekten wie Ricardo Legorreta, Glenn Murcutt, Herzog & de Meuron, Kengo Kuma, Rem Koolhaas oder Shigeru Ban erinnern uns daran, wie global die Architektur doch inzwischen geworden ist und wie sehr wir uns beim Bau unserer Häuser internationaler Einflüsse bedienen. Diese Architekten greifen auf ihre eigene Geschichte und Kultur zurück, arbeiten jedoch grenzüberschreitend in vielen Regionen der Welt. Und auch uns gefällt zunehmend die Vorstellung von einem Haus, das perfekt auf seine lokale Umgebung eingestellt ist, aber zugleich auch eine Vielfalt globaler Inspirationen in sich vereint – sodass es genauso gut von einem Architekten am anderen Ende der Welt entworfen werden könnte.

In den ersten Jahren des 21. Jahrhunderts kam es zu einem Revival von Häusern, die in einem innigen Resonanzverhältnis zu ihrem Standort und ihrer unmittelbaren Umgebung stehen – mit einer entsprechenden Renaissance regionaler Traditionen und Einflüsse. Das zeigt sich zum Beispiel an den Entwürfen von Bedmar & Shi in Asien – besonders bei einem Projekt wie den Jiva Puri Villen auf Bali, das den bewussten Versuch darstellt, eine moderne Neuinterpretation der tropischen Villa zu schaffen. Zugleich kann Jiva Puri als Teil einer größeren Bewegung in der Architektur gesehen werden, die auf der Suche nach einer

1962 PAUL RUDOLPH (1918–1997)
MILAM RESIDENCE PONTE VEDRA, JACKSONVILLE, FLORIDA, USA

In den späten 1940er-Jahren ließ sich der Harvard-Absolvent und Gropius-Schüler Paul Rudolph in Florida nieder, wo er zahlreiche Einfamilienhäuser entwarf. Das letzte seiner sogenannten Florida Houses ist die ebenso ambitionierte wie formvollendete Milam Residence.

Das Haus wurde von dem Rechtsanwalt Arthur Milam und dessen Familie in Auftrag gegeben und sollte von einem Dünengelände aus den Atlantik überblicken. Bis zu diesem Zeitpunkt war der Architekt der festen Überzeugung gewesen, dass die Funktion einer Fassade darin bestand, das Gebäude dahinter nach außen zu repräsentieren. Mit der Milam Residence begann er jedoch, eine völlig neue Richtung einzuschlagen.

Der kubistisch geschachtelte Brise Soleil ist weitgehend unabhängig vom Rest des zweistöckigen Wohnblocks aus Beton. Er schirmt ihn nicht nur gegen die Sonne ab, sondern verleiht der bescheidenen Größe des eigentlichen Hauses dazu noch etwas Monumentales.

Im Inneren der Milam Residence herrscht eine für Rudolph typische räumliche und volumetrische Komplexität. Das Raumkonzept besteht aus einer Reihe von Wohnplattformen, die auf unterschiedlichen Ebenen angeordnet sind – darunter eine in den Wohnzimmerboden eingelassene Sitzecke.

Rudolphs Interesse an Monumentalem zeigte sich auch in späteren Projekten wie seinem Yale Art and Architecture Building. Arthur Milam blieb ein großer Bewunderer des Architekten und beauftragte ihn in den 1970er-Jahren mit einer Erweiterung des Hauses.

1968   **MATTI SUURONEN (1933–2013)**
FUTURO HAUS VERSCHIEDENE ORTE

Wie Buckminster Fullers Dymaxion/Wichita Haus war das Futuro Haus des finnischen Architekten Matti Suuronen ein Meilenstein in der Entwicklung modularer, in Fertigbauweise hergestellter Häuser. Auch Futuro orientiert sich stark an den Produktionsweisen der Auto- und Luftfahrtindustrie, greift in seiner Ästhetik aber auch auf Space-Age- und Science-Fiction-Motive zurück. Zur Form einer fliegenden Untertasse inspirierte Suuronen die Kuppel eines Getreidesilos, den er selbst einmal entworfen hatte. In ihrer dynamischen Erscheinung verkörperte sie jedoch zugleich auch die Utopie einer grenzenlosen Mobilität.

Der Prototyp entwickelte sich aus der Auftragsarbeit einer Skihütte in Leichtbauweise, die per Hubschrauber an jeden beliebigen Standort transportiert werden konnte. Dank verstellbarer Stahlbeine ließ sich die Konstruktion aus verstärktem Plastik selbst auf unebenem Gelände leicht aufstellen.

Zunächst schien Suuronens Zukunftshaus dem Optimismus seines Konzepts und seiner Zeit voll gerecht zu werden. Es stieß allgemein auf großes internationales Interesse und wurde etwa als Beobachtungsposten der schwedischen Luftwaffe, Büroraum, Klubhaus und sogar als Bank genutzt. Der hohe Preis des Gebäudes war jedoch stets ein Problem, und nicht zuletzt als Folge der Ölkrise der frühen 1970er-Jahre samt steigender Kunststoffpreise wurde die Produktion schließlich eingestellt. Nichtsdestotrotz bleibt das Futuro Haus auch als Kultobjekt ein inspirierender Entwurf.

1969   **STAFFAN BERGLUND (1936–2016)**
VILLA SPIES TORÖ, SCHWEDEN

Wenn sich von einem einzelnen Haus sagen lässt, es habe die Karriere seines Architekten entscheidend geprägt, dann ist das Staffan Berglunds Villa Spies, auch bekannt als Villa Fjolle. Dieses spektakuläre Gebäude liegt eingebettet zwischen Felsen und mit Blick über das Meer auf der kleinen Insel Torö bei Stockholm. Wie die Bauten von Charles Deaton und Matti Suuronen ist es ein typisches Beispiel für die futuristische Architektur der 1960er-Jahre in ihrer extravagantesten und originellsten Form.

Bauherr war der Geschäftsmann Simon Spies, der in der Reisebranche ein Vermögen gemacht hatte und einen Designwettbewerb für ein Ferienhaus ausschrieb, das man auf Wunsch bestellen konnte. Berglund gewann mit seinem Entwurf für einen Pleasure Dome mit Plastikkuppel. Die Ferienhaus-Idee kam nicht recht voran, doch Spies gefiel Berglunds Konzept so sehr, dass er ihn damit beauftragte, ein Wochenendhaus für sich und seine Familie zu entwerfen.

Anders als das für den Wettbewerb ausgeschriebene einstöckige Gebäude verfügt die Villa Spies über zwei Etagen. Die untere besteht aus Beton, während die obere ganz von Glaswänden umgeben ist mit einem Dach aus Fiberglas. Eine große offene Küche dominiert hier den Raum. Ess- und Wohnbereich öffnen sich zu den Terrassen, zum runden Pool und aufs Meer hinaus. Zugleich wartet dieses hedonistisch-verspielte Refugium mit überraschend innovativer Haustechnik auf, darunter ein versenkbarer Esstisch, der auf Knopfdruck aus dem Boden wächst.

1978 CARLO SCARPA (1906–1978)
VILLA OTTOLENGHI BARDOLINO, VERONA, ITALIEN

Die Villa Ottolenghi gehörte zu Carlo Scarpas letzten Aufträgen – neben dem Brion-Vega-Friedhof in San Vito d'Altivole, wo er selbst bestattet ist. Dennoch verweist das höchst feinfühlig konzipierte Haus auf einen Architekten und Designer auf der Höhe seines kreativen Schaffens. Und auch wenn es erst posthum von seinen Kollegen fertiggestellt wurde, behielt der Entwurf einen in sich stimmigen, ursprünglichen Charakter.

Bauherr war der Rechtsanwalt Carolo Ottolenghi, der die Villa für seinen Sohn in Auftrag gab. Baurechtlich ließ die Hanglage des Grundstücks oberhalb des Gardasees nur ein einstöckiges Gebäude zu. Scarpa fand hierfür eine geniale Lösung: Er integrierte den Baukörper so in die Landschaft, dass er fast im grünen Hang verschwindet. Ein Vorhang aus Kletterpflanzen über der Fassade aus Stahlbeton macht die dem See zugewandte Hausansicht praktisch unsichtbar.

Auf der Rückseite sorgt ein abgesenkter Laufgang für Lichteinfall und erinnert zudem an die labyrinthartigen Gassen in Ottolenghis und Scarpas Heimatstadt Venedig. Der komplexe und offene Wohnbereich selbst ist um neun Trägersäulen aus Stein- und Betonbändern angeordnet. Das Dach fungiert zugleich als gepflasterte Terrasse. Scarpas organischer Ansatz und der besondere Wert, den er hier auf Kunsthandwerk, Details und Materialien legt, sind wie leise Anklänge an die Bauten Frank Lloyd Wrights und festigen zugleich den Ruf eines wahren Meisterarchitekten.

Alternative zum herkömmlichen Format des Einfamilienhauses ist. In diesem Fall setzte der Architekt auf ein Ensemble aus Pavillons, die nach Funktionen getrennt sind und so viel unauffälliger (und kontextbezogener) in die Landschaft eingebunden werden konnten. Für eine solche Lösung steht auch Tom Kundigs Studhorse Haus in einem einsamen Gletschertal des US-Bundesstaates Washington. Auch dieser Prototyp eines modernen Landhauses löst die Vorstellung einer einzigen Wohneinheit in eine Reihe von Gebäuden auf, die wie eine „Wagenburg" um einen offenen Hof gruppiert sind.

Es ist schon faszinierend, den diversen architektonischen Zusammenhängen, Verbindungen und Wahlverwandtschaften nachzugehen, auf die man beim Erkunden der Häuser in diesem Buch stößt – nur um dabei festzustellen, wie scheinbar grundverschiedene Gebäude und Architekten auf verblüffende Art und Weise miteinander korrespondieren. Bestimmte Themen, wie Nachhaltigkeit und

1991   **MATHIAS KLOTZ (geb. 1965)**

CASA KLOTZ PLAYA GRANDE, TONGOY, CHILE

Mathias Klotz hat sich rasch als einer der originellsten Architekten Lateinamerikas etabliert. Einer seiner meist geschätzten und – in gewissem Sinne – romantischsten Bauten ist das schlichte Strandhaus, das er in der Dünenlandschaft von Tongoy für sich selbst entwarf. Es besteht aus einem rechteckigen Kasten, der – gestützt durch simple Pfosten – unmittelbar über dem Boden schwebt. Während die Rückseite einer kahlen Bretterwand gleicht, wird die dem Pazifik zugewandte Front von einem zentralen, über zwei Stockwerke reichenden Fenster beherrscht, das fast bis ans Flachdach heranreicht. Im oberen Stockwerk wird es von zwei geschützten Hochterrassen flankiert, die wie quadratische Öffnungen in die Fassade geschnitten sind. Am Fuße des Fensters ragt ein offenes Terrassendeck Richtung Meer.

Den Kern des Hauses bildet der zentrale, ebenfalls beide Geschosse umfassende Wohnraum mit ober- und unten beidseitig angeschlossenen Nebenräumen. Die Oberflächen sind der Strandhausästhetik entsprechend natürlich-schlicht gehalten, die Holzverschalung außen erhielt einen weißen Anstrich.

Dieses frühe Werk des Architekten verkörpert eine neue Form des regionalen Modernismus und das spezifisch chilenische Ideal einer klaren, sachlichen Architektur in einem spektakulären natürlichen Umfeld. Klotz' spätere Bauten wurden zunehmend komplexer, halten aber weiterhin fest an der Betonung geometrischer Formen und klarer Linien, verbunden mit einem tiefen Verständnis des jeweiligen Standorts.

Umweltbewusstsein, sind mit der Zeit immer wichtiger geworden, was sich an den Bauten so unterschiedlicher Architekten wie Richard Neutra, Pierre Koenig oder Werner Sobek ablesen lässt. Auch industrielle Vorfertigung und das modulare Haus sind Dauerbrenner, wie die Entwürfe von Richard Buckminster Fuller, Jean Prouvé oder Richard Horden belegen.

Die Zusammenstellung dieser außergewöhnlichen Häuser war an sich schon eine spannende Aufgabe. Es sollten exemplarische Bauten sein von möglichst großer geografischer, entwicklungsgeschichtlicher und stilistischer Bandbreite. Aus diesem Grund beschlossen wir, uns pro Architekt auf ein Beispiel zu beschränken und den Schwerpunkt weitgehend auf vollständige Neubauten und Unikate zu legen.

Aufgrund dieser Kriterien boten sich einige Häuser fast von selbst an, während die Entscheidung für andere weniger selbstverständlich erscheinen mag. Unsere Liste folgt objektiven, zum Teil aber auch subjektiven Kriterien – was sich kaum vermeiden lässt. Aber an der Vielfalt des Angebots sollte es keinen Zweifel geben. Dabei lag uns besonders am Herzen, die zahlreichen Bauten möglichst in ihrem jetzigen Zustand

1993 USHIDA FINDLAY
TRUSS WALL HOUSE TOKIO, JAPAN

Während der 1980er- und 1990er-Jahre verabschiedeten sich der japanische Architekt Eisaku Ushida (geb. 1954) und die schottische Architektin Kathryn Findlay (geb. 1953) – beides ehemalige Mitarbeiter von Arata Isozaki – vom herrschenden Trend eines strengen geometrischen Minimalismus und gingen gänzlich andere Wege. Ihre Gebäude waren organische, fließende, skulpturale Formen, welche die obsessive Faszination des 21. Jahrhunderts für Dynamik, Plastizität und radikale Geometrie vorwegnahmen.

Vor allem zwei Tokioter Häuser sorgten für weltweites Aufsehen: das Soft and Hairy House von 1994 und sein Vorläufer, das Truss Wall House. Beide sind innovative Hofhäuser, die sich aus der Vorstadttristesse um sie herum deutlich hervorheben. Das an der Straße und einer Bahnstrecke gelegene Truss Wall House ist ein abstraktes weißes Gebäude vom Erscheinungsbild einer in sich gedrehten Muschel. Diese umschließt einen zentralen Hof und wird von einer Dachterrasse gekrönt.

Ermöglicht wurde die komplizierte Form des Hauses durch ein patentiertes Konstruktionssystem aus verformbarem Armierungsstahl, Maschendraht und Gussbeton. Das Ganze wurde sodann mit einer glatten Mörtelschicht überzogen, als wäre das Haus aus einem einzigen Stück geformt. Auf die Oberflächenbehandlung wurde dabei besonders viel Wert gelegt.

Nach einer Reihe weiterer radikaler, experimenteller Bauten verlagerte Kathryn Findlay ihre Aktivitäten nach Großbritannien.

zu präsentieren. Die meisten Einträge sind daher inspirierende Neuaufnahmen von Richard Powers. In anderen Fällen handelt sich um Originalbilder bekannter Gebäude, die dazu einladen, sie mit anderen Augen zu betrachten und neu zu bewerten.

In der Gesamtschau wird der Leser vermutlich von zwei Dingen immer wieder aufs Neue beeindruckt sein: Da ist zum einen der Mut und die große Imaginationskraft von Architekt und Bauherr, die diese Häuser gemeinsam schufen. Viele davon entstanden in einem extrem konservativ geprägten Umfeld und waren für ihre Zeit ziemlich radikal und gewagt, ungewöhnlich und avantgardistisch. Heute mag es leichter geworden sein, ein seinen persönlichen Vorstellungen entsprechendes Haus zu bauen – was jedoch die Leistung und das notwendige Engagement nicht mindert. Und dann ist da die faszinierende Fülle von Ideen, Inspirationen und originellem Denken, die in jedes der gezeigten Gebäude eingeflossen ist. Jedes einzelne von ihnen präsentiert sich als wahre Schatztruhe voll von architektonischem Erfindungsgeist, der weit über die Lebenszeit des jeweiligen Architekten hinaus Bestand hat.

Betrachten wir unsere Städte vor heute, müssen wir doch ein deutliches Zuviel an Mittelmaß zur Kenntnis nehmen – vor allem, was jene seelenlosen Wohnanlagen angeht, deren Zahl jährlich sprunghaft steigt. Lässt man dagegen diese mehr als hundert Jahre voller Innovation, Schönheit und Fantasie Revue passieren und betrachtet den immensen Fundus an ikonischen Häusern, wird man auch im Hinblick auf den eigenen Wohn- und Lebensraum nach mehr verlangen als tristem Mittelmaß. So wird sich der eine oder andere Leser durch dieses Buch vielleicht dazu inspirieren lassen, ein eigenes Maßstäbe setzendes Haus der Zukunft zu entwerfen oder entwerfen zu lassen.

1995 KENGO KUMA (geb. 1954)
WASSER-GLAS-HAUS ATAMI, SHIZUOKA, JAPAN

Kengo Kumas erklärte Absicht ist es, eine neue Art von Architektur zu schaffen, bei der nicht das äußere Erscheinungsbild eines Gebäudes im Mittelpunkt steht, sondern die Art und Weise, wie es mit der Natur interagiert und sich in diese integriert. Im Zuge seiner Neubewertung von Begriffen und Ideen wie Transparenz, Kunsthandwerk, Materialität und Umweltbewusstsein spricht er auch gern von einer „Auslöschung" der Architektur.

Am radikalsten und mit der größten Vollendung hat er seine Ideen im Wasser-Glas-Haus hoch über dem Pazifik umgesetzt. Es ist stark beeinflusst vom Werk Bruno Tauts, der selbst ein Haus ganz in der Nähe gebaut hatte. Kuma ging es darum, die Grenzen zwischen Architektur und Naturpanorama durch eine offene Aussichtsplattform soweit wie möglich aufzulösen. Das dreistöckige Gebäude fungiert als Wohnhaus wie auch als kleines Hotel, dessen Eingang auf halber Höhe über einen Laufsteg zu erreichen ist.

Am berühmtesten sind die Glaspavillons auf der obersten Ebene: Sie stehen inmitten flacher Infinity Pools, die aufs Meer hinausgehen. Diese „gleitenden" Räume verändern das Gefühl von innen und außen.

„Architektur ist keine unabhängige Form, sie existiert stets nur im Bezug zur Natur", sagt Kuma. „Durch das Wasser-Glas-Projekt habe ich gelernt, wie man die japanische Architekturtradition im Kontext moderner Technologie fortsetzen und beides miteinander verbinden kann."

1900

MACKAY HUGH BAILLIE SCOTT

BLACKWELL BOWNESS-ON-WINDERMERE, CUMBRIA, ENGLAND

Die romantische Landschaft von Cumbria zog eine ganze Reihe führender Vertreter der Arts-and-Crafts-Bewegung an: So ließ sich etwa der Philosoph und Schriftsteller John Ruskin, Gründungsvater der Bewegung, in Brantwood am Coniston Water nieder, und der Architekt Charles Voysey baute zwei Häuser am Windermere-See. Ganz in der Nähe befindet sich auch das Blackwell Haus, ein bemerkenswertes Stück Architektur, das Voyseys Zeitgenosse Mackay Hugh Baillie Scott um die Jahrhundertwende hier entwarf.

Das Blackwell wurde von dem Brauereibesitzer und Philanthropen Sir Edward Holt aus Manchester als Ferienhaus für sich und seine Familie in Auftrag gegeben. Holt spielte eine Schlüsselrolle bei der Entwicklung von Stauseen im Lake District, die Manchester mit Trinkwasser versorgten. Eine Bahnverbindung zu den Seen machte Windermere schnell zu einem beliebten Erholungsort für Manchesters und Liverpools betuchte Oberschicht, und an den Seeufern entstand eine ganze Reihe stattlicher Häuser.

Baillie Scott war zu einem viel gefragten Architekten auch in distinguierten Kreisen geworden. So bat ihn 1897 Ernst Ludwig, seines Zeichens Großherzog von Hessen, einige Innenräume seines Darmstädter Schlosses zu gestalten. Daneben war Baillie Scott auch ein begnadeter Publizist, der seine Arbeiten in Zeitschriften wie The Studio veröffentlichte. Blackwell bot ihm die Gelegenheit, ein Haus in großem Maßstab zu entwerfen – an einem reizvollen Ort und mit jener gestalterischen Freiheit, wie sie einem Feriendomizil oft zu eigen ist.

Statt das L-förmige Gebäude mit seiner Fassade nach Westen zum See hin auszurichten, entschied Scott sich für die Südseite, um das Sonnenlicht optimal zu nutzen. Der Seeblick blieb den Haupträumen vorbehalten. Während die Wirtschaftsräume und Zimmer der Bediensteten in einem eigenen Seitentrakt des Hauses untergebracht sind, wird der Hauptteil fast vollständig von drei Räumen im Erdgeschoss eingenommen.

Im Zentrum steht die „main hall", der Klassiker einer mittelalterlichen Wohnhalle, wie sie in vielen Arts-and-Crafts-Häusern der Zeit zu finden ist – in diesem Fall komplett mit einem Prachtkamin unter der Minstrel-Galerie. Auf einer Seite liegt das Speisezimmer, ein ebenfalls sehr maskuliner Raum in Eiche natur mit weißem Mauerwerk, doch abgemildert durch Wandbehänge mit Blütendekor. Die eigentliche Überraschung ist der „weiße Salon" ganz hinten im Haus: Florale Stuckornamentik und raffinierte Einrichtungsdetails, ein offener, geschmackvoll mit blauen Kacheln ausgelegter Kamin und gepolsterte Fensterbänke machen ihn zu einer entspannten Oase der Ruhe mit Panoramablick auf den See und die grünen Hügel der Coniston Fells. Während die Galerien und herrschaftlichen Kamine, Schnitzereien und Einlegearbeiten ein Goldenes Zeitalter des Handwerks beschwören, ist das mit allem technischen Komfort wie Zentralheizung und elektrischem Licht ausgestattete Gebäude, mit seinem fließenden Grundriss und einer zutiefst anspruchsvollen Ästhetik dennoch in jeder Hinsicht ganz auf der Höhe der Zeit.

Wie in allen bedeutenden Häusern der Arts-and-Crafts-Bewegung sind auch hier die Liebe zum Detail und die Qualität der künstlerischen Ausführung bemerkenswert. Die immer wiederkehrenden Bildmotive in Schnitzwerk, Stuck und Schablonenmalerei wie Pfaue, Blätter, Rosen, Eicheln, Beeren verbinden das Interieur mit der Natur – so wie der Einsatz von regionalem Naturstein und Schiefer das Haus mit seinem Standort verbindet. Die Innenräume und die Architektur verschmelzen so zu einer gestalterischen Einheit. Die Gartenanlage geht auf Thomas Mawson zurück, einem ortsansässigen Landschaftsgestalter von nationaler Bedeutung.

Hermann Muthesius nahm Blackwell in sein 1904 erschienenes Buch Das englische Haus auf, in dem er Baillie Scott als „nordischen Poeten" bezeichnet. Die Holts hätten dem sicherlich vorbehaltlos zugestimmt. Blackwell wurde vor kurzem restauriert und der Öffentlichkeit zugänglich gemacht. Es steht für eine bis heute inspirierende Baukultur, die sich auf größte Sorgfalt, einen Blick fürs Detail und perfektes Handwerk gründet.

Nach außen hin hat das auf einer Anhöhe gelegene Haus einen eher maskulinen Touch. Dem setzt der „weiße Salon" sein leichtes, elegantes Flair entgegen. Von Einbauten wohnlich gerahmt, wird die Kaminecke zum sorgfältig inszenierten Raum im Raum.

Handwerklich hochwertig verarbeitete, doch naturbelassene Holzvertäfelungen dominieren die „Wohnhalle", wie Baillie Scott sie nannte, ebenso wie das angrenzende Esszimmer, das mit einer dekorativen Wandbespannung aus Juteleinen geschmückt ist

Erdgeschoss

1. Salon
2. Halle
3. Veranda
4. Garderobe
5. Esszimmer
6. Vorratsraum
7. Angestelltenbereich
8. Küche
9. Spülküche
10. Kohlenlagerplatz
11. Speisekammer

Obergeschoss

1. Schlafzimmer
2. Umkleideraum
3. Oberer Teil der Halle
4. Galerie
5. Schlafzimmer
6. Wäscheschrank

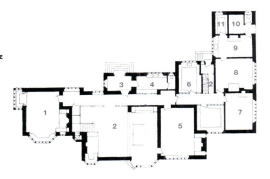
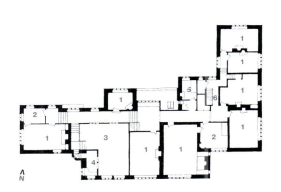

1900

EDWIN LUTYENS

GODDARDS ABINGER COMMON, SURREY, ENGLAND

Das Goddards Haus ist einer einmaligen und ungewöhnlichen Reihe von Umständen geschuldet. Ursprünglich war es nämlich keineswegs als konventionelles Landhaus geplant, sondern – in einer bemerkenswert großzügigen Geste seiner Initiatoren – als ländliche Zuflucht für „benachteiligte" Frauen. So kam dem Projekt an sich schon Vorbildcharakter zu. Edwin Lutyens realisierte es dann als romantisierende, zutiefst britische Variante des Arts-and-Crafts-Stils.

Auftraggeber waren der begüterte Unternehmer Sir Frederick Mirrielees und seine Frau Margaret, die Erbin einer Schifffahrtslinie. Sie hatten ein etwa 2,8 Hektar großes Grundstück ganz in der Nähe ihres Landhauses erworben, um dort ein „Home of Rest for Ladies of Small Means" errichten zu lassen.

Mit seinen Neukunden bekannt gemacht wurde Lutyens von der renommierten Landschaftsarchitektin Gertrude Jekyll, einer Freundin, Mitarbeiterin und zeitweiligen Mentorin des Architekten. Ein paar Jahre zuvor hatte er das Munstead Wood Haus in Surrey für sie entworfen, wo er auch häufig seine Wochenenden verbrachte.

Der besondere Hintergrund des Projekts führte zu einem ebenso imposanten wie schlichten Entwurf. Von der Anlage her war das Gebäude deutlich überdimensioniert und ziemlich ambitiös, während seine geplante Nutzung zu einer fast schon Shaker-haften Einfachheit der Innenraumgestaltung führte, wie man sie in Lutyens' sonstigen, extrem opulent ausgestatteten Landsitzen vergeblich sucht. Selbst als das Goddards später zum Einfamilienhaus umgewidmet wurde, stand das schlichte Interieur perfekt im Einklang mit der Arts-and-Crafts-Ästhetik und ihrem Idealbild einer sich auf Handwerklichkeit gründenden, den „reinen" Werten eines vorindustriellen Zeitalters huldigenden Architektur.

Im Hinblick auf eine optimale Nutzung als Ruhesitz legte Lutyens das Gebäude zweiflügelig an mit schmetterlingsförmigem Grundriss. Das Zentrum öffnete sich zu einem Gemeinschaftsraum nach dem Vorbild der mittelalterlichen „großen Halle", mit rustikal frei liegenden Der Einsatz von Ziegelwänden, Holzfachwerk, gekälkten Mauern und regional hergestelltem Backstein nimmt traditionelle Bauweisen auf und bindet das Goddards harmonisch in seine Umgebung ein. Das Mobiliar ist ein Mix aus Antiquitäten und aktuellen Produkten der Art Workers' Guild.

Holzbalken und einem offenen Kamin. Darüber entstanden Räume für die Angestellten. In den Obergeschossen der beiden Seitenflügel waren insgesamt sechs Schlafzimmer untergebracht. Küche und Speisesaal teilten sich die eine Hälfte des Erdgeschosses, die andere wurde zur Gänze von einer Kegelbahn eingenommen, die von imposanten Backsteinbögen überfangen war.

Das Goddards bot vielen Frauen eine Zuflucht, ehe das Heim verlagert wurde und die Mirrielees Lutyens baten, das Gebäude in ein Wochenendhaus für ihren Sohn und seine Frau umzubauen. 1910 wurde es renoviert und einige Räume vergrößert, doch seine Einfachheit blieb erhalten.

Nur wenige Jahre nach Fertigstellung des Hauses wandte sich der Architekt von der Arts-and-Crafts-Bewegung ab und begann in einem repräsentableren, eher neoklassizistischen Stil weiterzubauen. Die schmetterlingsförmige Anlage des Hauses, die eine flexiblere Öffnung zu Sonne und Landschaft ermöglichte, erwies sich gleichwohl als wegweisend. Dieser Bautyp sollte im Edwardianischen England großen Anklang finden und ist beispielsweise in Edward Priors Voewood/Home Place realisiert (siehe S. 44–47). Geometrische Klarheit, eine grundlegende Strenge und ein größerer Fokus auf Funktionalität und handwerkliche Schlichtheit kündigen den Übergang der Architektur ins moderne Zeitalter an.

Es ist die gelungene Verknüpfung von Alt und Neu innerhalb desselben Bauwerks, die das Goddards so aktuell und überzeugend erscheinen lässt. Zudem gelang es dem Architekten, ein Haus zu konzipieren, das sich auf harmonische Weise in seine natürliche Umgebung einfügt.

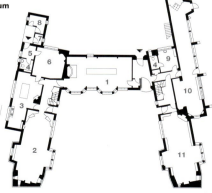
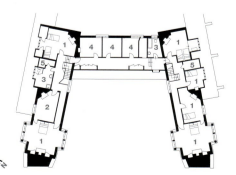

Erdgeschoss
1. Gemeinschaftsraum
2. Esszimmer
3. Küche
4. WC
5. Lagerraum
6. Büro
7. Spülküche
8. Vorratskammer
9. Garderobe
10. Kegelbahn
11. Bibliothek

Obergeschoss
1. Schlafzimmer
2. Umkleideraum
3. Badezimmer
4. Angestelltenzimmer
5. Lagerraum

In den zurückhaltend, eher funktional gestalteten Räumen zeigt sich bisweilen doch die Freude an verspielter Handwerkskunst. So gliedern in der Kegelbahn dekorative Backsteinbögen den Raum. Und den rückseitigen Gartenhof ziert ein in Brunnenform angelegter Teich, wie er für Lutyens und Jekyll typisch ist.

1902

HENRI SAUVAGE & LOUIS MAJORELLE

VILLA MAJORELLE NANCY, LOTHRINGEN, FRANKREICH

Die Villa Majorelle – zweifellos eine der absoluten Perlen des Jugendstils – ist mehr als der kongeniale Ausdruck einer Seelenverwandtschaft zwischen Architekt und Auftraggeber. In einer außergewöhnlichen Zusammenarbeit gelang es zwei sehr unterschiedlichen Talenten, Architektur und Interieur zu einer untrennbaren Einheit zu verschmelzen. Das Ergebnis war ein fantastisches, ausladendes Kunstwerk voller sinnlicher Schwünge und Kurven, das völlig zu Recht Berühmtheit erlangte.

Auftraggeber war Louis Majorelle, einer der großen Möbeldesigner des Jugendstils, der 1879 zusammen mit seinem Bruder die in Nancy ansässige Möbelfirma der Familie übernommen hatte. Verheiratet war er mit Jeanne Kretz, der Tochter eines örtlichen Theaterbesitzers, deren Initialen dem neuen Familiensitz auch seinen Kosenamen Villa Jika gaben.

Als Designer ließ sich Majorelle von den Formen der Natur inspirieren und arbeitete vornehmlich mit exotischen Hölzern. Später jedoch erweiterte er seine Möbelateliers um eine Metallwerkstatt. Darüber hinaus eröffnete er in zahlreichen französischen Städten Läden, die seine Möbel verkauften. Als Mitbegründer der École de Nancy, eines Zusammenschlusses ortsansässiger Handwerker und Designer, wurde er auch international bekannt, und Nancy avancierte mit der Zeit zu einem Zentrum des Jugendstils.

Mit der Errichtung der Metallwerkstatt war Majorelle schon mal in die Rolle des Bauherrn und partiellen Mitarbeiters geschlüpft. Der Entwurf selbst stammte von dem ortsansässigen Architekten Lucien Weissenburger. Der Baugrund war ein Geschenk von Majorelles Schwiegermutter, und gegenüber der Fabrik war noch Platz für das gewünschte Wohnhaus. Zur Planung zogen sie ihren Bekannten, den damals noch unbekannten Pariser Architekten Henri Sauvage, hinzu, der wiederum Weissenburger mit ins Boot holen sollte. Es handelte sich um

Sauvages ersten Bauauftrag. So wurde die Villa von einem Team erbaut, deren Architektur Einflüsse aus Nancy und Paris in sich vereinte.

Sauvage, der auch später noch bei einer Reihe von Gebäuden und Pavillons mit Majorelle zusammenarbeitete, entwarf die Villa als hoch aufragenden Bau mit fast schon kirchlich anmutenden Volumina. Große Fenster, vor allem in den oberen Stockwerken, fluten die Räume mit Licht. Ganz oben unterm Dach schufen Majorelle und Sauvage ein großes Studio mit Blick hinüber zur Fabrik.

Majorelle selbst entwarf natürlich einen Großteil der Möbel und übernahm Holzarbeiten wie die Treppen und Balkone. Auch einige schmiedeeiserne Details stammen von ihm, von der Eingangsüberdachung über Geländer bis zu den verzierten Dachrinnen. Die Buntglasfenster wurden bei Jacques Gruber in Auftrag gegeben, während Alexandre Bigot den Kamin im Esszimmer entwarf, ein absoluter Hingucker, der wie aus dem Parkettboden gewachsen scheint.

Nach einem zerstörerischen Brand in der Fabrik und dem Chaos des Ersten Weltkriegs begann sich das Glück für Majorelle zu wenden. Die Villa blieb jedoch erhalten – als wahres Meisterwerk des Jugendstils. 1990 wurde sie offiziell als historisches Monument eingestuft und dank einer Initiative der Stadt Nancy restauriert.

Oft werden bei kreativen Gemeinschaftsprojekten bei genauerem Hinsehen Nahtstellen und Konflikte sichtbar. Die Villa Majorelle ist dagegen in sich völlig stimmig und auf wunderbare Weise ausdrucksstark. Sie wurde zum Vorzeigeprojekt für Majorelle, für Sauvage, für die Stadt Nancy, den Jugendstil selbst – und zum Symbol einer fruchtbaren kreativen Zusammenarbeit.

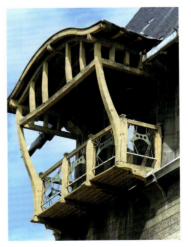

Das dreigeschossige Wohnhaus und erste Jugendstilgebäude Nancys ist ein Statement überbordender Fantasie. Die organischen Formen der Fensterrahmen, Balkone und schmiedeeisernen Elemente umhüllen und umranken es wie eine Art architektonischer Efeu und verleihen ihm seine besondere märchenhafte Qualität.

Die fließenden, plastischen Formen der Kamine, Treppen und Eingänge ziehen die Blicke magisch an und laden ein, immer tiefer in die Räume einzudringen.

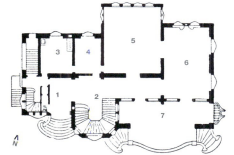

Erdgeschoss

1. Eingang
2. Halle
3. Küche
4. Büro
5. Esszimmer
6. Wohnzimmer
7. Terrasse

Obergeschoss

1. Schlafzimmer
2. Kammer
3. Badezimmer
4. WC
5. Boudoir
6. Terrasse

VILLA MAJORELLE

1903

CHARLES RENNIE MACKINTOSH

HILL HAUS HELENSBURGH, DUNBARTONSHIRE, SCHOTTLAND

Das Hill Haus ist ein Ort der Konvergenz. Es entstand nicht nur an der Wende zweier Jahrhunderte, sondern auch zweier Stilepochen, wie sie gegensätzlicher nicht sein könnten – dem Übergang der viktorianischen, neoklassizistisch geprägten Sichtweise des 19. zur Moderne des 20. Jahrhunderts mit seiner fortschrittlicheren Auffassung von häuslichem Leben und der entsprechenden Architektur. Dennoch gelingt es ihm, die Einflüsse von Jugendstil, Arts and Crafts und dem Baronial style schottischer Architekturtradition zu einem in sich geschlossenen, zukunftsorientierten Gebäude zu verschmelzen – ganz abgesehen davon, dass das Hill Haus eine der größten Leistungen eines Architekten, Designers und Künstlers ist, dessen einmalige Handschrift ebenso unverkennbar ist wie die von Antoni Gaudí oder Luis Barragán.

Besagte Konvergenz ist dem Gebäude schon auf den Korpus geschrieben. Der durchgehend eingesetzte Sandstein verleiht ihm skulpturalen Charakter. Dabei verbinden sich der Turm mit der Wendeltreppe und die hoch aufragenden Schornsteine perfekt mit dem entschieden modernen, halbzylindrigen Treppenhaus des Hauptaufgangs. Nur wenige Bauten verkörpern derartig explizit die Schnittstelle von Alt und Neu.

Im Inneren wirkt das Hill House ausgesprochen poetisch. Die Proportionen der Räume und ihre Aufteilung haben innovativen Charakter, Dekor und Ausstattung sind vollendet und originell. Der architektonische Ansatz ist ganzheitlich und absolut: Mackintosh und seine Frau, Margaret Macdonald-Mackintosh, entwarfen jedes noch so kleine Detail der Einrichtung, von den Leuchten über die Einbaumöbel und Kamine bis hin zu den typischen Hill-Haus-Stühlen.

In Auftrag gegeben wurde das Haus von dem Glasgower Verleger Walter W. Blackie und seiner Frau Anna. Die Familie hatte sich 1902 für einen Umzug von Dunblane in das etwa 40 km westlich von Glasgow gelegene Helensburgh entschieden. Blackie erwarb einen ehemaligen Kartoffelacker als Grundstück, und Mackintosh wurde ihm als Architekt empfohlen. „Ich habe ihm gesagt, dass (…) mir für die Wände am besten grauer Rauputz gefiele und Schiefer für das Dach – und dass jegliche architektonische Wirkung durch ein Zusammenspiel der Bauteile erzielt werden sollte und nicht durch willkürliche Ornamentierung", schrieb Blackie dazu[1].

Die großflächigen Fenster der Hauptwohnbereiche – Salon, Bibliothek und Esszimmer – eröffnen eine wunderbare Aussicht auf den River Clyde und machen die Räume luftig und hell. Gegenüber dem maskulinen Flair von Bibliothek und Esszimmer gibt sich der Salon dabei eher romantisch. Mit seiner einladenden Fensterbank bietet er einen verführerischen Aussichtsplatz inmitten eines femininen, mit Schablonenmalerei und ausgewählten Stoffen gestalteten Ambientes.

Dennoch ist das Hill Haus ein ausgesprochen praktisches Wohnhaus. Wie Voysey und Prior gehörte auch Mackintosh zu jener neuen Generation von Architekten, die es verstanden, ihre Suche nach Schönheit mit einem alltagspraktischen Ansatz zu verbinden. Er schuf funktional ausgerichtete Räume, die zugleich auf die konkreten

Bedürfnisse der Familie eingingen – etwa durch den Anbau eines Kinderzimmers für einen neuen Nachwuchs bei den Blackies während der Bauarbeiten.

Mackintoshs Architektur verrät einen ausgeprägten Sinn für Romantik, der sich jedoch aus einem Verständnis für die Anforderungen des häuslichen Alltagslebens stets etwas zurücknimmt. Es erscheint heute unbegreiflich, dass Mackintosh neben dem Hill Haus und dem Windyhill in Kilmacolm keine weiteren bedeutenden Aufträge für ein Wohnhaus erhielt und seine Karriere nach Fertigstellung der Glasgow School of Art ins Stocken geriet.

Obwohl sich Mackintosh zu Lebzeiten nicht gebührend gewürdigt gefühlt haben mag, fand sein Werk doch großen Anklang und verschaffte ihm im In- und Ausland eine beträchtliche Anhängerschaft. Inzwischen hat man seinen maßgeblichen und innovativen Beitrag zu einer neuen Architektur erkannt. Noch heute ist der „Mackintosh-Stil" sehr gefragt.

[1] Zitiert in James Macaulay, *Charles Rennie Mackintosh: Hill House,* Phaidon 1994.

Erdgeschoss
1. Eingang
2. Bibliothek
3. Salon
4. Esszimmer
5. Garderobe
6. Halle
7. Abstellraum
8. Vorratsraum
9. Küche
10. Waschraum
11. Waschhaus

Obergeschoss
1. Schlafzimmer
2. Badezimmer
3. Kinderzimmer
4. Umkleideraum
5. Vorratsraum
6. Abstellraum
7. oberer Teil der Halle

Dachgeschoss
1. Schlafzimmer
2. Badezimmer
3. Abstellkammer
4. Unterrichtszimmer

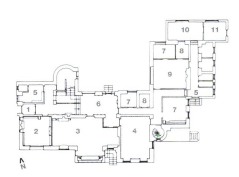
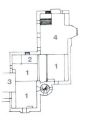

HILL HAUS

Zu den vielen maßgefertigten Designstücken im Hill Haus gehören die Uhr in der Eingangshalle, die Gaslampen und die Stühle mit den hohen Rückenlehnen. Nur selten wichen die Blackies vom ganzheitlichen Anspruch Mackintoshs ab, wie hier beim holzvertäfelten Esszimmer, das sie mit ihrem eigenen Mobiliar bestückten.

1905

EDWARD PRIOR V

VOEWOOD / HOME PLACE HOLT, NORFOLK, ENGLAND

Das Voewood Haus ist aufs Engste mit seinem Standort und seiner Umgebung verwurzelt. Seinem Architekten Edward Prior waren das Arbeiten mit regionalen Materialien und traditionellen Bezügen stets ein großes Anliegen, aber er achtete dabei auch sehr auf Funktionalität und Wirtschaftlichkeit. Durch den Aushub der Sand-, Kies- und Schotterberge, die beim Bau entstanden waren, schuf er vor dem Haus drastisch abgesenkte Gartenareale. Voewood schien somit gleichsam direkt aus der Erde hervorzugehen, was noch betont wurde durch die fließende Form seiner Architektur, die es organisch in die Landschaft mit den Gärten und umliegenden Wirtschaftsgebäuden einband.

Prior, ein Wegbereiter der Arts-and-Crafts-Bewegung, stufte die Rolle des Architekten als eher untergeordnet ein und machte sich umso leidenschaftlicher für die Baumeister und Handwerker stark. Inspiriert von Norman Shaw, Philip Webb, William Morris und John Ruskin, entwickelte er sich zu einem fortschrittlichen, experimentierfreudigen Architekten, der fasziniert war von den Möglichkeiten neuer Materialien und konstruktiver Lösungen.

In Auftrag gegeben wurde das zeitweise in Home Place umbenannte Voewood von Reverend Percy Lloyd und seiner Frau – die frische Luft im Norden von Norfolk sollte der kränklichen Mrs. Lloyd guttun.

Ungeachtet seiner organischen Form und Schönheit im Detail handelt es sich beim Voewood Haus um einen der ersten Eisenbetonbauten Großbritanniens. Der für die Gärten ausgehobene Sand und Kies diente zugleich auch zur Herstellung des Betons, den man vor Ort für die Fundamente, konstruktiven Träger, Böden und Decken brauchte. Anschließend wurde der Bau mit einheimischem Feuerstein, Back- und Sandstein oder dünnen Terrakottafliesen verblendet – verlegt als dekoratives Fischgrätmuster, Fensterumrahmung oder spiralförmige Schornsteingirlande.

Der Grundriss des Hauses war ähnlich innovativ: Prior experimentierte als einer der Ersten mit dem Schmetterlingsgrundriss, der das Tageslicht tief in ein Gebäude eindringen ließ – häufig durch Fenster zu beiden Seiten der Haupträume. Er hatte diese Form schon während der 1890er-Jahre in seinem früheren Haus The Barn in Devon erprobt. Unter den Architekten der Arts-and-Crafts-Bewegung konnte sie sich schließlich durchsetzen.

Die Raumaufteilung von Voewood gilt zu Recht als höchst ideenreich und bahnbrechend. Die von der Arts-and-Crafts-Bewegung so geschätzte große Halle, die hier über zwei Geschosshöhen reicht, bildet das Herzstück des Gebäudes, mit dem Haupteingang im Westen. In dem insgesamt vier Stockwerke umfassenden Haus steckt viel an

handwerklichem Können und harter Arbeit – selbst Vorrats- und Lagerräume sind sorgfältig und in schlichter Schönheit ausgeführt.

Erstaunlicherweise war Mrs. Lloyd gar nicht begeistert von dem Haus, das heute zusammen mit der Kirche St. Andrews in Roker als Priors größte Leistung gilt. Es wurde schon bald vermietet und diente in der Folge als Knabenschule, Krankenhaus und Altersheim.

Erst in jüngster Zeit gelangte es wieder in private Hände und wurde von dem Buchhändler Simon Finch liebevoll restauriert. Die Brandschutztüren wurden entfernt und Voewood wurde wieder zum Familienwohnsitz, der für Hochzeiten, Veranstaltungen und Besichtigungen teilweise auch öffentlich zugänglich ist.

Erfindungsreichtum und Handwerkskunst zeigen sich an allen Ecken und Enden. So wurden die beim Aufeinandertreffen der „Schmetterlingsflügel" entstehenden dreieckigen Bereiche kurzerhand für steil sich in die Höhe schraubende Wendeltreppen genutzt.

Die Gestaltung des Hauses sah nicht nur möglichst viele Verbindungen zu den Gärten vor, darunter der mit einer Mauer umgebene Ostgarten, sondern auch zu den beiden eingebauten Veranden oder „Kreuzgängen", die auf die große Terrasse mit Blick auf den abgesenkten Garten führen.

Innenfenster im Haupttreppenaufgang (siehe S. 44) zeigen hinunter in die große Halle wie die zeitgenössische Form einer Minstrel-Galerie.

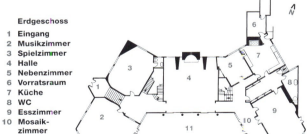

Erdgeschoss
1 Eingang
2 Musikzimmer
3 Spielzimmer
4 Halle
5 Nebenzimmer
6 Vorratsraum
7 Küche
8 WC
9 Esszimmer
10 Mosaik-
   zimmer
11 Terrasse

Erstes Obergeschoss
1 Schlafzimmer
2 Badezimmer
3 Galerie

Zweites Obergeschoss
1 Schlafzimmer
2 Badezimmer/WC
3 Freizeitraum

1906

CHARLES F. A. VOYSEY

THE HOMESTEAD FRINTON-ON-SEA, ESSEX, ENGLAND

Die Arts-and-Crafts-Architektur ist geprägt von dem faszinierenden Widerspruch zwischen ständigen Rückverweisen auf die Vergangenheit bei gleichzeitigem Streben nach Innovation. Im Falle von Charles Voysey führte das präviktorianische Ideal perfekter Handwerkskunst in Verbindung mit einer höchst fortschrittlichen Auffassung von Architektur zu einer konsistenten Philosophie, auf deren Basis eine Reihe einflussreicher, vielbewunderter Häuser entstand.

Voyseys sorgfältig konzipierte, mit großem handwerklichen Können umgesetzte Bauten weisen ein zunehmend breiteres Spektrum an gestalterischen Ideen und Motiven auf. Zugleich kündigt sich die Moderne an, etwa in der ungewöhnlichen Nutzung des Tageslichts, dem fließenden Charakter der Grundrisse und einer, wenn auch zögerlichen Akzeptanz von Technik – solange sie nicht die Handwerkskunst und Ästhetik beeinträchtigte. Desgleichen zeigt sich eine veränderte Einstellung zum häuslichen Leben, indem Funktionsbereiche und Zimmer fürs Hauspersonal nicht mehr nachträglich hinzugefügt werden, sondern integraler Bestandteil des Hauses sind.

Die wohldurchdachte Konzeption der Häuser berücksichtigt auch jeden noch so kleinen funktionalen Aspekt – von den Türschlössern bis zu den Dachrinnen und Belüftungskanälen – und zeigt sich unter Verwendung reiner Naturmaterialien effizient, einfach und handwerklich perfekt umgesetzt.

Obgleich Voyseys Häuser zweifellos Bauwerke von großer Schönheit sind, scheint ihre demonstrative Schlichtheit oft nicht so recht zu den aufwendigen Tapetenmustern zu passen, für die Voysey ebenfalls bekannt ist und die manche Kritiker für einen maßgeblichen Einfluss auf die Entstehung des Jugendstils halten.

The Homestead ist eines der konsequentesten und vollkommensten Landhäuser des Architekten. Sein Auftraggeber, Sydney Claridge Turner, Manager einer Londoner Versicherungsgesellschaft, ließ ihm bei der Gestaltung völlig freie Hand. Voysey wurde ein guter

Freund Turners, der sich in Frinton-on-Sea ein Wochenendhaus gewünscht hatte mit der Möglichkeit, Gäste zu empfangen – und in fußläufiger Entfernung zum Golfclub.

Das Gebäude befindet sich auf einem Eckgrundstück, umgeben von Wohnhäusern der Jahrhundertwende. Ein Teil des Baugeländes ist leicht abschüssig, und so entwarf Voysey einen leicht verkanteten, L-förmigen Grundriss, dessen Linien nach vorne parallel zu den sich kreuzenden Straßen verlaufen, während sie auf der Rückseite einen privaten Garten umschließen. Die Funktionsräume wie Küche, Speisekammer und die darüber liegenden kleineren Schlafzimmer folgen der Neigung des Geländes. Das Zentrum des Hauses ruht auf dem höchsten Punkt entlang der Second Avenue.

Den größten Teil des Wohnbereichs im Erdgeschoss nimmt ein offener Raum

Voyseys Faible für handwerkliche Details zieht sich wie ein Leitmotiv durchs ganze Haus – vom herzförmigen Briefkasten bis zu den maßgearbeiteten Holzriegeln und Schlössern für jede einzelne Tür.

ein, der von zwei Seiten Licht erhält und durch ein kleines Rundfenster einen Blick aufs Meer gestattet. Am einen Ende lädt eine Sitzecke mit Kamin zur Entspannung ein, am anderen befindet sich eine Aussparung für eine kleine Terrasse, die eine geschützte Ecke im Freien mit einem reizvollen Ausblick auf den Garten bietet.

Der Großteil der Einrichtung besteht aus maßgefertigten Einbauten, die überall im Haus viel Stauraum schaffen und auch kleinste Flächen bestmöglich nutzen. So sind etwa in die mit Holzpaneelen gestalteten Wände des achteckigen Speisezimmers genügend Schränke für Geschirr, Besteck und Gläser integriert.

Neben The Orchard, Voyseys eigenem Haus, stellt das innovative und großzügig angelegte The Homestead eines der vollkommensten Beispiele für die Baukunst dieses Architekten dar.

Die Räume sind luftig und licht. Selbst die Kaminecke im Wohnzimmer weist noch zwei zusätzliche kleine Fenster auf, damit sie nicht zu trist und dunkel wirkt. Die zu Voyseys Markenzeichen gewordenen Lüftungskanäle sind mit einem Dekor aus Vögeln und Bäumen verziert.

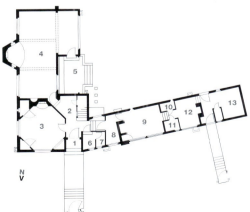

	Erdgeschoss
1	Eingangshalle
2	Halle
3	Esszimmer
4	Wohn-/ Empfangszimmer
5	Veranda
6	WC
7	Garderobe
8	Speisekammer
9	Küche
10	Spülküche
11	Abstellraum
12	Speisekammer
13	Kohlen- und Holzlagerraum

	Obergeschoss
1	Schlafzimmer
2	Umkleideraum
3	Badezimmer
4	WC
5	Wohn-/Arbeitszimmer

THE HOMESTEAD

1908

GREENE & GREENE

GAMBLE HAUS PASADENA, KALIFORNIEN, USA

Handwerkliche Perfektion bis ins kleinste Detail hatte einen hohen Stellenwert für Henry und Charles Greene. Mit dem Gamble Haus hatten die Architekten und Bauherren das gemeinsame Ziel, ein Haus zu schaffen, das in Harmonie mit der Landschaft stehen sollte – handwerklich solide und edel verarbeitet. Das Ergebnis war ein bis in den letzten Winkel stimmiges Gebäude, bei dem kein Detail dem Zufall überlassen blieb und die Maßarbeit selbst Möbel, Beleuchtung und Teppiche mit einschloss.

Die Greenes vertraten – wie schon William Morris und John Ruskin vor ihnen – einen Ansatz der Arts-and-Crafts-Bewegung, der voll auf Qualität, die Schönheit des Handwerks und die schöpferische Kraft der Erfindung setzte und Industrialisierung wie Massenfertigung mit Argwohn betrachtete. In seiner Mischung aus Arts-and-Crafts-Architektur, Schweizer Chalet-Look und Japanstil könnte man das Gamble Haus leicht als rückwärts gewandte Idealisierung eines Zeitalters vorindustrieller Handwerkskunst verstehen.

Doch das wäre zu kurz gegriffen – denn in Wahrheit handelt es sich um eine ausgesprochen zukunftsorientierte Architektur. Natürlich ließen sich die Greenes von der Vergangenheit inspirieren, zugleich aber ging es ihnen ganz explizit darum, einen originären amerikanischen Architekturstil des 20. Jahrhunderts zu kreieren, der im Einklang mit der Natur stand und die Schönheit natürlicher Materialien propagierte. Darüber hinaus war Modernität gefragt – von elektrischem Licht und Sprechanlagen bis zu Küchen auf dem neuesten Stand von Technik und Hygiene.

„Lasst uns ganz neu beginnen", sagte Charles Greene einmal. „Alles, was wir brauchen sind Ziegel und Steine, Holz und Gips: lauter gewöhnliche, vertraute und günstige Materialien. Lasst sie so, wie sie sind (...) warum sie verstecken? Die Kunst besteht darin, aus diesen gewöhnlichen Dingen etwas Schönes zu machen."[1]

Diese Philosophie findet ihre Anwendung in dem dreigeschossigen, 750 Quadratmeter umfassenden Haus – in großem Maßstab und höchster Vollendung. Die mit Redwood verschalte Rahmenkonstruktion kann als Paradebeispiel gelten für ein perfekt gearbeitetes amerikanisches Wohnhaus im Arts-and-Crafts-Stil. Neben eigenen Entwürfen der Brüder Greene wurde ein Großteil der qualitativ hochwertigen Möbel von der Peter Hall Manufacturing Company gefertigt. Die Glasarbeiten stammen von Emil Lange, bis auf einzelne Stücke von Gustav Stickley – ebenfalls ein Wegbereiter der Arts-and-Crafts-Bewegung.

Für die weitsichtigen Auftraggeber – David Gamble, Sohn des Unternehmensgründers von Procter & Gamble, und seine Frau Mary – bot Pasadena die Möglichkeit, sich einen individuellen Rückzugsort für den Winter zu schaffen. Die Gegend ist wegen ihrer einst sauberen Luft auch als „Little Switzerland" bekannt und galt als absolut gesundheitsfördernd. Die Gambles wollten sich das optimal zunutze machen. Sie kauften zusätzlich benachbartes Land auf und pflanzten sogar Orangenbäume, um, wie es heißt, die Gerüche einer nahegelegenen Schweinemästerei zu überdecken.

Das hochwertige Holzhaus ist optimal auf natürliche Ventilation eingestellt: Dachvorsprünge mindern die Hitze und beschatten eine Reihe von Terrassen und Veranden, die einen fantastischen Panoramablick auf den Arroyo Seco Canyon bieten.

Das durch innenliegende Fenster einfallende Tageslicht wurde durch elektrische Beleuchtung ergänzt, der man Anfang des 20. Jahrhunderts wegen ihrer angeblich gesundheitsschädlichen Auswirkung noch mit einiger Skepsis begegnete. Obwohl das Gebäude stets Kontakt zur umliegenden Landschaft hält, ist die häusliche Privatsphäre dank einer umsichtigen und zugleich flexiblen Raumaufteilung bestens gewährleistet.

Cecile und Louise Gamble, die Erben von David und Mary, überlegten sich in den 1940er-Jahren kurz, das Haus zu verkaufen. Als sie jedoch von der Absicht eines potenziellen Käufer hörten, das Haus gleich einmal weiß streichen zu lassen, schenkten sie es lieber der Stadt Pasadena und der University of Southern California. So wurde das Gamble Haus zu einer historischen Stätte von nationalem Rang. Noch heute ist es weitgehend in dem Zustand erhalten, in dem es sich zu Zeiten der Greenes und Gambles befand. Es ist das Ergebnis einer Zusammenarbeit von Gleichgesinnten: ein ganzheitliches, ergonomisch und handwerklich höchst gelungenes amerikanisches Traumhaus – eine andere Form des amerikanischen Traums.

[1] Zitiert in Linda G. Arntzenius, *The Gamble House,* University of Southern California, School of Architecture 2000.

Die Auskragung des Daches schirmt das Haus gegen Hitze ab und dient zugleich als Sonnenschutz für mehrere Terrassen – auch als Schlafveranden genutzt – vor den Schlafzimmern im zweiten Stock. In der separaten obersten Etage befindet sich ein Billardzimmer.

Die Wandverkleidung besteht zum Teil aus Dutzenden verschiedener Hölzer und inszeniert ein reizvolles Spiel aus Naturtönen und den Mustern ihrer Maserung. Die frei liegenden Verbindungsstellen mit den stets gerundeten Ecken zeigen das handwerkliche Können, das der gesamten Architektur zugrunde liegt. Bestimmte Motive ziehen sich kontinuierlich durchs ganze Haus und werden immer wieder aufgegriffen.

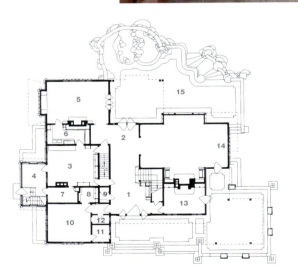
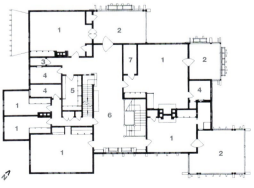

Erdgeschoss

1 vordere Eingangshalle
2 hintere Eingangshalle
3 Küche
4 Terrasse
5 Esszimmer
6 Anrichte
7 Kühlkammer
8 Kammer
9 Garderobe
10 Gästezimmer
11 Badezimmer
12 WC
13 Arbeitszimmer
14 Wohnzimmer
15 Terrasse

Obergeschoss

1 Schlafzimmer
2 Schlafveranda
3 WC
4 Badezimmer
5 Wäscheschrank
6 Halle
7 Kammer

GAMBLE HAUS

1922

RUDOLPH SCHINDLER

SCHINDLER HAUS WEST HOLLYWOOD, LOS ANGELES, KALIFORNIEN, USA

Etliche Jahre bevor Walter Gropius, Ludwig Mies van der Rohe und Marcel Breuer in den USA eintrafen, startete Rudolph Schindler mit seinem Haus an der Westküste eine architektonische Revolution. Das an der North Kings Road in Los Angeles realisierte Bauwerk dürfte das erste wirklich moderne Haus in Amerika gewesen sein. Es brach mit allen Traditionen und stellte für Architektur und Design völlig neue Grundprinzipien auf. Selbst nach heutigem Ermessen erscheinen einige seiner Hauptelemente noch immer radikal, wie die auf dem Dach des Hauses befindlichen „Schlafpodeste" unter freiem Himmel. Das Schindler Haus stellte die Tradition auf den Kopf und schuf die Voraussetzungen für ein neues Paradigma der Architektur.

Nachdem Schindler eine Zeit lang für Frank Lloyd Wright gearbeitet und die Bauleitung des Barnsdall/Hollyhock Hauses in Los Angeles übernommen hatte, beschloss er im Herbst 1921, sein eigenes Büro zu gründen und ein Haus für sich selbst zu bauen. Er und seine Frau Pauline waren eng mit dem Ingenieur Clyde Chace und dessen Ehefrau Marian befreundet, und so beschlossen sie, ein gemeinsames Wohnhaus zu bauen. Sie planten auf einem weitläufigen Gelände ein kostengünstiges Gebäude aus Beton, Glas und Holz und unter Verwendung innovativer Bautechniken wie der „Tilt-Slab"-Bauweise, einem von Chace entwickelten Präfabrikationssystem für Betonwände.

„Die Grundidee war", schrieb Schindler, „anstelle der üblichen Aufteilung, jeder Person ihren eigenen Raum zu geben und das Kochen so weit wie möglich direkt am Tisch zu erledigen, um es damit (…) in erster Linie zu einer geselligen Angelegenheit zu machen, statt zu einer lästigen Aufgabe für ein einzelnes Familienmitglied."[1]

Das Gebäude wurde als eingeschossiger Bau konzipiert mit drei strahlenförmig um einen zentralen Kamin angeordneten Trakten. Die ursprüngliche Idee eines eigenen Ateliers für jeden Einzelnen wurde zugunsten je eines größeren Apartments

Besonders auffällig am Schindler Haus sind die fließenden Übergänge: Die Wohnräume gehen nahtlos in Innenhöfe und Veranden über, und jedes „Apartment" ist zu einer anderen Seite des Landschaftsgartens ausgerichtet, der selbst wiederum als Serie von Räumen im Freien konzipiert ist. Zwei lediglich durch Abdeckplanen geschützte „Schlafpodeste" auf dem Dach führen diese Idee noch weiter fort.

für beide Paare aufgegeben. Im dritten Trakt waren die Gemeinschaftsküche mit Wirtschaftsraum, ein Gästezimmer und Garagen untergebracht. Schindler kommentierte: „Die Zimmer sind große Atelierräume mit Betonwänden auf drei Seiten und verglasten Fronten zum Garten – eine ausgesprochen kalifornische Anlage."[2]

Das Haus war sowohl in sozialer als auch in architektonischer Hinsicht außergewöhnlich. Es bot jedem seinen eigenen privaten Wohnraum und verfügte zugleich über gemeinsame Bereiche, die sich alle miteinander teilten. Im Grunde ging es dabei um einen Akt der Befreiung, der die Wahl ließ zwischen individueller Freiheit und sozialer Interaktion und darüber hinaus stark mit der Natur verbunden war.

Der Zuwachs von Kindern und andere praktische Erwägungen führten dazu, dass Clyde und Marian Chace das Haus 1924 verließen. 1925 nahm Richard Neutra, Schindlers Freund und zeitweiliger Arbeitspartner, vorübergehend ihre Stelle ein. Schließlich bewohnten die Schindlers das Haus allein.

Obwohl das Anwesen einen ständigen Strom von Besuchern anzog, brauchte es dennoch eine ganze Zeit, bis die Bedeutung von Schindlers Leistung allgemein anerkannt wurde. Inspiriert von Frank Lloyd Wright ebenso wie von japanischen Bauweisen – aber auch einer Campingtour der Schindlers in den Yosemite Park –, war das Haus eine wahre Pionierleistung, wie sie in all der konstruktiven Leichtigkeit ihrer Ausführung bis dato in der Architektur noch nicht gegeben hatte. Als solche übte es einen entscheidenden Einfluss auf spätere modernistische Gebäude in Kalifornien aus und wurde zum Prototyp einer neuen Art von kalifornischem Wohnhaus.

[1] Zitiert in Kathryn Smith, *Schindler House*, Harry N. Abrams 2001.
[2] Ebd.

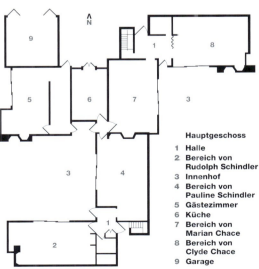

Hauptgeschoss
1 **Halle**
2 **Bereich von Rudolph Schindler**
3 **Innenhof**
4 **Bereich von Pauline Schindler**
5 **Gästezimmer**
6 **Küche**
7 **Bereich von Marian Chace**
8 **Bereich von Clyde Chace**
9 **Garage**

1929

AUGUSTE PERRET

ATELIERHAUS FÜR CHANA ORLOFF PARIS, FRANKREICH

„Er spielt eine Rolle", sagte Le Corbusier über seinen Mentor Auguste Perret. „*Je fais du béton armé* [Ich baue mit Stahlbeton], verkündete er jedem Besucher seines Ateliers (…) Es hallte in seinem Büro wider wie eine Fahne im Wind oder die Salve einer Kanone."[1]

Perret war einer der großen experimentierfreudigen Architekten seiner Zeit. Wie Frank Lloyd Wright in den USA arbeitete Perret an der Schnittstelle zweier höchst gegensätzlicher Zeitalter und zählt zu den Architekten, die die Grundlagen für die Moderne und eine neue Architektur legten. Und natürlich goss er diese Grundlagen in Beton, da er jenes grobe, schmutzige, prosaische Material in etwas Poetisches, Kultiviertes verwandeln wollte. Er ebnete den Weg zur Befreiung der Form, während er zugleich in vielerlei Hinsicht noch sehr von klassischen Prinzipien geleitet wurde.

Perret erprobte seine Bauweisen und technischen Verfahren an zahlreichen Industriebauten, vor allem in den Jahren nach dem Ersten Weltkrieg. Er wandte seine Ideen jedoch schon bald auch auf Privathäuser an und öffentliche Einrichtungen sowie kirchliche Bauten. Zudem entwarf er eine Reihe von Atelierhäusern für Künstler und Intellektuelle, mit denen er in Paris häufig Umgang hatte. Zu diesem Kreis zählten etwa die Maler Georges Braque und Cassandre – und eben auch die Bildhauerin Chana Orloff.

Orloff war eine angesehene, gegenständlich arbeitende Künstlerin jüdischen Glaubens. Sie wurde in der Ukraine geboren, floh jedoch wegen der dort herrschenden Pogrome im Alter von 18 Jahren mit ihren Eltern nach Palästina. (Diese Verbindung zu Israel sollte sie ihr ganzes Leben lang aufrechterhalten und häufig zum Arbeiten und Ausstellen dorthin zurückkehren.) 1910 zog sie nach Paris und begann sich als Bildhauerin zu etablieren. Sie schloss Freundschaft mit Malern wie Modigliani und Soutine und schuf Porträts von Picasso, Matisse und den Architekten Pierre Chareau und Auguste Perret.

Orloffs Ehemann, der Dichter Ary Justman, starb wenige Jahre nach ihrer Heirat während einer Grippeepidemie, sodass sie die Verantwortung für den gemeinsamen Sohn alleine zu tragen hatte. Dennoch hatte sich ihr Ruf als Künstlerin in den 1920er-Jahren so weit gefestigt, dass sie nicht nur in Frankreich, sondern auch im Ausland ausstellte. Damals waren Atelierhäuser gerade in Mode gekommen, und Orloff gab bei Perret ein solches in Auftrag. Es sollte im 14. Arrondissement, westlich des Parc Montsouris, entstehen, einem Viertel, in dem viele Künstler wie beispielsweise Braque wohnten.

Der von Perret entworfene dreigeschossige Eisenbetonskelettbau war nur bescheidene 62 Quadratmeter groß. Seine homogen gestaltete kubistische Fassade wurde oft mit der Physiognomie eines Gesichts verglichen. Die praktischen Eingangstüren im Torformat führten in einen großzügigen Studiogalerieraum von doppelter Höhe mit eingezogenem Mezzanin und viel Fensterfläche. Auf der dritten Ebene befanden sich der zur Straßenseite liegende Wohnraum, erhellt von einem großen Oberlicht, sowie zwei Schlafzimmer auf der Rückseite.

Die Skelettbauweise des Hauses ermöglichte es, die für Galerie und Atelier nötigen Freiflächen zu schaffen. Inzwischen sind diese Form und die einhergehende Industrie-Ästhetik gängig geworden, doch damals war dies zweifelsohne revolutionär – besonders in Verbindung mit der abstrakten Fassade.

Für Orloff erwies sich das Haus von Perret nicht immer als sicherer Zufluchtsort. Als die Deutschen im Zweiten Weltkrieg Paris besetzten, musste sie in die Schweiz fliehen. Bei ihrer Rückkehr fand sie ihr Atelier und viele ihrer Werke zerstört vor. Diese schreckliche Erfahrung inspirierte sie zu Arbeiten, die sich stark mit dem Thema Exil und Heimkehr beschäftigten. Bis zu ihrem Tod im Jahre 1968 pendelte sie zwischen Frankreich und Israel hin und her. Dabei diente ihr das Atelierhaus als dauerhafte Basis.

[1] Zitiert von Karla Britton in *Auguste Perret*, Phaidon 2001.

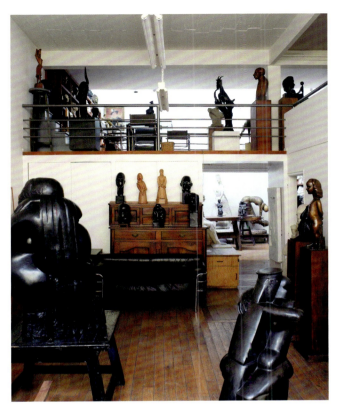

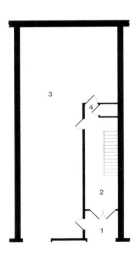
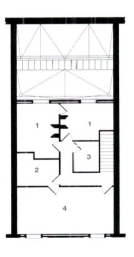

Erdgeschoss
1. Eingang
2. Werkstatt
3. Atelier
4. WC

Obergeschoss
1. Schlafzimmer
2. Küche
3. Badezimmer
4. Wohnraum

1930

ELIEL SAARINEN

SAARINEN HAUS CRANBROOK, BLOOMFIELD HILLS, MICHIGAN, USA

Eliel Saarinen leistete zu Architektur und Design gleich einen dreifachen Beitrag: Als Architekt schuf er in seiner Heimat Finnland eine ganze Reihe innovativer Gebäude und Interieurs, bevor er in den 1920er-Jahren in die USA auswanderte. Als Mentor und Partner begleitete und förderte er dort die Karriere seines Sohnes Eero, der Mitte des Jahrhunderts zu einem der bedeutendsten Pioniere der Moderne in Amerika werden sollte. Und schließlich erwies sich Eliel Saarinen auch noch als außergewöhnlicher Pädagoge. Angeregt vom Beispiel der Bauhauswerkstätten, wurde er zu einem Mitbegründer der Cranbrook Academy of Art – einem multidisziplinären Zentrum für Architektur, Kunst und Design, zu dessen Absolventen unter anderem Florence Knoll, Harry Bertoia sowie Charles und Ray Eames gehörten.

Als leitender Architekt der Cranbrook Educational Community und Dekan des Fachbereichs Architektur und Stadtgestaltung entwarf Saarinen vor Ort auch zwei Schulen, ein wissenschaftliches Institut sowie ein Kunstmuseum. Und er baute hier für sich und seine Familie ein einzigartiges Wohnhaus.

Ähnlich wie das Gamble Haus der Brüder Greene (siehe S. 52–55) oder das Hill Haus von Mackintosh (siehe S. 40–43) ist Saarinens Entwurf Ausdruck einer konsequenten, umfassenden gestalterischen Vision – ein Gesamtkunstwerk. Es ist Teil des 127 Hektar großen Campus von Cranbrook und sollte eine enge Verbindung zur Arbeit an der Akademie herstellen, an der auch Saarinens Frau Loja tätig war. Sie hatte hier als Textilgestalterin die Abteilung für Weben und textiles Gestalten gegründet, die sie auch leitete.

In der Architektur des Gebäudes verschmelzen Arts-and-Crafts-Einflüsse mit Art déco. Zugleich treffen Eliels Ideen auf Lojas Textilentwürfe – ja selbst auf einige Beiträge des jungen Eero. Das Äußere des zweistöckigen, U-förmigen Gebäudes aus rotem Backstein hält sich weitgehend an die Tradition der Arts-and-Crafts-Ästhetik, während die Innenräume

Das Arts-and-Crafts-Profil des Gebäudes verschwindet fast hinter seinem dichten Bewuchs mit Kletter- und Grünpflanzen. Das vorkragende Atelier und die überdachte Veranda auf der Rückseite bilden einen Innenhof, von dem viele der Hauptwohnräume ihr Licht beziehen und der zugleich für ein ruhiges Ambiente sorgt.

in einer doch sehr gewagten Version von Art déco gestaltet sind.

Die Hauptwohnräume liegen auf der Vorderseite des Hauses, wobei das geräumige Wohnzimmer hauptsächlich dem Empfang von Gästen dient. Auf der Rückseite wurde ein Gebäudeflügel als überdachte Veranda konzipiert, in dem anderen ist ein langgestrecktes, überwölbtes Studio untergebracht. Diesen Mehrzweckraum nutzten die Saarinens vornehmlich als Arbeitsraum. Er bot sich aber auch für Empfänge und Feiern an. Für das Elternschlafzimmer im Obergeschoss baten die Saarinens den 20-jährigen Eero, einen Großteil der Möbel zu entwerfen.

In vielerlei Hinsicht avancierte das Haus zum geistigen Zentrum von Cranbrook. Die Saarinens wohnten darin noch bis in die Anfänge der 1950er-Jahre. In der Folge residierten hier die Präsidenten der Akademie, bis es zu Beginn der 1990er vollständig restauriert und für Besucher geöffnet wurde.

Das Saarinen Haus ist eine geglückte Kombination aus Arts-and-Crafts-Stil und Art déco, mit einem kräftigen Schuss finnischem Traditionalismus und einer höchst innovativen Auffassung von räumlicher und konstruktiver Ordnung. Als solches ist es ein Vorläufer der sich anbahnenden Moderne und ebenso ein Beispiel für die Arbeit des jungen Eero Saarinen. Das heute von Kletterpflanzen und anderem Grün berankte Haus zeigt sich als das, was es war: eine echte und in der Tat harmonische Familienangelegenheit.

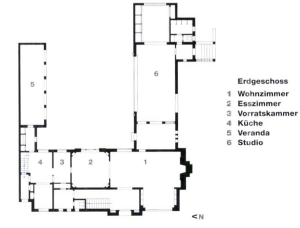

Erdgeschoss
1. Wohnzimmer
2. Esszimmer
3. Vorratskammer
4. Küche
5. Veranda
6. Studio

Ein Läufer Loja Saarinens führt zum offenen Kamin des Wohnraums. Nebenan lädt eine Bücherecke zum Rückzug ein. Herzstück des Hauses ist das oktogonale Speisezimmer, ein handwerklich exquisit ausgeführter holzgetäfelter Raum. Der Alkoven am Ende des flexiblen Studios fungiert als zusätzliche Sitzlounge. Fast alle Möbel im Wohnzimmer wurden von Eliel Saarinen entworfen und vor Ort von dem schwedischen Möbelbauer Tor Berglund in Walnuss, Eben- und Rosenholz ausgeführt.

1931

LE CORBUSIER

VILLA SAVOYE POISSY, FRANKREICH

Die Bedeutung Le Corbusiers für die Architektur des 20. Jahrhunderts ist kaum zu überschätzen.

Für viele ist er die architektonische Galionsfigur unseres Zeitalters schlechthin, da er unser Verständnis von Form und Raum radikal verändert hat. Ihm kommt das Verdienst zu, die Architektur neu definiert und die Moderne in Wort und Tat (mit)begründet zu haben. Aber er wird auch gern für ihre Exzesse verantwortlich gemacht, wie sie in der Hochphase des Brutalismus gelegentlich ausbrachen. Vor allem aber ist er der über jeden Zweifel erhabene Architekt der Moderne, der weltweit bekannt und anerkannt ist – selbst wenn er nicht immer geliebt wird.

Auch seine Villa Savoye nimmt einen besonderen Stellenwert im Kanon der Moderne ein. Sie gilt als Krönung einer Serie von Pariser Villen, die Le Corbusier in den 1920er-Jahren schuf, viele davon zusammen mit seinem Cousin Pierre Jeanneret.

Die Villa Savoye war der Inbegriff der „puristischen" Villa und entsprach mit ihrer Pilotis-Konstruktion, dem Dachgarten, einem offenen Grundriss, ihren horizontalen Fensterbändern und der freien Fassadengestaltung Le Corbusiers Fünf-Punkte-Proklamation der neuen Architektur (mehrere ihrer Forderungen wurden durch den Einsatz einer Stahlbetonstruktur ermöglicht, die jegliche Stützmauern überflüssig machte).

Strukturelle Gestaltungsideen wie der Einsatz spektakulärer Rampen und einer skulpturalen Wendeltreppe verliehen dem Entwurf seine ganz besondere Dynamik. Eine einfallsreiche Wegführung, die ständigen Wechsel zwischen offenem und umbautem Raum und die spielerische Auflösung der Grenzen von innen und außen machten die Villa zu einem spannenden Parcours der Architektur, auf dem es vieles zu entdecken gab.

In Auftrag gegeben wurde sie von dem in Paris lebenden Ehepaar Pierre und Emilie Savoye, die sich ein Wochenendhaus auf dem Land wünschten. „Diese Villa", schrieb Le Corbusier, „wurde in größtmöglicher Schlichtheit erbaut – für Auftraggeber ganz ohne Vorurteile, weder alte noch neue."[1] Madame Savoye machte allerdings ausdrücklich den Einbau allerneuester Haustechnik und die Einrichtung von perfekt ausgestatteten Gästezimmern zur Bedingung. Le Corbusier umschrieb das Haus als eine „Kiste in der Luft". Von den Pilotis-Säulen gestützt, schweben die Hauptwohnbereiche des eleganten Kubus tatsächlich ein gutes Stück über dem Boden, mit einem Rundumausblick in die Landschaft. Die Rampe, die statt einer Treppe das Haus erschließt, führt vom Dachgarten im ersten Stock aus weiter hinauf zu einem schlichten Obergeschoss mit Solarium. Leider wurde das Haus durch ständige Feuchtigkeit in der Folge schwer in Mitleidenschaft gezogen, und Probleme anderer Art trübten das Verhältnis zwischen Architekt und Bauherren. Sogar eine gerichtliche Auseinandersetzung drohte, bevor der Krieg die Streitigkeiten unterbrach und das Haus vorerst unbewohnt blieb. Aufgrund von Kriegsschäden zunächst vom Abriss bedroht, wurde das Gebäude 1964 schließlich unter Denkmalschutz gestellt. Natürlich ist die Villa Savoye weit mehr als eine bloße „Wohnmaschine". Sie ist vollendetes Kunstwerk und ergonomisch-funktionales Familienhaus zugleich. Und sie ist so etwas wie ein prototypischer sakraler Raum, der einer neuen Lebensweise gewidmet ist. „Eins war mir besonders wichtig", schrieb Le Corbusier gegen Ende seines Lebens, „die Familie zu etwas Heiligem, das familiäre Zuhause zu einem Tempel zu machen."[2]

[1] Zitiert in Jacques Sbriglio, *Le Corbusier: The Villa Savoye,* Birkhäuser 2008.
[2] Aus Le Corbusier, *Mise au Point,* in Jean Jenger, *Le Corbusier: Architect of a New Age,* Thames & Hudson 1996.

Die Villa Savoye mit ihrer funktionalen Form, den nüchternen Pilotis-Säulen, sachlichen Glasbändern und skulpturalen, an riesige Schlote erinnernden Gebilden auf dem Dach gilt vielen als das Meisterwerk des Maschinenzeitalters par excellence.

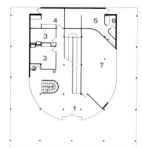
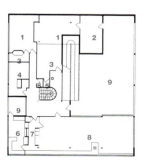
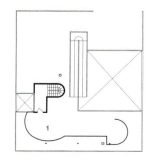

Erdgeschoss
1 Eingangshalle
2 WC
3 Angestelltenzimmer
4 Waschküche
5 Chauffeurzimmer
6 Badezimmer
7 Garage

Erstes Obergeschoss
1 Schlafzimmer
2 Boudoir
3 Badezimmer
4 Gästezimmer
5 WC
6 Küche
7 Vorratsraum
8 Salon
9 Terrasse

Zweites Obergeschoss
1 Sonnenterrasse

Das ökonomisch mit Einbaumöbeln und einzelnen Designerstücken ausgestattete Interieur verleiht dem Haus auch innen ein puristisches Flair. Im Bad ist eine gekachelte Liege eingebaut, deren Form an Le Corbusiers und Charlotte Perriands etwa zur selben Zeit entstandenen berühmten Entwurf für das Möbelstück erinnert.

1931

ARNE JACOBSEN

ROTHENBORG HAUS KLAMPENBORG, DÄNEMARK

In den 1920er-Jahren warf Arne Jacobsen einen vorausschauenden Blick in die Zukunft. Wie Alvar Aalto in Skandinavien mit dem Klassizismus und der nordischen Tradition aufgewachsen, erkannte er, dass er mit der Vergangenheit brechen und einen neuen Stil entwickeln musste. Mitte der 1920er-Jahre reiste er nach Paris und Berlin, wo er das Werk von Le Corbusier, Walter Gropius und Mies van der Rohe kennenlernte, und begann, sich von den eher traditionellen Tendenzen seiner frühesten Arbeiten zu lösen.

Im Jahr 1929 realisierte Jacobsen das erste einer geplanten Serie von Häusern für sich selbst – einen schnörkellosen Bau mit Flachdach in Charlottenlund. Darauf folgte als kleine Übung im Futurismus das „Haus der Zukunft" – ein kreisrundes Gebäude mit Hubschrauberlandeplatz auf dem Dach, das er in Kooperation mit Flemming Lassen für eine Ausstellung in Kopenhagen entwarf. Es war eins der ersten Projekte Jacobsens, bei dem er die komplette Gestaltung übernahm, inklusive Inneneinrichtung und Möbeldesign. Damit gelang ihm ein höchst experimenteller Prototyp, der dazu noch für großes Aufsehen sorgte und dem jungen Architekten eine ganze Reihe von Aufträgen einbrachte. Der reizvollste war Haus Rothenborg in Klampenborg, einer kleinen Küstenstadt am Öresund nördlich von Kopenhagen. Der Anwalt Max Rothenborg und seine Frau wünschten sich eine geräumige Villa in einem völlig neuen Stil der skandinavischen Moderne.

Mit diesem Bauvorhaben wollte Jacobsen die Idee des Gesamtkunstwerks ausloten. Das vor allem mit der Arts-and-Crafts-Bewegung und Architekten wie den Brüdern Greene verbundene Ideal eines bis ins Kleinste durchkomponierten Hauses, reizte ihn außerordentlich. So begann er sich beim Rothenborg Haus auch um Möbel, Beleuchtung und andere Elemente zu kümmern.

Jacobsen entwarf einen komplexen Baukörper, bei dem sich auf der Basis eines U-förmigen Grundrisses ein- und zweistöckige Abschnitte abwechseln. Das Haus öffnet sich zu den Gärten und schließt eine Reihe von Terrassen mit ein, die auf erhöhtem Terrain wie auch auf dem Dach angelegt sind – was die Verbindung zur Landschaft nachdrücklich betont. Die waldige Umgebung setzt das markante weiße Gebäude natürlich in Szene. Auf der Rückseite zeigt sich das Haus stärker gegliedert und privater: Die U-Form entsteht hier durch die Garage und einen zweigeschossigen Bauteil. Gemeinsam umschließen sie den Eingangsbereich und die Zufahrt.

Dieses Haus war das wichtigste Projekt in Jacobsens frühen Jahren. Es bot ihm die gestalterische Freiheit, einen anspruchsvollen, zukunftsfähigen Entwurf in seiner Gänze auszuschöpfen. Und es war eine einmalige Gelegenheit, Ideen zum Verhältnis von Baukörper und natürlicher Umgebung zu entwickeln – zwischen Architektur, Interieur und Landschaft –, was in späteren Projekten Jacobsens weitergedacht werden sollte.

Nachdem das Haus im Lauf der Jahre immer wieder verändert worden war, wurde es vor nicht allzu langer Zeit sorgfältig restauriert. Mit feiner Linienführung und funktionaler Präzision verkörpert es einen kraftvollen Schub in Richtung einer neuen, modernen Ästhetik. Und es zeigt Jacobsen als einen ihrer fähigsten Vertreter: einen Pionier skandinavischen Designs, dessen Möbel auch den Wohnhäusern des 21. Jahrhunderts noch immer einen zeitgemäßen Touch verleihen

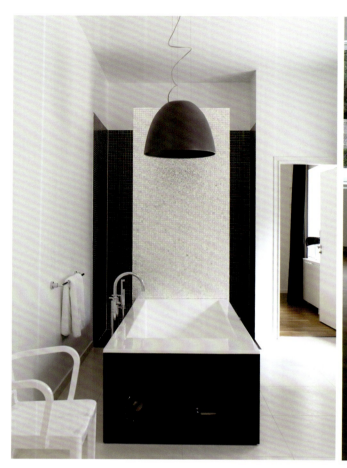

Die fließend ineinander übergehenden Wohnräume befinden sich alle auf demselben Stockwerk, das sich zu einer geschützten Terrasse und den Gärten hin öffnet. Die Wirtschaftsräume und Schlafzimmer liegen in der zweiten Etage des Gebäudes. Bei einer Restaurierung in jüngerer Zeit wurde nur die technische Ausstattung der Jetztzeit angepasst, die architektonische Integrität des Hauses aber bewahrt.

Vor der grünen Kulisse eines Waldgebiets kommt die markante weiße Architektur besonders gut zur Geltung. Das begehbare Flachdach und die Terrassen mit offenem Kamin schaffen eine natürliche Verbindung zwischen Innen- und Außenraum. Der Haupteingang liegt in dem geschützeren Bereich des Hauses und wird von der Garage und einem Gebäudeteil U-förmig eingefasst.

Erdgeschoss
1. Halle
2. Schlafzimmer
3. Badezimmer
4. Wohnzimmer
5. Esszimmer
6. Kammer
7. Küche
8. Angestelltenräume
9. Garage
10. Wintergarten

Obergeschoss
1. Terrasse
2. Badezimmer
3. Wohnbereich

Kellergeschoss
1. Brennstofflagerraum
2. Keller
3. Weinkeller
4. Vorratsraum
5. Speisekammer
6. Waschraum
7. Trockenraum

1933

ROBERT MALLET-STEVENS

VILLA NOAILLES HYÈRES, PROVENCE, FRANKREICH

Die Villa Noailles gab der beruflichen Laufbahn von Robert Mallet-Stevens eine entscheidende Wendung. Sie war ein Glücksfall für den jungen Architekten, der damals erst wenig gebaut hatte und vor allem für seine Filmsets bekannt war. Die erste Wahl des Vicomte und der Vicomtesse de Noailles fiel auf Mies van der Rohe, der jedoch gerade mit anderen Projekten beschäftigt war. Auch Le Corbusier zu beauftragen, wurde in Betracht gezogen. „Dann baten wir Louis Metman, den Direktor des Musée des Arts Décoratifs, und ein alter Freund unserer beiden Familien, um seine Meinung (…)", schrieb der Vicomte. „Er antwortete spontan, dass wann immer er im Museum eine Ausstellung über moderne Architektur gezeigt habe, Mallet-Stevens der Einzige gewesen sei, der in seinen Augen Geschmack und Einfallsreichtum zu besitzen schien."[1]

Der Auftrag für ein Ferienhaus mit fünf Schlafzimmern in Südfrankreich klang zunächst nicht nach einer prickelnden Aufgabe. Doch das Projekt sollte legendäre Ausmaße annehmen. Die Arbeiten an der Villa zogen sich über ein Jahrzehnt hin, da sie immer weiter ausgebaut wurde. Am Ende waren es dann an die 60 Zimmer.

Die Noailles waren ein faszinierendes Paar. Sie gehörten zur Spitze der französischen Avantgarde und zählten viele Maler, Bildhauer und Filmemacher zu ihren Freunden, die oft monatelang auf ihrem Anwesen wohnten (Man Ray drehte dort sogar seinen Film „Les Mystères du Château du Dé").

Die Villa lag auf einem Hügel, den die Ruinen eines alten Schlosses zierten. In diese Ruinenlandschaft setzte Mallet-Stevens seine mit Rauputz verkleidete, vom Art déco beeinflusste Villa mit nach Süden ausgerichteten Terrassen und Balkons. Doch der Bau war kaum fertig, da verlangten die Noailles bereits zusätzliche Schlafräume und irgendwann dann auch Pool, Fitnessraum und Squashplatz, was den Rahmen immer mehr sprengte.

Über Mallet-Stevens sagte der Vicomte: „Wir mochten einander. Er entwarf Pläne, denen wir zustimmen

konnten. Ich fand ihn sehr einfallsreich, doch offen gesagt mit etwas zu viel Freude am Unvorhergesehenen."² Das „kubistische Château" führte zu einem regelrechten Hype um den jungen Architekten. Es folgten weitere Aufträge, darunter eine Luxusvilla für den Modeschöpfer Paul Poiret.

Während des Krieges wurde die Villa Noailles beschlagnahmt und trug auch einige Schäden davon. Nach ihrer Restaurierung beherbergt sie heute ein Kunstzentrum. Als Bauwerk ist sie ein leuchtendes Beispiel für den Art-déco-Stil der 1920er-Jahre und eine Hommage an seine großartigen Schöpfer.

¹ Zitiert in Dominique Deshoulières u.a. (Hrsg.), *Rob Mallet-Stevens: Architecte*, Archives d'Architecture Moderne 1981.
² Ebd.

1 Eingang
2 Glasdach
3 Zweites Esszimmer
4 Erstes Esszimmer
5 Lesezimmer
6 Halle
7 Rosa Salon
8 Schlafzimmer des Vicomte
9 Schlafzimmer der Vicomtesse
10 Gästezimmer
11 Fitnessraum
12 Schwimmbecken
13 Galerie d'actualité
14 Squashplatz
15 Sautoir
16 Gewölberäume
17 Kubistischer Garten

Die Noailles wollten ihre Villa als eine Art Kunst- und Designlabor etablieren. In Absprache mit Mallet-Stevens gaben sie kubistisch inspirierte Gärten bei Gabriel Guévrékian in Auftrag, Möbel und einen Raum unter freiem Himmel bei Pierre Chareau, Skulpturen bei Alberto Giacometti und Henri Laurens sowie Farbfenster bei Joël und Jan Martel.

1935

BERTHOLD LUBETKIN

BUNGALOW A WHIPSNADE, BEDFORDSHIRE, ENGLAND

Berthold Lubetkin glaubte schon immer an die lebensverändernde Kraft der Architektur. Als er in den 1930er-Jahren nach England emigrierte, verfügte er ebenso wie andere Exilanten, darunter Serge Chermayeff und Erich Mendelsohn, über eine Fülle von Erfahrungen, umfassende Kontakte und eine komplexe Ausbildung. Er war fest davon überzeugt, dass moderne Bauten das Wohlbefinden fördern sowie die Gesundheit und den sozialen Zusammenhalt verbessern können. Außerdem war er wie berauscht von den gestalterischen Möglichkeiten der allerneuesten Bautechnik. Was ihn in seinen Ansichten bestärkte, war die Zeit seiner Pariser Lehrjahre bei Auguste Perret und seine Entdeckung Le Corbusiers.

Ungeachtet seiner zahlreichen Wohnprojekte – wie der Luxusanlage von Highpoint in Highgate/London, wo er sich selbst gleich ein Penthouse sicherte –, stießen vor allem seine Zoobauten auf großes öffentliches Interesse. Mit dem Ingenieur Ove Arup, der an vielen Projekten Lubetkins und seiner Architektengruppe Tecton beteiligt war, entwarf er das beliebte Pinguinbecken im Londoner Zoo mit seinen wunderbar fließenden, gewundenen Betonwegen.

In der Folge konzipierte Lubetkin auch Zooprojekte in Whipsnade und Dudley – die wie eine Vorübung zu Ideen und Themen waren, die er später in wesentlich größerem Maßstab anwenden sollte. Diese Projekte boten ihm große künstlerische Freiheit, wie es sie in der Nachkriegszeit dann nicht mehr gab, als Bürokratie und konservative Kleingeisterei ihn oftmals zum Nachgeben zwangen.

Während seiner Tätigkeit in Whipsnade begann Lubetkin mit dem Bau eines direkt am Rand des Zoogeländes gelegenen Bungalows für sich und seine Familie. Dieses schlichte Wochenendhaus verkörperte für ihn ein Gefühl von Freiheit: Hier konnte er, wie schon beim Penthouse in Highpoint, seine Vorstellungen verwirklichen, ohne Kompromisse eingehen zu müssen.

Lubetkin nutzte die Top-Hanglage des Grundstücks, um seinen auch als Hillfield bekannten Bungalow so zu platzieren, dass er den bestmöglichen Ausblick über das Tal und die Landschaft bot. Der Hauptwohnraum wurde zum Logenplatz, ebenso wie die kleine, aus der Fassadenfront auskragende Veranda. Die Linearität des T-förmig angelegten Gebäudes, in dessen hinterem Teil sich die Schlafräume befinden, wird gebrochen durch einen kurvig gerundeten „Ausleger", der den Eingangsbereich umschließt und das Sonnenlicht einfängt. Als Nebeneffekt lässt er die kantige Kontur des Gebäudes etwas gefälliger erscheinen. Ein derart modellierter Kontrapunkt zur strikt linearen Geometrie des Gesamtentwurfs erinnert an Lubetkins frühe Leidenschaft für die Skulptur.

Auch experimentierte der Architekt hier mit einer Reihe von Neuerungen, die er in späteren Bauten weiterentwickelte – allen voran der optische Effekt der Schattenfuge, bei der ein gefühlter Abstand zwischen Hauswand und Grund das ganze Bauwerk zum Schweben zu bringen scheint. Eine weitere Neuerung war die Idee eines sich keilförmig verjüngenden Korridors, der in diesem Falle sanft auf die Schlafräume zuführte, ohne quasi abrupt auf eine Wand „aufzulaufen". Daneben spielte der Architekt auch sehr geschickt mit roten und blauen Farbflächen.

Ganz in der Nähe baute Lubetkin den sogenannten Bungalow B oder Holly Frindle für Ida Mann – eigentlich nur eine kompaktere Version von Bungalow A, die auf das Potenzial seiner Reproduzierbarkeit hinweist. Unlängst wurden beide Häuser von Mike Davies und Rogers Stirk Harbour restauriert.

Lubetkin selbst nutzte seinen Bungalow nur kurz und gab ihn schon recht bald an einen Freund weiter. Gleichwohl hat er es verstanden, in eine kleine Hütte eine Menge großer Ideen hineinzupacken. Ihre schlichte Architektur fand lange Zeit nicht die gebührende Anerkennung. Erst heute gilt Lubetkin als einer der Meister der englischen Moderne.

Für ein Haus von relativ bescheidener Größe enthält Bungalow A viele innovative Ideen. Mit einem nur aus Rahmen und Ausfachung bestehenden Wandsystem vermittelt der leicht angehobene Bau den Eindruck einer luftigen, schwebenden Konstruktion. Der stellenweise Einsatz gewölbter Wände im Innen- und Außenraum mildert die Linearität des Gebäudes.

Vor Baubeginn wurde die Hügelspitze begradigt und eine Plattform geschaffen. Die Veranda mit Outdoor-Kamin und herrlichem Panoramablick wird zu einem zentralen Bestandteil des Bungalows. Seine imposant gestalteten Außenräume und die fließende Beziehung zwischen innen und außen lassen dabei eher an die kalifornische Moderne denken als an die Architektur im England der 1930er-Jahre.

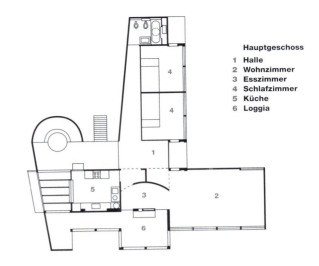

Hauptgeschoss
1 Halle
2 Wohnzimmer
3 Esszimmer
4 Schlafzimmer
5 Küche
6 Loggia

1936

SEELY & PAGET

ELTHAM PALACE GREENWICH, LONDON, ENGLAND

Eltham Palace ist ein extravagantes, feudales Bauwerk. Seine Auftraggeber, Stephen und Virginia Courtauld, richteten sich hier wahrhaftig ein wie in einem Palast, dessen Architektur Alt und Neu kombiniert und seine in opulentestem Art déco gestaltete Inneneinrichtung mit der neuesten Haustechnik verbindet. Es ist eins der eindrucksvollsten Interieurs in London überhaupt und fasziniert zudem durch seine ungewöhnliche Geschichte.

Sein Vermögen verdankte Stephen Courtauld dem familieneigenen Textilbetrieb, doch seine sonstigen geschäftlichen und privaten Interessen waren äußerst vielfältig und umfassten die Ealing Filmstudios ebenso wie die Züchtung von Orchideen – oder Abenteuerreisen jeder Art. Er sponserte die britische Expedition zum Nordpol, wurde im Ersten Weltkrieg mit dem Militärverdienstkreuz ausgezeichnet und nahm selbst an einer Expedition teil, die erfolgreich den Innominatagrat am Mont Blanc erklomm.

Courtauld war eher zurückhaltend, seine Frau dagegen weltoffen, höchst mondän (sie trug sogar eine Schlangentätowierung) und in Sachen Mode und Lifestyle stets auf dem Laufenden.

Die Courtaulds gehörten zur High Society, und in den 1930er-Jahren ließen sie sich ein Haus bauen, das ihrem privilegierten Lebensstil entsprach.

Von der Herrschaft Edwards II. bis zu Charles I. war Eltham Palace stets ein königlicher Haushalt gewesen. Auch Henry VIII. wuchs auf dem Anwesen auf, das dereinst größer war als Hampton Court. Nach dem Englischen Bürgerkrieg von 1642 verfiel der Palast allmählich und wurde nurmehr als Farm genutzt – der große Saal zur Scheune umfunktioniert. Als die Courtaulds das Anwesen 1933 erwarben, war das der einzige noch bestehende Gebäudeteil, der restauriert und zum spektakulären Musiksaal des neuen Bauwerks umgewandelt werden sollte.

John Seely und Paul Paget erhielten den Auftrag, um diesen Gebäuderest herum ein neues Haus zu errichten. Der Saal sollte einen der beiden Flügel des U-förmigen Bauplans abschließen. Dort, wo sich beide trafen, war ein riesiger Eingangsbereich geplant. Vom äußeren Erscheinungsbild her erinnert Eltham Palace ein wenig an Sir Christopher Wrens Hampton Court.

Was den Grundriss und die Einrichtung betrifft, war es jedoch absolut zeitgemäß. Dieses Nebeneinander einer Great Hall aus der edwardianischen Ära des 15. Jahrhunderts, eines eklektizistischen Repräsentativbaus und der luxuriösen Eleganz einer topmodernen Innenraumgestaltung war schon eine unglaubliche Kombination.

Die Gestaltung der Innenräume geschah in Kooperation mit Innenarchitekten und den Auftraggebern. Das Ergebnis ist ein wahrer Palast des 20. Jahrhunderts, ausgestattet mit jedem nur erdenklichen Komfort, vom Haustelefon über die Unterbodenheizung bis hin zum integrierten Staubsaugersystem mit im ganzen Haus verteilten Anschlüssen. Die mit einer Glaskuppel überfangene imposante Eingangshalle ist das Werk des schwedischen Designers Rolf Engströmer, der wiederum Jerk Werkmäster mit den Einlegearbeiten der Ahornpaneele beauftragte. Andere Räume wie das Esszimmer oder Virginia Courtaulds Schlaf- und Badezimmer wurden von dem angesagten Raumkünstler Peter Malacrida gestaltet.

Mit Lacktüren von Narini, Teppichen von Marion Dorn und unzähligen integrierten Dekoelementen und Designerstücken ist das Haus eine einzige große Hymne an den kultivierten Luxus. Sogar Mah-Jongg, der Hauslemur der Courtaulds, bewohnte einen eigens angefertigten, beheizten Käfig mit Dschungelausmalung.

Umgeben von mehr als 7,5 Hektar landschaftlich gestalteter, kultivierter Gärten, erscheint Eltham Palace wie die faszinierende Neuerfindung eines historischen Orts. Dabei geht die Wirkung dieses Hybrids vor allem von der fantastischen Gestaltung der Innenräume aus – besonders die Eingangshalle ist eine einzige Hommage auf den Art déco und markiert, ganz in der optimistischen Stimmung der Vorkriegszeit, den Übergang zu einem luxuriösen, aber modernen Lifestyle.

Das anachronistische Erscheinungsbild des Eltham Palace im „Wrenaissance"-Stil (nach Sir Christopher Wren) verrät nichts von der atemberaubenden Modernität seines Interieurs. Beim Mobiliar der imposanten Eingangshalle handelt es sich um Reproduktionen nach Originalentwürfen von Rolf Engströmer.

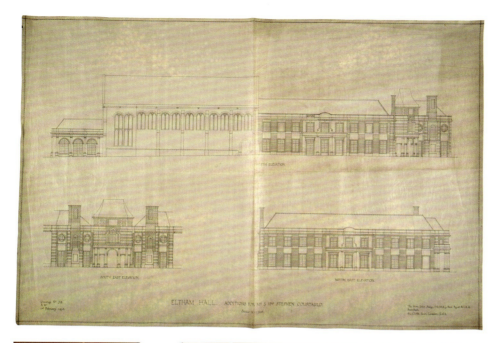

Maßgefertigte Paneele mit Einlegearbeiten von Jerk Werkmäster befinden sich zu beiden Seiten des Eingangsbereichs, der dank seiner perforierten Kuppel und einem dekorativen Fensterband von Licht durchflutet wird. Daneben schaffen auch andere Raumgestaltungen und Schmuckelemente Art-déco-Flair im ganzen Haus, wie das Schlaf- und Badezimmer von Peter Malacrida oder die lackierten Türen von Narini.

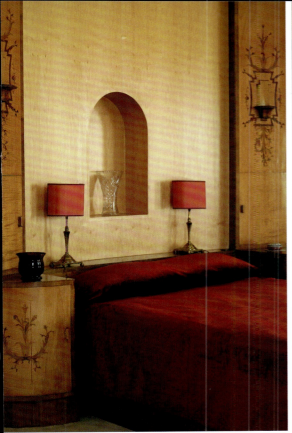

1937

GIUSEPPE TERRAGNI

VILLA BIANCA SEVESO, LOMBARDEI, ITALIEN

Giuseppe Terragnis Karriere war auf tragische Weise kurz, doch sehr erfolgreich. Sein aktives Arbeitsleben währte nur 16 Jahre, und selbst diese wurden noch durch den Krieg unterbrochen, dem er schließlich zum Opfer fiel. Seine Nähe zu Mussolini und die Naivität, mit der er sich durch seine Architektur dem faschistischen Staat andiente, waren lange ein vieldiskutiertes Thema. Doch ebenso sehr wurde er für die Brillanz und Originalität seiner Wohnbauten gerühmt. In jüngerer Zeit hat man sein Werk einer Neubewertung unterzogen und ihm einen Platz an der Spitze der italienischen Moderne zugewiesen.

Ein Großteil der Bauten Terragnis entstand in Mailand und Como, dem Sitz seines Büros. Zwischen beiden Städten liegt Seveso, wo seine Familie herstammt und wo er für seinen Vetter Angelo Terragni ein Haus baute. Der Name Villa Bianca hatte dabei nichts mit der Hausfarbe zu tun – ursprünglich war sie in einem blassen Rosa gestrichen –, sondern sollte an Angelos geliebte, früh verstorbene Tochter erinnern.

Die Architektur zeigt gewisse Gemeinsamkeiten mit Terragnis Casa del Floricoltore, die etwa zur gleichen Zeit für den Blumenzüchter Amedeo Bianchi im nahegelegenen Rebbio entstand. Terragni ständerte dessen Haus wie ein Kasten auf Pilotis-Pfeiler auf, versah es mit einem modernen Flachdach und einer rampenartigen Außentreppe, die in eine Hochveranda mit Panoramablick mündet. Einige dieser Ideen führte der Architekt in der Villa Bianca weiter, auch wenn der Bau insgesamt stabiler und kompakter wirkt als Teil einer insgesamt gefälligeren Komposition.

Eigentlich zeigt dieses Haus zwei ganz verschiedene Gesichter. Zur Straßenseite hin verlegte Terragni eine langgestreckte Hochterrasse, von der aus man in die zentrale Eingangshalle gelangt. Das Esszimmer ragt seitlich aus dem Umriss heraus und wird von einer bänderartigen Struktur wie von einem Portikus umrahmt. Auf der

Je genauer man Form und Aufbau der Villa Bianca betrachtet, desto deutlicher wird, wie raffiniert und klug die Gesamtanlage komponiert ist. Der Beton- und Backsteinbau ist wesentlich mehr als ein einfacher Kasten und bereichert den Begriff des Wohnhauses um eine Fülle neuer Ideen.

Rückseite experimentierte der Architekt mit einem Rampeneingang wie in der Casa del Floricoltore, der aber hier zum erhöhten Erdgeschoss und der zentralen Halle führt.

Im oberen Stockwerk befinden sich drei Schlafzimmer und eine halb umschlossene Terrasse, die als Indoor/Outdoorraum mit Aussichtsplattform fungiert. Von dort aus führen Stufen zu einem großen Dachgarten mit Sonnenbaldachin, der an einigen Stellen über das Haus hinaus kragt.

Von der Architektur der Villa Bianca lassen sich viele Merkmale moderner Wohnhäuser in Europa ablesen – wie die langen horizontalen Fensterbänder, der schwebende Baldachin, vor allem aber die mit einer Brüstung versehene Innen-/Außenterrasse innerhalb der Umrisslinie eines Gebäudes. Beim Betrachten dieser Bauten wird Terragnis Einfluss und die dynamische Qualität seiner italienischen Häuser klar erkennbar.

Erdgeschoss
1 Terrasse
2 Vorhalle
3 Esszimmer
4 Wohnzimmer
5 Rampe
6 Wirtschaftsraum
7 Küche

Obergeschoss
1 Schlafzimmer
2 Badezimmer
3 Arbeitszimmer
4 Terrasse

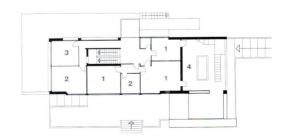

1938

SERGE CHERMAYEFF

BENTLEY WOOD HALLAND, EAST SUSSEX, ENGLAND

Bentley Wood ist ein markantes Kapitel innerhalb einer außergewöhnlichen Lebensgeschichte. Serge Chermayeff – Designer, Architekt, Maler und Autor – war in vieler Hinsicht ein echter „Renaissancemensch". Gesegnet mit einer unglaublichen Kreativität und ein ungewöhnlich origineller Denker noch dazu, bewegte er sich von einem Kontinent zum nächsten und von einer Profession zur anderen. Bentley Wood war ein sehr persönliches Projekt für ihn, das ihn fast ruinieren sollte – um dann letztendlich doch seinem Leben abermals eine neue Wendung zu geben.

Chermayeffs Vision von Bentley Wood war sehr durchdacht und seiner Zeit weit voraus – zumindest im englischen Kontext. Es war ein Experiment und ein Testlauf für seine modernistisch inspirierten Ambitionen. Mit seinem Tragwerk aus Jarrahholz, der Verkleidung mit roter Zeder und dem betonten Versuch, innen und außen miteinander zu verbinden, erinnert es eher an ein Haus aus dem Kalifornien der Nachkriegszeit, als dass man es mit der sanften Hügellandschaft von Sussex in Verbindung bringen würde.

Mitte der 1930er-Jahre erwarb Chermayeff ein rund 32 Hektar großes Grundstück – genau zu dem Zeitpunkt, als seine kreative Partnerschaft mit Erich Mendelsohn mit dem Erfolg ihres De La Warr Pavilion in Bexhill ihren Höhepunkt erreicht hatte. In Bentley Wood plante Chermayeff für sich und seine Familie einen ländlichen Rückzugsort, der ursprünglich noch größer angedacht war als das fertige Haus mit seinen sechs Schlafzimmern.

Der erste Bauantrag und eine nachfolgende Rechtsbeschwerde wurden abgelehnt, doch der überarbeitete Entwurf 1937 schließlich genehmigt. Inzwischen hatte Chermayeff schon mal mit der Landschaftsgestaltung begonnen. Als Baumaterial kam von Anfang an nur Holz infrage, und das sah schon schwer nach traditioneller Architektur aus, aber die Umsetzung erwies sich am Ende als ausgesprochen innovativ.

Das zweigeschossige Haus beweist große Sensibilität gegenüber Grundstück und Landschaft, das Verhältnis zwischen dem Gebäude und seiner natürlichen Umgebung wurde in der Planung besonders berücksichtigt. Vom geräumigen Wohnzimmer führen gläserne Schiebetüren hinaus auf eine große Terrasse. Chermayeff tat sich eigens mit dem Landschaftsarchitekten Christopher Tunnard zusammen, um einen integrierten Zugang zum Garten zu schaffen (so sollte die Anlage das Auge auf eine eigens in Auftrag gegebene Skulptur Henry Moores lenken, die sich heute in der Tate Gallery befindet). Im Obergeschoss befindet sich eine Reihe von Schlafräumen mit einem langen, vorgelagerten Balkon. Von hier aus hat man einen wunderbaren Blick über die Kreidelandschaft der South Downs.

Die hinter dem Hauptgebäude liegenden Garagen und Funktionsräume bilden einen L-förmigen Grundriss, der Zufahrt und Eingang umfasst. Das Innere dieses „Rolls Royce unter den Häusern", wie es ein Kritiker nannte, war höchst luxuriös und mit vielen kleinen Annehmlichkeiten eingerichtet – einer Musikanlage fürs ganze Haus, versteckten Heizkörpern, Telefonsystemen in den Schlafräumen, maßgefertigten Barschränken und ande-

ren praktischen Einbauten. Unter den Kunstwerken befanden sich Arbeiten von John Piper, Ben Nicholson und Pablo Picasso.

Aufgrund seiner bis ins Detail durchdachten Architektur und Innenausstattung kann Bentley Wood als Chermayeffs bemerkenswertestes und einflussreichstes Soloprojekt gelten. Zugleich trug es zu seinem finanziellen Ruin bei, sodass er bereits ein Jahr nach Fertigstellung zum Verkauf gezwungen war und in die USA zog. So endete seine kurze, aber brillante Laufbahn als Architekt in England, und er versuchte sich in der Folge als Hochschullehrer und Autor. Bentley Wood aber blieb weiterhin ein Thema. Es repräsentierte die sinnliche Seite der Moderne und stand zugleich für einen kultivierten, luxuriösen Lifestyle. Wenn Chermayeffs Name auch heute nicht mehr so geläufig sein mag wie die der kalifornischen Pioniere der Nachkriegszeit, so war sein Wirken in Bentley Wood doch mindestens so richtungsweisend und außergewöhnlich.

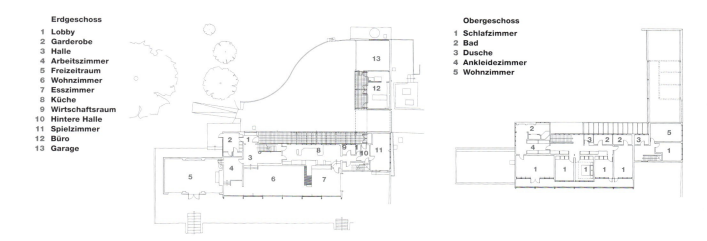

Erdgeschoss
1. Lobby
2. Garderobe
3. Halle
4. Arbeitszimmer
5. Freizeitraum
6. Wohnzimmer
7. Esszimmer
8. Küche
9. Wirtschaftsraum
10. Hintere Halle
11. Spielzimmer
12. Büro
13. Garage

Obergeschoss
1. Schlafzimmer
2. Bad
3. Dusche
4. Ankleidezimmer
5. Wohnzimmer

Das Verhältnis und die Übergänge zwischen Architektur, Interieur und Gärten sind fließend und sorgfältig durchdacht. Terrassen, Balkone und große Glasflächen schaffen eine direkte Verbindung zur grünen Umgebung.

BENTLEY WOOD

1938 WALTER GROPIUS

GROPIUS HAUS LINCOLN, MASSACHUSETTS, USA

Die Bezeichnung „Internationaler Stil" bereitete Walter Gropius einiges Unbehagen. Die darin anklingende Ablehnung von lokalem Kontext und regionalem Baustil stand im Widerspruch zu seiner eigenen Sensibilität gegenüber Landschaft, natürlicher Umgebung und Geschichte. Zwar gilt Gropius' Haus in Lincoln selbst als eins der großen Beispiele des Internationalen Stils – und der Moderne schlechthin. Doch zugleich handelt es sich dabei um einen extrem kontextbezogenen, auf seinen Standort zugeschnittenen Bau, der sich auch stark von den Häusern unterscheidet, die Gropius in den 1920er-Jahren in Deutschland für sich und die anderen Meister des Bauhauses errichtete.

Das Gropius Haus veranschaulicht beispielhaft die von Bauhaus und der Moderne vertretenen Grundprinzipien: dass sich Design und Schönheit aus der Funktion und praktischen Anwendbarkeit ergeben und dass intelligente Technik und industrielle Materialien die Voraussetzung schaffen für eine freie Grundrissgestaltung, fließende Räume und die Offenheit zur Landschaft ebenso wie für eine entspannte, reduzierte Ästhetik. Trotzdem bestand Gropius darauf, dass es ein mit seinem Standort Neu-England und dessen Kultur verbundenes Gebäude sein sollte, mit fliegenvergitterter Terrasse, Holzrahmen, weißer Verschalung und Backsteinkamin.

„Als ich mein erstes Haus in Amerika baute", schrieb er, „machte ich es mir zum Prinzip, diejenigen Merkmale der Architekturtradition Neu-Englands in meinen Entwurf einzubeziehen, die ich noch als lebendig und adäquat erachtete. Aus der Verbindung von regionaler Gesinnung und einer modernen Auffassung von Gestaltung entstand ein Haus, das ich niemals in Europa mit seinen vollkommen anderen klimatischen, technischen und psychologischen Gegebenheiten geschaffen hätte."[1]

Gropius war 1937 nach dreijährigem Englandaufenthalt in Amerika eingetroffen, wo er zum Direktor des Fachbereichs Architektur der Harvard University berufen wurde und einige Jahre mit dem Bauhäusler Marcel Breuer zusammenarbeitete. Von Helen Storrow, einer Mäzenin, bekam er einen kleinen Etat, und sie übereignete ihm ein wunderschönes, 1,6 Hektar großes Grundstück nahe des Walden Pond, eine halbe Stunde vom Universitätscampus entfernt.

Als Standort des zweistöckigen Hauses wählte Gropius einen Platz auf einem kleinen Hügel inmitten von Obstbäumen. Er berücksichtigte nicht nur das Gelände und rahmte wunderbare Ausblicke auf die bewaldete Landschaft, sondern stellte sich auch sehr auf die Wünsche seiner Frau und seiner Adoptivtochter ein. Wenngleich das Haus traditionelle Züge aufwies, gab es sich mit seinem Flachdach, der kubischen Form und dem rechtwinkligen Vordach über dem Eingang doch entschieden modern und avantgardistisch. Wohn- und Esszimmer gingen fließend ineinander über, nur auf einer Seite war ein Arbeitsraum durch Glasbausteine abgetrennt. Die 213 Quadratmeter Grundfläche boten auch noch Platz genug für einen „Mädchenbereich" auf der anderen Seite des Treppenhauses.

Für das Obergeschoss sah Gropius drei Schlafräume und ein Ankleidezimmer vor. Einen Teil der Fläche hielt er für eine große Dachterrasse frei. Hier legte er außen extra eine Wendeltreppe an, damit seine Tochter und ihre Freunde leichter zu ihrem „Baumhaus" hinauf gelangen und es unabhängig vom Hauptgebäude nutzen konnten.

Für Gropius und seine Familie erwies sich das Haus als geliebtes Zuhause nach Maß. Seine Tochter Ati Gropius Johansen schrieb später: „Während des Entwurfsprozesses wurde keine einzige Schwierigkeit übersehen (…) und keine Gelegenheit ausgelassen, Schönheit zu würdigen, ob natürlich oder von Menschenhand geschaffen. Als ich aufwuchs, war unser Haus für viele meiner Freunde (…) eine Sehenswürdigkeit (…). Ich erinnere mich an eine Frau, die meine Mutter einmal fragte: ‚Mrs. Gropius, finden sie es nicht schrecklich anstrengend, dauernd ihrer Zeit so weit voraus zu leben?'"[2]

[1] Walter Gropius, *Scope of Total Architecture*, 1956.
[2] Ati Gropius Johansen, Artikel in *Historic New England Magazine*, Herbst 2003.

Obwohl es auf modernistischen Prinzipien basiert, passt sich das innovative Haus mit Holzrahmen und weißer Holzverschalung seiner Umgebung an. Traditionelle Elemente wurden neu interpretiert, wie etwa der spektakulär überdachte Eingangsbereich oder die integrierte Dachterrasse, die auch über eine Wendeltreppe vom Garten aus zu erreichen ist.

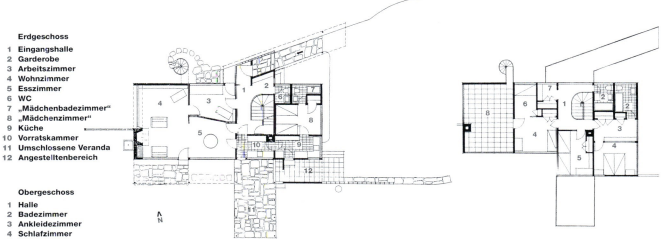

Erdgeschoss
1 Eingangshalle
2 Garderobe
3 Arbeitszimmer
4 Wohnzimmer
5 Esszimmer
6 WC
7 „Mädchenbadezimmer"
8 „Mädchenzimmer"
9 Küche
10 Vorratskammer
11 Umschlossene Veranda
12 Angestelltenbereich

Obergeschoss
1 Halle
2 Badezimmer
3 Ankleidezimmer
4 Schlafzimmer
5 Gästezimmer
6 Schlafnische
7 Dachterrasse
8 Nähzimmer

GROPIUS HAUS

1938

COLIN LUCAS

66 FROGNAL HAMPSTEAD, LONDON, ENGLAND

Das im Herzen des historischen, eleganten Hampstead Village gelegene 66 Frognal erinnert daran, wie umstritten und wegweisend zugleich moderne Architektur in England sein konnte. Nikolaus Pevsner bezeichnete das Haus als „kleines Meisterwerk", während es der Politiker Sir Robert Tasker für „einen der schlimmsten, bis dato bekannten Fälle von Vandalismus" hielt.

Der Architekt hieß Colin Lucas. Seine künftigen Partner bei Connell, Ward & Lucas – Amyas Connell und Basil Ward – hatten bereits mit ihrem ersten Projekt High and Over, einem der ersten europäisch beeinflussten modernen Landhäuser Englands, unliebsame Erfahrungen mit der konservativen Presse und der Öffentlichkeit gemacht. In der Tat war es zu dieser Zeit ein beliebter Zeitvertreib, sich über moderne Architektur zu mokieren und empörte Reaktionen waren an der Tagesordnung.

Mit dem 66 Frognal gerieten Lucas und sein Auftraggeber Geoffrey Walford, ein Rechtsanwalt, voll in die Schusslinie. Lucas war seit Langem fasziniert von den Möglichkeiten des Bauens mit Beton. Mit Noah's House in Buckinghamshire schuf er eins der ersten komplett aus Beton gebauten Häuser Großbritanniens. Walford hatte sich für Connell, Ward & Lucas aufgrund ihres innovativen Umgangs mit Form, Konstruktion und Masse entschieden, doch nicht zuletzt auch wegen ihrer Expertise in Sachen Eisenbeton. Er war davon überzeugt, dass sich nur mit diesem Material die fließenden, flexiblen Wohnräume und langen, durchgehenden Fensterbänder realisieren ließen, die er sich vorstellte.

Walford wollte ein dreigeschossiges Haus für seine Frau und die vier Kinder. Mit dem Entwurf wurde begonnen, noch ehe der Wohnort feststand. Und er blieb tatsächlich weitgehend unverändert, als das Eckgrundstück in Hampstead gefunden war. Zur Straße hin wirkt das Haus mit seinem kubischen Aufbau, der Plattenfassade und den Fensterbändern eher abweisend, während es sich zum rückwärtigen Garten hin völlig öffnet. Die Fassade wird hier nicht nur durch riesige Fenster aufgelockert, sondern auch durch eine Reihe von Terrassen und Balkonen, die – ähnlich wie bei Eileen Grays E-1027 – an die gestaffelten Decks eines Ozeandampfers erinnern (siehe S. 17).

Der Kampf um die Genehmigung dieses architektonischen „Schandflecks" entfachte eine immer schärfer geführte öffentliche Debatte. Die Pläne wurden dem Londoner County Council vorgelegt, und der Fall kam bis vor das Oberste Zivilgericht. Walford vertrat sich selbst und bekam sein Haus schließlich uneingeschränkt genehmigt. „Es tut mir leid", schrieb er, „dass dieses Gebäude die Gefühle einiger Leute verletzen und über das Begriffsvermögen anderer hinausgehen sollte. Für mich erwies es sich als eine reizvolle, mit großem Vergnügen verbundene Erfahrung."[1]

Später wurde das Haus durch einen Pool im Erdgeschoss ergänzt, und die Dachterrasse musste einem weiteren Wohnraum weichen. Eine Restaurierung durch Avanti Architects, die Lucas' ursprünglichen Entwurf so weit wie möglich respektierten, brachte das Gebäude noch weitergehend „auf den neuesten Stand".

66 Frognal war ein schwer erkämpftes Projekt in einem von Konservatismus geprägten Umfeld – eine frustrierende Erfahrung, wie man sie auch heute noch machen kann. Erst jüngst waren viele der damaligen Argumente auch in einem Antrag zum Abriss von Greenside zu hören, einem weiteren Bau von Lucas. Indem sich Architekt und Bauherr von 66 Frognal nicht beirren ließen, brachten sie die britische Moderne einen großen Schritt voran.

1 Zitiert in *Journal of the Royal Institute of British Architects*, abgedruckt in Dennis Sharp und Sally Rendel, Connell, Ward and Lucas: *Modern Movement Architects in England 1929–1939*, Frances Lincoln 2008.

Das Gebäude ruht auf Pilotis-Pfeilern, was Platz für eine überdachte Garage darunter schuf. Im Erdgeschoss gab es ursprünglich nur die Eingangshalle und ein Spielzimmer, später kam ein Pool dazu. Der eigentliche Wohnbereich befindet sich in der zweiten Etage. Während die Funktionsräume auf der Straßenseite liegen, gehen Wohnraum und Schlafzimmer zum rückwärtigen Garten hinaus.

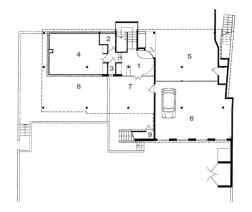
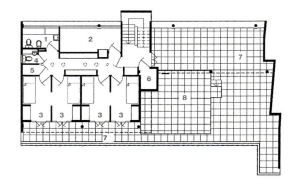
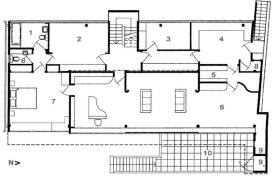

Oben links: Erdgeschoss

1 Halle
2 Duschraum/WC
3 Garderobe
4 Spielzimmer
5 Carport
6 Garage
7 Obere Terrasse
8 Untere Terrasse
9 Abstellraum

Links: Erstes Obergeschoss

1 Badezimmer
2 Ankleidezimmer
3 Angestelltenzimmer
4 Küche
5 Vorratsraum
6 Wohnzimmer
7 Badezimmer
8 WC
9 Lagerraum
10 Terrasse

Oben: Zweites Obergeschoss

1 Badezimmer
2 Wohnschlafzimmer
3 Schlafzimmer
4 WC
5 Duschraum
6 Pflanze
7 Terrasse
8 Hochterrasse

Auf der dritten Etage waren ursprünglich vier kleine Kinderschlafzimmer, die sich mit Hilfe von Schiebewänden individuell aufteilen ließen. Ein großer Teil der Dachterrasse daneben ging später durch zusätzlichen Wohnraum verloren. Mit seinen Balkonen und Bullaugen erinnert die Rückseite des Gebäudes an einen großen Ozeandampfer.

1939

FRANK LLOYD WRIGHT

FALLINGWATER BEAR RUN, PENNSYLVANIA, USA

In einer immer stärker von Umweltbewusstsein geprägten Zeit erscheint die geistige Größe und ästhetische Schönheit von Fallingwater mit der ihm innewohnenden Sensibilität gegenüber Landschaft und Natur nur umso bedeutsamer. Neben Le Corbusiers Villa Savoye (siehe S. 64 – 69) gehört Fallingwater zweifellos zu den einflussreichsten Häusern des 20. Jahrhunderts – und den meist geliebten und gerühmten noch dazu. Während Le Corbusier durchaus umstritten ist, rufen Frank Lloyd Wright und Fallingwater nahezu einhellig universelles Lob hervor.

„Wenn organische Architektur adäquat ausgeführt wird, kann sie keiner Landschaft je Gewalt antun, sondern wird sie immer gestalten", sagte Wright, und er fährt fort: „Ein gutes Bauwerk macht eine Landschaft schöner, als sie es vor seiner Errichtung war." Mit Fallingwater erreichte Wrights romantische, achtsame Haltung gegenüber Standort und Landschaft und sein Konzept einer ganzheitlichen Architektur einen neuen Höhepunkt.

Der Auftrag ging an Wright, als er schon weit über 60 und bereits ein führender Architekt war. Fallingwater entwickelte sich zu einem Highlight in seiner dritten und letzten Schaffensperiode.

Seine Aussagekraft verdankt das Gebäude nicht zuletzt der gelungenen Integration in das wildromantische Setting – indem es sich felsengleich über den Wasserlauf schiebt, dem es auch seinen Namen verdankt. Hier in den Appalachen besaß Edgar J. Kaufmann, ein weltoffener, weitgereister Kaufhausbesitzer aus Pittsburgh, ein Ferienhaus. Die Familie verbrachte viel Zeit an dem kleinen Bergbach Bear Run mit seinen Wasserfällen, der unten im Tal in den Youghiogheny River mündete. Kaufmanns Sohn studierte bei Wright in Taliesin East Architektur und machte seinen Vater mit dessen Arbeit bekannt. „Er liebte das Gelände, auf dem das Haus erbaut wurde, und lauschte gern dem Rauschen des Wasserfalls", sagte Wright. „Das war das Hauptmotiv des Entwurfs. Ich glaube, man kann den Wasserfall hören, wenn man den Entwurf betrachtet. Zumindest ist er da, und Kaufmann lebt nun in enger Verbindung mit dem, was er so liebt."[1]

Inmitten von Bäumen entwarf Wright ein dreistöckiges Bauwerk mit einer Reihe von Terrassen aus Gussbeton, die sich, samt einem Teil des Wohnraums, in Richtung Wasserlauf schieben und über ihn hinaus. Die Steine der vertikalen Elemente kommen aus lokalem Abbau, während das natürliche Gestein der Umgebung bisweilen bis ins Gebäude selbst vordringt und so die enge Verbundenheit zwischen Architektur und Natur noch verstärkt.

Im Erdgeschoss befindet sich ein mit Steinplatten ausgelegter, großzügiger und offen angelegter Wohnraum mit Essbereich, von dem aus ein direkter Zugang zu den östlich und westlich gelegenen Terrassen besteht. Das darüberliegende Stockwerk hat Platz für drei Schlafräume und weitere Terrassen, im abschließenden Geschoss befindet sich ein Arbeitszimmer. Unweit des Hauses entstand eine separate Gästelodge nebst Garagen.

Kaufmanns Bedenken hinsichtlich der Standortwahl und konstruktiven Tragfähigkeit des relativ neuen, unerprobten Eisenbetons führte zu Unstimmigkeiten zwischen Architekt und Bauherr. Erschwerend hinzu kam der Umstand, dass weitere Stahlträger die Konstruktion mit zusätzlichem Gewicht belasteten, statt sie zu stützen – was in der Folge erhebliche Reparaturarbeiten erforderlich machte (diese wurden 2002 von der Western Pennsylvania Conservancy durchgeführt, der Kaufmanns Sohn das Anwesen 1963 als Schenkung überlassen hatte). Was den Grundgedanken betrifft, stimmten sie jedoch völlig überein – das Haus sollte harmonisch mit seinem Standort verschmelzen. Wright gelang es auch, noch weitere, von Kaufmann gewünschte Elemente in den Entwurf zu integrieren, wie beispielsweise das Tauchbecken am Fluss.

Der Erfolg dieser organischen Herangehensweise steht ebenso außer Frage wie der gelungene Versuch, durch Fensterbänder, Positionierung des Hauses und die vielen Terrassen eine lebendige Naturbühne zu schaffen, die den Wechsel der Jahreszeiten visuell und akustisch erlebbar machen. Auf subtile Weise war Fallingwater auch das Gegenmodell zum herkömmlichen Landhaus, das sich in Wrights Augen der Landschaft einfach zu selbstherrlich aufdrängte. Stattdessen schuf er ein Gebäude, das mit der Natur arbeitet und sie absolut respektiert. Für Befürworter einer nachhaltigen, achtsamen Architektur, die zugleich Qualitäten wie Schönheit, Charakter, Struktur, Handwerk, Raffinesse und Wagemut beinhaltet, ist Fallingwater eine bleibende Quelle der Inspiration.

[1] Zitiert in Patrick J. Meehan (Hrsg.), *The Master Architect: Conversations with Frank Lloyd Wright*, Wiley 1984.

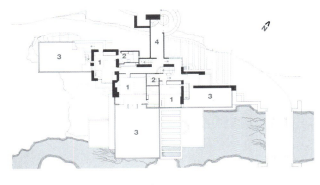

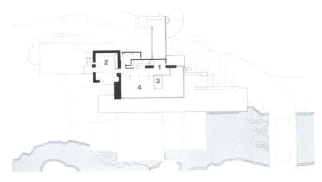

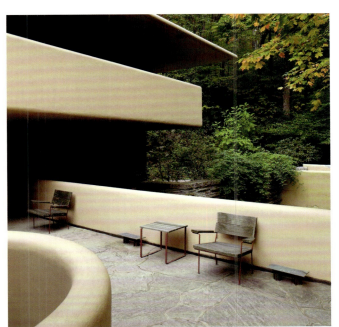

Erdgeschoss
1 Eingang
2 Garderobe
3 Essbereich
4 Hauptwohnraum
5 Angestelltenzimmer
6 Küche
7 Terrasse
8 Becken mit Springbrunnen
9 Tauchbecken
10 Brücke

Erstes Obergeschoss
1 Schlafzimmer
2 Badezimmer
3 Terrasse
4 Brücke

Zweites Obergeschoss
1 Schlafbereich
2 Arbeitszimmer
3 Pflanzenbecken
4 Terrasse

1939

ALVAR AALTO

VILLA MAIREA NOORMARKKU, FINNLAND

Die Villa Mairea ist das bemerkenswerte Resultat einer ungewöhnlich engen und produktiven Beziehung zwischen einem visionären Architekten und seinen aufgeschlossenen Auftraggebern. Das Sommerhaus, das Alvar Aalto für seine Freunde Maire und Harry Gullichsen entwarf, geht auf einen experimentellen Entwurf des Architekten zurück, in dem seine Liebe zu beidem, Moderne und Natur, konkrete Formen annimmt. Die Villa verschmilzt eine Reihe von Einflüssen wie Modernismus, amerikanische und finnische Traditionen und japanische Architektur – inklusive einer Verneigung vor Frank Lloyd Wrights Fallingwater (siehe S. 100–104) – zu einem organischen Gesamtkunstwerk. Es ist einer von Aaltos inspirierendsten Bauten, der auch durch den Einsatz von natürlichen Materialien und seinen Standort mitten im Wald eine wärmere, sanftere Spielart der Moderne darstellt und zugleich eine Abkehr von den engen Grenzen des Funktionalismus signalisiert.

Als die Gullichsens Villa Mairea in Auftrag gaben, kannten sie Aalto schon seit vielen Jahren. Maire, eine Tochter des finnischen Industriellen Valter Ahlström, liebte die Malerei und sammelte moderne Kunst. Ihr Mann hatte die Ahlström Papier- und Holzfabrik nach dem Tod ihres Vater übernommen. Beide vertraten sehr fortschrittliche Ansichten und begeisterten sich nicht nur für Kunst, sondern auch für soziale Reformen. Aufgrund einer Reihe von Aufträgen für Ahlström-Projekte waren sie bereits Kunden Aaltos – und dazu noch Geschäftspartner: Zusammen mit Nils-Gustav Hahl hatten sie die Möbelfabrik Artek gegründet, die viele Entwürfe des Architekten herstellte.

Die von einem Kiefernwald umgebene Villa Mairea wirkt wie ein etwas aufwendigeres Baumhaus. Es ist ein zweistöckiges Gebäude mit L-förmigem Grundriss, dessen Schlichtheit keinen Hinweis auf den räumlichen Einfallsreichtum gibt – ebensowenig wie auf die Genialität, mit der Aalto den streng linearen Umriss durch gekrümmte Wände, gewundene Stützpfeiler und eine Fülle von Materialien wie Holz, Ziegel, Stein, Beton, Stahl und Glas abzumildern sucht.

Ende der 1930er-Jahre baten die Gullichsens Aalto, ihnen für ihr ländliches Anwesen in Noormarkku eine luxuriöse Sommervilla zu entwerfen. Sie garantierten ihm volle schöpferische Freiheit, arbeiteten aber tatsächlich eng mit ihm zusammen, besprachen in der Entwurfsphase gemeinsam jede Kleinigkeit und nahmen sogar noch während der Bauzeit wesentliche Änderungen vor.

Wie viele von Aaltos Projekten zeigt auch dieses seine Liebe zum Detail. Viele Elemente, von den Türgriffen bis zum Teewagen (er wurde später zu einem Klassiker von Artek), wurden eigens für dieses Haus entworfen. Auch seine Frau Aino Marsio-Aalto war an der Gestaltung einiger Innenbereiche beteiligt, darunter die Küche.

Obwohl der Entwurf sehr radikal ausfiel, war das Haus gleichwohl auf die Bedürfnisse seiner künftigen Bewohner zugeschnitten. Es berücksichtigte Maires Liebe zur Kunst ebenso wie Harrys Wunsch, für geschäftliche Besprechungen eine Bibliothek zur Verfügung zu haben. Dank der Schiebefenster und Raumteiler war das Haus außerdem flexibel nutzbar.

„Sämtliche Anzeichen lassen darauf schließen, dass sie sich während der Entstehung des Hauses gegenseitig zu immer ambitionierteren Ideen anstachelten", schrieb der Sohn des Hauses, Kristian Gullichsen. „Das Endergebnis kündet deutlich davon, wie gut der Architekt die Persönlichkeiten seiner Auftraggeber kannte."[1]

Die Villa Mairea wurde zu einem der berühmtesten Häuser des 20. Jahrhunderts. Sie demonstriert, dass ein modernes Wohnhaus sowohl ein Ort von großer Schönheit, Freude, Annehmlichkeit und Sinnlichkeit sein kann wie zugleich auch eine Ode an Funktion und Geometrie.

[1] Zitiert in Juhani Pallasmaa (Hrsg.), *Alvar Aalto: Villa Mairea 1938–39,* Alvar Aalto Foundation 1998.

Erdgeschoss

1. Haupteingang
2. Eingangshalle
3. WC
4. Garderobe
5. Bibliothek
6. Musikzimmer
7. Wintergarten
8. Wohnzimmer
9. Esszimmer
10. Büro
11. Küche
12. Angestelltenzimmer
13. Sauna
14. Ankleidezimmer
15. Schwimmbecken

Obergeschoss

1. Atelier
2. Obere Halle mit offenem Kamin
3. Schlafzimmer
4. Kinderbereich / Spielzimmer
5. Gästezimmer
6. Terrasse

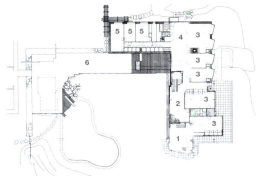

1947

RICHARD NEUTRA

KAUFMANN HAUS PALM SPRINGS, KALIFORNIEN, USA

Es war Richard Neutra, der gemeinsam mit seinem Freund und Kollegen Rudolph Schindler als erster den Versuch unternahm, das moderne kalifornische Wohnhaus stärker in die Natur einzubinden. Seiner Meinung nach waren Gebäude nicht einfach nur architektonische Räume, sondern Orte des Wohlbefindens, die auf unsere physische und psychische Befindlichkeit großen Einfluss nehmen können. Er schuf Gebäude, die weit über jede praktische Ergonomie hinausgingen, die formvollendet, in sich stimmig und stets auf die Bedürfnisse der Auftraggeber zugeschnitten waren.

Letztlich gehört die Entwicklung dieser Beziehung zwischen Innen- und Außenraum zu einer der großen Lehren, die von den kalifornischen Modernisten weitergegeben wurden, allen voran von Neutra. Fließende Übergänge finden sich bei vielen seiner zukunftsweisenden Bauten, wie etwa beim Lovell Health Haus von 1929, dem ersten in Stahlskelettbauweise errichteten Einfamilienhaus in den USA, oder beim Miller Haus in Palm Springs. Ihren stärksten (und berühmtesten) Ausdruck jedoch fanden sie beim Kaufmann Haus.

Hier sind die Grenzen zwischen dem Leben drinnen und draußen tatsächlich nahezu aufgelöst. Der flexible Entwurf ermöglicht eine natürliche Querlüftung und einen fließenden Übergang zu Garten und Pool. Das Kaufmann Haus, in dem Neutras Wertschätzung für japanische Architektur, die Adobe-Bauten der nahen Wüste und den Internationalen Stil nahtlos ineinander übergeht, ist ein Kompositum aus windradartig angeordneten Pavillons, die durch ein Netz von schmalen überdachten Verbindungsgängen und Knotenpunkten miteinander verbunden sind.

Die Glasfront im Hauptwohnraum lässt sich vollständig öffnen, was einen direkten Zugang zu Terrasse und Pool ermöglicht. Bauliche Auflagen für ein zweites Obergeschoss umging Neutra geschickt, indem er eine halb umbaute Terrasse aufs Dach stellte (von Neutra mit dem Namen „Gloriette" versehen) und diese zum Schutz vor der Sonne mit einem Vorhang aus Aluminiumlamellen versah. Mit Kamin und Speiseaufzug ausgestattet, wird sie zu einem zweiten Wohnraum mit Panoramablick in die raue Wüstenlandschaft mit den steil aufragenden San-Jacinto-Bergen.

Den Auftrag für das 300 Quadratmeter große Gebäude erteilte der Kaufhausmagnat Edgar J. Kaufmann, der nur ein Jahrzehnt davor Fallingwater bei Frank Lloyd Wright in Auftrag gegeben hatte (siehe S. 100–104). Das Kaufmann Haus entstand auf dem Nachbargrundstück des Raymond Loewy Haus von Albert Frey. Es war als Winterrefugium gedacht, das nur im Januar genutzt werden sollte, wenn die Tage heiß, aber die Nächte sehr kühl sind. Neutra baute sein Haus aus Stein, Stahl und Glas. Das Zentrum bildete eine offene Feuerstelle mit Sandsteinkamin. Sie war zugleich auch der architektonische Mittelpunkt des windradartigen Grundrisses, um den sich die einzelnen Trakte gruppierten, inklusive der deutlich abgesetzten Quartiere für Gäste und Personal.

„Ein gut konzipiertes Haus berührt alle unsere Sinne", sagte Neutra – wie hier mit einem Wassergarten und integrierter Bepflanzung im Durchgang zwischen Wohnraum und Gästezimmern. Für die kühlen Abende wurde in Böden, Wände und Decken eine Flächenheizung eingebaut, die sich nach draußen bis zu den Terrassen und um den Pool herum fortsetzt, um selbst nachts zum Sitzen im Freien einzuladen.

Das Kaufmann Haus stellt das Ergebnis einer engen Zusammenarbeit zwischen Architekt und Bauherr dar und wurde ganz auf die Wünsche des Eigentümers zugeschnitten. Eine vom Architekturbüro Marmol Radziner durchgeführte einfühlsame Restaurierung in den 1990er-Jahren versetzte den Bau so weit wie möglich in den von Neutra und Kaufmann vorgesehenen Zustand zurück.

Innerhalb der eindrucksvollen Wüstenszenerie ist das Kaufmann Haus von einer unglaublich verführerischen Präsenz. Sein Anblick hat schon viele Diskussionen zum Thema Kontextualität angeregt – mit seiner eleganten und radikalen Architektur, die so eindeutig vom Menschen gemacht ist, einerseits und seiner so sorgfältig gewählten Positionierung und Einbindung in die Umgebung andererseits. In den 1940er-Jahren regte Neutra dazu an, Qualitäten wie Wohlbefinden, Respekt vor der Natur und Umweltbewusstsein zum Verbündeten einer kultivierten Moderne zu machen. Wir stehen heute, im 21. Jahrhundert, gerade im Begriff, diese Lektion erneut zu lernen.

Das Kaufmann Haus erhebt sich vor einer malerischen Kulisse aus Bergen, Wüste und Palmen. Es besteht aus verschiedenen Gebäudeteilen, die durch überdachte Zugänge und Knotenpunkte miteinander verbunden sind. Mit seiner als „Gloriette" gestalteten Dachterrasse und den luftigen Räumen – vor allem dem Wohnzimmer (umseitig) –, die in die Gärten und die Poolterrasse übergehen, ist es die Sommerresidenz schlechthin.

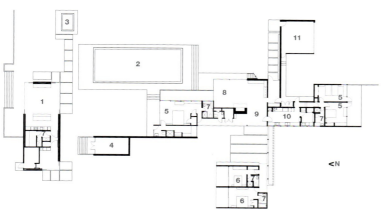

KAUFMANN HAUS

Hauptgeschoss
1 Poolhaus
2 Schwimmbecken
3 Spa
4 Wirtschaftsraum
5 Schlafzimmer
6 Gästezimmer
7 Badezimmer/WC
8 Wohnbereich
9 Essbereich
10 Küche
11 Garage

1948

MARCEL BREUER

BREUER HAUS II NEW CANAAN, CONNECTICUT, USA

Das malerische Städtchen New Canaan in Connecticut mit einer direkten Bahnverbindung nach New York City wurde in den 1940er- und 1950er-Jahren zum Zentrum einer neuen, zukunftsweisenden Architektur. Rund 80 Gebäude im Geist der Moderne entstanden in dieser Gegend, viele davon entworfen von den „Harvard Five" – Marcel Breuer und vieren seiner ehemaligen Harvardstudenten, darunter Eliot Noyes, der hier 1947 als Erster sein Familienhaus baute und Philip Johnson mit seinem berühmten Glass House von 1949 (siehe S. 126–131).

Das Haus, das Breuer für seine dreiköpfige Familie entwarf, unterschied sich deutlich von seinem ersten, das er kurz nach seiner Ankunft in den USA gebaut hatte. Das Breuer Haus I entstand gleich neben dem von Walter Gropius in Lincoln, und auch hier stiftete Helen Storrow das Grundstück (siehe S. 94–95). Der Baukörper war nicht sehr groß, hatte aber einen spektakulären, zwei Stockwerke umfassenden Wohnraum. Seine Architektur war stark vom Bauhausstil geprägt, auch wenn Breuer begonnen hatte, natürliche Materialien wie Stein zu verwenden.

Das Breuer Haus II war dagegen schon ein ehrgeizigeres Projekt und orientierte sich bis zu einem gewissen Grad an Breuers und Gropius' Chamberlain Cottage in Wayland, Massachusetts – das als zweigeschossiger Holzkasten auf einem Fundament aus Feldstein einen Hügel krönte. In beiden Bauten befinden sich die Hauptwohnräume im holzverkleideten Obergeschoss, und die Umrisslinie des Gebäudes kragt über den Sockel hinaus. Das Breuer Haus II erscheint in seiner ganzen Anlage jedoch wie in die Länge gezogen und wurde auf der Vorderseite mit einem vorspringenden Balkon versehen.

„In unseren modernen Häusern", sagte Breuer, „ist die Beziehung zur Landschaft ein wichtiger Bestandteil der Planungen. Es gibt zwei völlig unterschiedliche Ansätze, und mit beiden lässt sich ein Problem gut lösen. Da ist das Haus, das auf dem Boden steht und es dem Bewohner erlaubt, von überall, von jedem Raum aus, nach draußen zu gehen (…). Und dann gibt es das Haus auf Stützen, das über der Landschaft schwebt, fast wie eine Kamera auf einem Stativ (…). Meine eigene bevorzugte Lösung besteht darin, diese beiden gegensätzlichen Wahrnehmungen miteinander zu verbinden: das Haus in Hanglage."[1]

Breuer, der während der Bauphase in Südamerika weilte, sah sich mit einigen technischen Problemen konfrontiert, mit deren Lösung er Noyes und Harry Seidler beauftragte. Vor allem der vorkragende Balkon, der an Stahlseilen aufgehängt werden sollte, erwies sich als ingenieurtechnisches Problem und musste mit einer Stützmauer abgesichert werden – was den beabsichtigten Schwebeeffekt etwas beeinträchtigte. Später wurde an der Rückseite des Hauses noch ein Anbau hinzugefügt.

Nach einigen Jahren zogen Breuer und seine Familie in einen Bungalow in New Canaan, doch das Haus am Hang blieb ein beeindruckender Entwurf, der später auch in Breuers Caesar Haus, im Stillman Haus III und anderen als Zitat wieder auftauchte. Marcel Breuer, Lehrer, Mentor, Möbeldesigner und Architekt, ist und bleibt eine einflussreiche Kultfigur und das Breuer Haus II eines seiner überzeugendsten Bauten.

[1] Zitiert in Joachim Driller, *Marcel Breuer: Die Wohnhäuser*, DVA 1998.

Marcel Breuer war fasziniert von der Idee eines langgestreckten Hauses, das in erhöhter Lage auf einem Hügel thronte – mit freiem Blick ins grüne Umland.

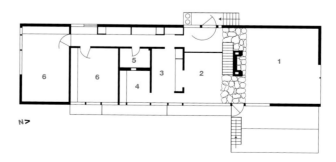

Hauptgeschoss
1. **Wohnzimmer**
2. **Esszimmer**
3. **Küche**
4. **Wirtschaftsraum**
5. **Badezimmer**
6. **Schlafzimmer**

1948

GEOFFREY BAWA

LUNUGANGA DEDDUWA, BENTOTA, SRI LANKA

Die Ländereien, Gebäude und Gärten von Lunuganga waren so etwas wie Geoffrey Bawas Lebenswerk. Nach Abbruch seiner Karriere als Jurist erwarb er die völlig überwucherte Gummiplantage. Danach studierte er Architektur, und Lunuganga („Salzfluss") wurde zu einem Jahrzehnte umfassenden Projekt, das heute weithin als Bawas Meisterwerk anerkannt wird.

1948 bestand das Anwesen aus 10 Hektar Plantage und einem eher konventionellen Bungalow. Lunuganga beflügelte Bawas Fantasie, doch erste Anfänge einer Umgestaltung wurden durch das Architekturstudium in London unterbrochen. Vom Ende der 1950er- bis in die 1990er-Jahre hinein entstanden dann ein Wohnhaus, ein Garten und eine modulierte Landschaft als das beeindruckende Ergebnis einer einzigartigen, ganzheitlichen Vision.

Obwohl Bawas Ansatz seine Wurzeln eindeutig in Sri Lanka hat, ist er doch insgesamt eine Synthese aus vielen verschiedenen Ideen, Bewegungen und Traditionen. Dies ist auf Lunuganga gut zu erkennen, wo etwa ein italienischer Renaissancegarten nach landestypischen Prinzipien umgesetzt wird und die Architektur vom Geiste Asiens ebenso wie von europäischen Einflüssen durchdrungen ist – einschließlich ausgewählter Prinzipien der Moderne.

Vor allem aber, und das ist vielleicht Bawas größte Stärke, geht sein Werk in ganz besonderem Maße auf den Standort selbst, die Natur, das Klima und den Wechsel der Jahreszeiten ein. Dies zeigt sich an Projekten wie dem Polotawala Estate Bungalow (1965), bei dem die riesigen Felsen des Baugrundstücks in die Struktur und Konstruktion des Hauses integriert sind, ja sogar dabei helfen, das Dach zu tragen, oder beim Kandalama Hotel (1994), wo Vegetation wie Lunuganga schuf Bawa ein Gesamtkunstwerk aus sensibel geplanten, einander ergänzenden Bauten und einer Reihe von Gartenzimmern und Terrassen. Das Ganze ist eingebunden in die kultivierte Landschaft der ursprünglichen Zimtgärten, dann Gummiplantagen, die schließlich zu einem Tropenrefugium wurden.

und Gebäude eine fantastische Symbiose eingehen.

Der sich über zwei flache Hügel erstreckende Lunuganga Estate liegt inmitten von Plantagen und Reisfeldern in einer grünen Region Sri Lankas zwischen dem Dedduwa-See und dem Fluss Bentota, etwa 1,5 km entfernt vom Indischen Ozean. Die Gegend ist ausgesprochen fruchtbar.

Für seinen Entwurf baute Bawa den existierenden Bungalow um, indem er seine entkernte Hülle in ein neues Gebäudes „einarbeitete" und durch eine Reihe von Terrassen und Veranden ergänzte. In den 1960er- und 1970er-Jahren fügte er noch ein Studio, einen Pavillon und ein Gästehaus hinzu, gefolgt von weiteren Anbauten ans Haupthaus.

Architektur und Garten inspirieren und ergänzen einander perfekt, eröffnen Sichtachsen, schaffen Aussichtspunkte und stellen landschaftliche Bezüge her – etwa zum Tempel von Katakullya in der Ferne. Dabei wirkt die ganze Anlage mit ihren üppigen Gärten so natürlich, als wäre sie im Laufe der Zeit von selber so entstanden.

Bawas Werk ist auch heute noch aktuell, weil er in seiner Architektur schon früh großen Wert auf Nachhaltigkeit und einen umweltgerechten Umgang mit Landschaft und Klima gelegt hatte. So achtete er etwa auf die bestmögliche natürliche Belüftung im Haus und legte ein besonderes Augenmerk auf die Beziehung zwischen Innen- und Außenraum. Auch stehen seine Entwürfe für Schönheit, Komfort und Wohlbefinden. Kein Wunder also, dass Lunuganga heute als Hotel und Kunstzentrum genutzt wird.

Lageplan

1. Zugang
2. Eingangsbereich und Stufen
3. Südterrasse und Hauseingang
4. Aussicht auf den Cinnamon Hill
5. Haus
6. Nordterrasse
7. Gästeflügel und Pavillon
8. Ostterrasse und Galerien
9. Steilhang
10. Gehweg
11. Wassergärten
12. „Field of Jars"
13. Westterrasse
14. Cinnamon Hill
15. Haus auf dem Cinnamon Hill

Die verschiedenen Gebäude Lunugangas bilden durch Bawas ganzheitlichen Ansatz und seine schlüssige Formensprache eine Einheit – vom Eingang bis zur „Sandella", dem Gartenzimmer, in dem der Architekt gerne arbeitete.

1949 CHARLES & RAY EAMES

EAMES HAUS/CASE STUDY #8 PACIFIC PALISADES, LOS ANGELES, KALIFORNIEN, USA

Das Eames Haus zeichnet sich durch seine außergewöhnliche Lage aus. Man erreicht es nur über einen Privatweg, der hoch hinauf in die Hügel von Pacific Palisades führt, einem Vorort von Los Angeles. Von dort aus eröffnet sich ein Ausblick über Santa Monica und den Pazifik, dessen ständiges Rauschen und Donnern selbst hier oben noch zu hören ist. Das Haus befindet sich auf einer ruhigen Waldwiese – einem Platz, den Charles und Ray Eames sehr liebten –, umgeben vom Duft Schatten spendender Eukalyptusbäume. Der Zauber dieses Ortes hatte großen Anteil am Entstehen des Eames Haus. Es wurde zu einem der international bedeutendsten Prototypen eines Fertighauses, das sich aus einem Bausatz maschinell erzeugter Teile schnell und leicht zusammensetzen lässt.

Zugleich war es einer der strahlendsten Stars des Case-Study-House-Programms, jener großes Aufsehen erregenden Serie experimenteller kalifornischer Häuser, die von der Zeitschrift *Arts and Architecture* und dem Publizisten John Entenza in Auftrag gegeben wurde. Ziel war, inspirierende Beispiele moderner Wohnhäuser zu schaffen, die dank industrieller Herstellung erschwinglich und schnell verfügbar waren.

Entenza erwarb für sein eigenes Case Study House ein Grundstück in Pacific Palisades, von dem er einen Teil an Charles und Ray Eames verkaufte. Die Entwürfe beider Häuser entstanden in Zusammenarbeit mit Eero Saarinen und wurden 1945 erstmals publiziert. Aufgrund der wirtschaftlichen Lage der Nachkriegszeit und der Schwierigkeit, Stahl für die Tragwerke zu beschaffen, gingen jedoch die Jahre ins Land, ohne dass etwas passierte.

In jener Zeit zog es das Ehepaar Eames immer wieder zu ihrer Wiese. Ihr ursprünglicher Plan für ein Gebäude sah ein L-förmiges Haus mit Atelier vor, das sich direkt in die Lichtung hineinschob. Die Hauptwohnräume sollten darüber in einer Art freitragendem „Brückenhaus" untergebracht werden. Die zufällige Begegnung mit einem ähnlichen Entwurf Mies van der Rohes ließ Charles Eames jedoch fürchten, man könne seinen für eine Kopie halten. Daraufhin plante er das Gebäude radikal um.

Das letztlich realisierte Haus wurde in eine Böschung am Rand der Wiese zurückversetzt. Die ausgehobene Erde schüttete man zu einem begrünten Hügel auf, der das Eames Haus gegen das Entenza Haus abschirmte. Eine 53 Meter lange Stützmauer wurde errichtet, und Haus und Atelier wurden in einer Flucht angeordnet, getrennt durch einen schlichten Innenhof. Binnen anderthalb Tagen stand das stählerne Tragwerk. Die zweigeschossigen Bauteile verkleidete man mit einem linearen, mit Glas ausgefachten Gitterwerk, Cemestoplatten und Elementen in leuchtenden Primärfarben – was der Fassade einen Touch von Mondrian verlieh. Das Ende des Hauses öffnete sich zu einer im Schnitt integrierten Veranda, während davor eine parallel zum Bau angeordnete Reihe von Eukalyptusbäumen die Linienführung auflockert.

Das Interieur ist stark von japanischen Einflüssen geprägt. Ein gigantischer Wohnbereich von doppelter Raumhöhe steht kleineren, kammerartigen Räumlichkeiten gegenüber. Auch das Studio mit eingezogenem Mezzanin verfügt teilweise über eine doppelte Raumhöhe und wurde viele Jahre als Zentrale des

Das Refugium von Charles und Ray Eames im pulsierenden Pacific Palisades liegt sichtgeschützt hinter einer Reihe schattenspendender Eukalyptusbäume. Zwischen den Blättern scheinen die „Mondrian-Farben" der Hausfassade durch.

Eames'schen Büros genutzt, bis der Raum für das Ehepaar zu klein wurde.

Für Charles und Ray Eames war das Haus ein permanenter Quell der Freude. Für die Öffentlichkeit dagegen definierte es viele wesentliche Aspekte des modernen kalifornischen Wohnhauses – mit seinen fließenden Übergängen von innen nach außen, dem sensiblen Verhältnis von Licht und Ambiente und seiner räumlichen Vielfalt. Als Musterbeispiel für modulare, industrielle Fertigungsverfahren demonstriert es darüber hinaus, dass Präfabrikation nicht automatisch Kompromiss bedeutet oder einen Verlust an Ästhetik und Oberflächenstruktur.

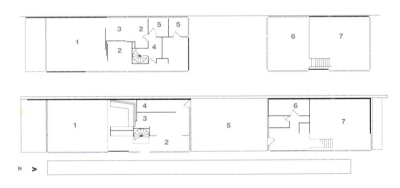

Obergeschoss
1 Oberer Teil des Wohnzimmers
2 Schlafzimmer
3 Ankleidezimmer
4 Halle
5 Badezimmer
6 Lagerfläche
7 Oberer Teil des Ateliers

Erdgeschoss
1 Wohnzimmer
2 Esszimmer
3 Küche
4 Wirtschaftsraum
5 Hof
6 Dunkelkammer
7 Atelier

Faszinierend ist das Wechselspiel zwischen großen, offenen und intimeren Räumen. In das über zwei Stockwerke reichende Atelier ist ein Mezzanin eingezogen, zu dem man über eine Treppe in Leichtbauweise gelangt. Auch der Wohnraum mit seinen Büchern, Designermöbeln und Kunstwerken ist zweigeschossig. Er befindet sich im Haupttrakt auf der anderen Seite des kleinen Innenhofs.

1949

PHILIP JOHNSON

GLASS HOUSE NEW CANAAN, CONNECTICUT, USA

Das Glass House, in der Mitte des 20. Jahrhunderts entstanden, ist eins der großen emblematischen Gebäude der Moderne. Nur wenig andere erwiesen sich als dermaßen wirkungsmächtig und provokant. Selbst heute noch vermag es uns mit seiner unverbrauchten Frische zu überraschen. Tatsächlich gehört es zu den am häufigsten kopierten Bauten der Welt – es ist der ultimative gläserne Kasten schlechthin.

Mit seinem Entwurf schuf Philip Johnson eine einzigartige, auf Schlichtheit und Beschränkung beruhende Architektur. Das Haus liegt auf einem Landvorsprung, der die sich vor ihm ausbreitende Hügellandschaft mit ihren Bäumen und einem See überragt wie eine Aussichtsplattform. Es ist ein eingeschossiges Belvedere mit verglasten Seiten, offener Wohnfläche und nichts als einem zylindrischen Baukörper aus Backstein mittendrin, in dem sich ein kleines Bad und die Haustechnik befinden. Seine „Wände" sind die sich ständig verändernden Bilder der umliegenden Landschaft.

Das Glass House war jedoch sozusagen nur ein Teil, eigentlich nur ein Raum, innerhalb eines stetig wachsenden Kosmos' von Bauwerken, die Johnson als „visuelles Tagebuch" seiner sich ständig wandelnden Auffassung von Architektur dienten. Das Gegenmodell zum Glass House war das zur gleichen Zeit entworfene Brick House, ein Gästehaus und Betriebsgebäude. Wo Ersteres mit seinem Stahlskelett offen und transparent erschien, gab sich Letzteres geschlossen und rätselhaft in seiner Funktion.

Gemeinsam mit seinem Lebenspartner David Whitney, einem Museumskurator, konnte Johnson seinen Grundbesitz nach und nach auf 19 Hektar erweitern und bevölkerte ihn mit einer Reihe komplementärer Bauten, Skulpturen und Land-Art-Werken. An neuen Gebäuden entstanden hier unter anderem die unterirdische Painting Gallery (1965), die Sculpture Gallery (1970) und ein Library/Study (1980). In dem Gewässer unterhalb des Hauses schuf er mit dem Lake Pavilion (1962), einem klassisch inspirierten, tempelartigen Bauwerk in halbiertem Maßstab, eine ungewöhnliche optische Täuschung. Diese zusätzlichen „Zimmer" ermöglichten es Johnson, seinen Lebens- und Arbeitsraum zu erweitern, ohne die absolute Integrität des Glass House zu gefährden, das gänzlich unverändert blieb.

Im Haus nutzte Johnson Möbelstücke und Teppiche, um den Raum auf subtile Weise in Bereiche zum Schlafen, Wohnen, Essen zu unterteilen und dabei auf massive Trennwände verzichten zu können. Ein Großteil des Mobiliars waren Entwürfe Mies van der Rohes, dessen Werk und Formensprache entscheidenden Einfluss auf Johnson und seinen Glasbau nahmen. Beide hatten gemeinsam am Seagram Building in New York gearbeitet und realisierten ihr Glass House beziehungsweise Farnsworth Haus etwa zur gleichen Zeit. Obgleich Letzteres erst später fertig wurde, weisen beide Bauten doch starke Ähnlichkeiten auf (siehe S. 136–141).

„Ich betrachte mein eigenes Haus nicht so sehr als Wohnstätte – obwohl es das für mich ist –, denn als klärende Instanz für Ideen, die später in mein eigenes Schaffen oder das anderer eingehen können", kommentierte Johnson seinen Entwurf.[1]

Nach Johnsons Tod im Jahre 2005 und dem von Whitney nur wenige Monate später, ging das Glass House an den National Trust for Historic Preservation. Die Schönheit von Johnsons großartigster und persönlichster Leistung blieb ungebrochen bestehen. Noch heute spielt der Glasbau in der Geschichte der zeitgenössischen Architektur eine zentrale Rolle.

[1] Zitiert in Stephen Fix u.a., *The Architecture of Philip Johnson,* Bulfinch 2002.

Das Glass House macht sich seinen fantastischen Standort optimal zunutze. Privatheit ist hier kein Thema, und so öffnet sich der Bau zum Tageslicht und zu der sich mit dem Wechsel der Jahreszeiten wandelnden Natur.

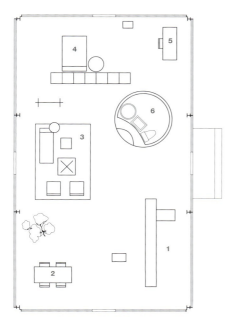

Hauptgeschoss

1. Küchenbereich
2. Essbereich
3. Wohnbereich
4. Schlafbereich
5. Schreibtisch
6. Badezimmer

Das Glass House weist einen offenen Grundriss auf, der jedoch durch Möbel, Teppiche und niedrige Trennwände funktional unterteilt ist. Nur der geschlossene Zylinder, in dem sich ein kleines Bad befindet, bietet eine gewisse Privatsphäre – dafür bot das nahegelegene Brick House um so mehr an Wohnfunktionalität.

1950

HARRY SEIDLER

ROSE SEIDLER HAUS WAHROONGA, NEW SOUTH WALES, AUSTRALIEN

Als Harry Seidler 1948 in Australien eintraf, war er sich keineswegs sicher, ob er auch bleiben würde. Er hatte in den USA bei den großen Bauhaus-Exilanten Walter Gropius, Marcel Breuer und Josef Albers studiert und gearbeitet und auf seinem Weg nach Australien Oscar Niemeyer in Brasilien assistiert. Nach diesen Eindrücken musste das Sydney der Nachkriegszeit geradezu provinziell wirken. Andererseits war Australien sozusagen für alles offen. Es bot Seidler und seiner Familie nicht nur einen Neuanfang – er hatte seine Heimat Österreich kurz vor Kriegsausbruch verlassen –, sondern auch die besten Voraussetzungen, um seine visionären Ideen zu realisieren. Seine Mutter Rose hatte ihn nach Sydney gelockt mit dem Auftrag, für sie sein erstes Haus zu bauen.

In Wahroonga am Rand von Sydney fand Seidler dazu das passende Grundstück, ein 6,5 Hektar großes Gelände mit fantastischem Blick in den Ku-ring-gai Chase Nationalpark. Sein Entwurf ging auf ein Haus zurück, das er schon 1947 während seiner Zeit bei Breuer in New York konzipiert und in der Zeitschrift *Arts and Architecture* publiziert hatte. Abgesehen von kleinen Änderungen und Zugeständnissen an den Standort entsprach das Rose Seidler Haus dieser Vorlage.

Das etwa 200 Quadratmeter große Gebäude wurde der hügeligen Topografie angepasst. Der Hauptbaukörper erhebt sich auf Stahlstützen und gemauertem Sandstein über dem Boden. Darunter befinden sich Garagen und der Eingangsbereich. Die großflächige Verglasung vor allem der Fassade sorgt für viel Helligkeit im Haus, und eine in den quadratischen Grundriss des Hauses eingeschobene Terrasse lässt das Tageslicht zusätzlich bis tief in die Hauptwohnräume eindringen.

Der schlichte Wohnquader ruht auf einer freitragenden Betonplatte und ist durch mehrere Zugänge mit seinem Standort verbunden. An einer Ecke des Hauses führen Türen direkt zum höheren Teil des Geländes, während von der Terrasse eine Rampe – ein späteres Leitmotiv Seidlers – nach unten führt.

Der Grundriss ist ausgesprochen flexibel angelegt, mit einem offenen Wohnbereich, der gänzlich ohne Raumteiler auskommt. Die Schlafzimmer liegen an der Vorderseite des Gebäudes über dem Haupteingang. Seidlers Blick für Details ist ungewöhnlich für einen Erstlingsbau – er entwarf sogar einen Teil der Möbel selbst und ergänzte sie durch Entwürfe von Charles and Ray Eames, Jorge Ferrari Hardoy and Eero Saarinen.

„Kein Auftraggeber kann anspruchsvoller sein als eine Mutter", wird Seidler zitiert. „Sie war bereit, all ihre Wiener Möbel zu verkaufen, aber lehnte es ab, sich von ihrem kunstvoll verzierten Silberbesteck zu trennen. Wann immer ich zum Essen kam, durfte einzig das Edelstahlbesteck von Russel Wright auf den Tisch kommen, das ich ihr aus New York mitgebracht hatte."[1]

Die Terrasse ziert ein großflächiges Wandgemälde – inspiriert von Le Corbusiers Wandgemälden in den Unités de Camping in Cap Martin und anderswo. Dafür setzte Seidler

Farbtöne ein, die sich auch im Haus wiederfinden. So gelang ihm ein komplexes architektonisches Statement, das Themen wie Kunst, Geometrie, Struktur oder Materialien in eine konsequente und schlüssige Form bringt.

Später ergänzte der Architekt die Anlage um zwei weitere Gebäude für die Familie und stiftete das Rose Seidler Haus schließlich dem Historic Houses Trust. Er verbrachte den Rest seines Lebens „Down Under" und wurde zum Paten der modernen australischen Architektur. Sein Einfluss, der sich zu einem Gutteil auf jenen ersten großen, visionären Wurf gründet, reichte jedoch weit über die Grenzen seiner Wahlheimat hinaus.

[1] Zitiert in Kenneth Frampton und Philip Drew, *Harry Seidler: Four Decades of Architecture*, Thames & Hudson 1992.

Das auf Pilotis aufgeständerte Rose Seidler Haus mit Zugangsrampe, integrierter Dachterrasse und fließendem Grundriss erfüllt viele von Le Corbusiers Kriterien. Sein Erfolg verdankt sich jedoch nicht allein der Befolgung moderner Bauprinzipien, sondern auch der Art, wie es sich vorbildlich und vollkommen natürlich in seine Umgebung einfügt.

Die großartige Aussicht lässt sich am besten von der Dachterrasse genießen, mit diskretem Sonnenschutz und einem Wandgemälde Seidlers nach Le Corbusier. Die Terrasse fungiert zugleich auch als Lichtquelle, da das Tageslicht wunderbar in den halboffenen Wohnbereich einfallen kann.

Hauptgeschoss
1 Schlafzimmer
2 Bad
3 Küche
4 Esszimmer
5 Wohnzimmer
6 Terrasse

ROSE SEIDLER HAUS

1951

LUDWIG MIES VAN DER ROHE

FARNSWORTH HAUS PLANO, ILLINOIS, USA

Es entbehrt nicht einer gewissen Ironie, dass dieses weithin als Meilenstein der modernen Architektur und des Internationalen Stils geltende Haus zum Anlass für eine derart erbitterte Auseinandersetzung zwischen Architekt und Bauherrin werden sollte. Ludwig Mies van der Rohes Farnsworth Haus ist ein Bau von außergewöhnlicher Schönheit und Originalität inmitten einer herrlichen Landschaft. Dennoch war seine Entstehung von heftigen Spannungen begleitet, was in einem tiefen Widerspruch zur heiteren Klarheit des fertiggestellten Gebäudes steht.

Zweifellos war dieser letztlich aus einem Raum bestehende, stahlgerahmte Glaspavillon ausgesprochen radikal für seine Zeit. Mies van der Rohe, der dabei auf seinen Entwurf für den Barcelona-Pavillon von 1929 zurückgriff sowie auf Konzepte für einen „schwebenden Raum" und einen offenen, fließenden, „freien Grundriss", schuf eine Architektur, die leicht auch jeden anderen Kontext gesprengt hätte, erst recht aber den des amerikanischen Wohnungsbaus.

Das Haus entstand im Auftrag von Dr. Edith Farnsworth, einer Nephrologin, die sich ein Wochenendrefugium von architektonischer Bedeutung wünschte. Rund 88 Kilometer südwestlich von Chicago und unweit von Plano erwarb sie ein 2,8 Hektar großes Grundstück, das sich parallel zum Nordufer des Fox River erstreckt. Ab 1945 arbeitete Mies van der Rohe an seinem Entwurf für ein eingeschossiges Haus, das 1,5 Meter über der Erde liegen sollte, um Überschwemmungen vorzubeugen. Die lockeren Vorgaben ließen ihm viel kreative Freiheit bei seinen Plänen, die jedoch in Zusammenarbeit mit der Bauherrin entstanden.

Der Rahmen des 140 Quadratmeter großen Gebäudes besteht aus einer Reihe von leichten Stahlstützen, die sowohl die erhöhte Bodenplatte als auch das flache Dach tragen und eine komplette Verglasung aller Seiten ermöglichten. Eine zum Eingang führende Veranda nimmt dabei ein gutes Drittel der Gesamtfläche des Hauses ein, während eine zweite Terrasse parallel zum Baukörper verläuft. Das Interieur ist so offen und fließend wie möglich, mit größtenteils frei stehenden Einheiten, die weniger als Raumteiler denn als Möbelstücke fungieren. Im geschlossenen „Kern" des Pavillons sind eine Küche, zwei Bäder und die Haustechnik untergebracht, eine kleinere Schrankwand teilt den Schlafbereich ab.

Ganz wesentlich ist die Öffnung des Hauses zu seiner Umgebung, die es – wie Philip Johnsons Glass House – zu einem Ort der Kontemplation macht (siehe S. 126–131). „Wenn man die Natur durch die gläsernen Wände des Farnsworth Haus betrachtet", so Mies van der Rohe, „bekommt sie eine tiefere Bedeutung, als wenn man sie einfach draußen sieht (...). Sie wird Teil eines größeren Ganzen."[1]

Edith Farnsworth dagegen erklärte das Haus schlicht für unpraktisch und „unbenutzbar". Gerüchte über eine mögliche Affäre mit ihrem Architekten machten den Konflikt noch konfuser, und sie stritt öffentlich mit Mies van der Rohe über die gestiegenen Baukosten. Ein Prozess, den der Architekt gewann, besiegelte das zerrüttete Verhältnis.

Tatsächlich gab es Probleme mit der Instandhaltung, und es kam auch zu Überschwemmungen, die im Lauf der Jahrzehnte beträchtliche Schäden anrichteten. Trotzdem bewohnte Farnsworth das Haus bis 1972. Danach wurde es verkauft und später als historische Stätte öffentlich zugänglich gemacht.

Für Mies van der Rohe und seine Adepten war das Haus von zentraler Bedeutung. Sein prototypischer Grundriss mit dem nur andeutungsweise unterteilten Raumkontinuum kehrte in vielen späteren Bauten wieder und war maßgeblich daran beteiligt, den offenen Grundriss populär zu machen.

[1] Zitiert in Claire Zimmerman, *Mies van der Rohe*, Taschen 2009.

Die offene Veranda und der Vorbau sind durch Stufen miteinander verbunden und bilden den Auftakt zu einer Reihe klug arrangierter Räume, die einen sanften Übergang zwischen außen und innen bilden.

Hauptgeschoss
1 Vorbau
2 Veranda
3 Küche
4 Dusche
5 Badezimmer
6 Kesselraum
7 Offener Kamin
8 Sitzbereich
9 Essbereich

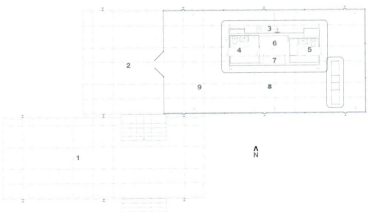

Das Farnsworth Haus spielte eine Vorreiterrolle bei der Verbreitung des offenen Grundrisses und eines häuslichen „Versorgungskerns". Letzterer bildet hier eine geschlossene Einheit mit Küche, Dusche, Bad, Kesselraum und offenem Kamin. Der übrige Wohnbereich ist ein offener, durchgängiger Raum, der nur durch Möbel, Bodenbeläge und Stauräume unterteilt ist. Gardinen sorgen für ein gewisses Maß an Privatheit – eine von vielen Entscheidungen, bei denen sich Architekt und Bauherrin nicht einig waren.

1954

OSCAR NIEMEYER

HAUS IN CANOAS RIO DE JANEIRO, BRASILIEN

Die Gebäude von Oscar Niemeyer haben eine bemerkenswert aktuelle Qualität. In Zeiten immer dynamischerer Formen und Strukturen sowie technisch gewagterer Kunststücke stoßen seine wellenförmigen Bauten auf große Resonanz. Dass sie entstanden, lange bevor das Computer Aided Design ein neues Zeitalter experimenteller Architektur und visueller Extravaganz ausrief, macht sie nur umso eindrucksvoller.

„Ich fühle mich nicht zu rechten Winkeln und geraden Linien hingezogen – streng, unflexibel und menschengemacht", sagte Niemeyer einmal. „Mich ziehen fließende, sinnliche Kurven an. Die Kurven, die ich in den Bergen meines Landes wiederfinde, in den Windungen seiner Flüsse, in den Wellen des Ozeans und am Körper der geliebten Frau."[1]

Die verführerische Formensprache seiner Architektur hat viel zum Image eines modernen Brasilien beigetragen:

Niemeyers Werke zierten Touristenplakate, um für die einheimische Kultur zu werben. Die Gebäude von Brasília, zu denen Niemeyer so viel beigesteuert hat, sind ein Meisterwerk architektonischer Extravaganz und Spannung und verdeutlichen die Macht der Architektur, identitätsstiftend zu wirken.

Doch nicht alle seine Bauten weisen die monumentalen Ausmaße seiner Kirchen und Galerien auf. Auch Wohnhäuser spielten eine wichtige Rolle in seiner Laufbahn. Sie trugen dazu bei, sein Werk zugänglicher zu machen, indem sie seine Themen und Ideen in einem bescheideneren Format zur Geltung brachten.

Bei seinem eigenen Haus in Canoas verbindet sich Niemeyers Liebe zu fließenden Formen mit einer großen Sensibilität gegenüber dem Standort und der umliegenden Natur. Die Hauptetage ist von niedriger Bauhöhe und eher unscheinbar. Ein Baldachin aus Bäumen überwölbt das kurvige, ausladende, fast nierenförmige Dach, dessen Form von dem kleinen Pool vor dem Haus wieder aufgegriffen wird.

Ein Großteil des Wohnraums ist offen angelegt und nur die Küche durch eine Holzwand abgetrennt. Eine geschickt positionierte Treppe führt zu den Schlafräumen im Untergeschoss, das halb unterirdisch in den Hang geschoben und mit einer ungewöhnlichen Abfolge von Bullaugen und kunstvollen Fenstern versehen ist. Die Architektur weist einige Gemeinsamkeiten mit Niemeyers Alberto-Dalva-Simão-Haus auf, das etwa zur gleichen Zeit gebaut wurde, doch die Art und Weise, wie das Gebäude in den Hang integriert ist, verleiht ihm einen ganz eigenen, spektakulären Charakter. Am ehesten lässt es sich noch mit John Lautners Elrod Residence vergleichen (siehe S. 182–187), einem ebenfalls sehr skulpturalen Entwurf, bei dem das Haus

Mit plastisch geformtem Beton schuf Niemeyer seine markanten Gebäude, die er so ihrer jeweiligen Umgebung perfekt und organisch anpassen konnte – wie hier dem üppigen Waldstück, nur einen Steinwurf vom Ozean entfernt.

mit dem steilen Felshang zu verschmelzen scheint, auf dem es sich befindet.

„Meiner Ansicht nach sollte jeder Architekt seinen eigenen Architekturstil haben und das bauen, was er bauen möchte, und nicht das, was andere von ihm erwarten"[2], lautete Niemeyers Credo. Als Pionier der Form und des Materials – und einer der großen Humanisten der Architekturgeschichte – gehört er selbst zu den bedeutendsten Ikonen des 20. Jahrhunderts. Wie so viele seiner Gebäude scheint auch das Haus in Canoas seiner Zeit ein halbes Jahrhundert voraus zu sein.

[1] Zitiert in Alan Hess und Alan Weintraub, *Oscar Niemeyer Häuser,* DVA 2006.
[2] Interview mit Hattie Hartman, *Architects' Journal,* 22.3.07.

HAUS IN CANOAS

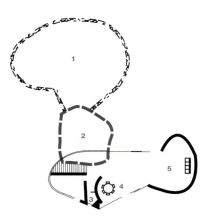
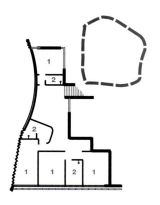

Erdgeschoss

1 Pool
2 Fels
3 Küche
4 Essbereich
5 Wohnbereich

Untergeschoss

1 Schlafzimmer
2 Bad

Ein Stück Natur in Gestalt eines riesigen Felsbrockens „wächst" aus der Terrasse heraus und schiebt sich direkt in die Architektur hinein. Zugleich suggerieren große Glasflächen auf der Vorder- und Rückseite Leichtigkeit und Transparenz.

1954

JEAN PROUVÉ

MAISON PROUVÉ NANCY, LOTHRINGEN, FRANKREICH

Jean Prouvé ist bestens bekannt für seine Pionierleistungen auf dem Gebiet der Fertighausproduktion und bei der Entwicklung von Tragwerksystemen, aber auch für seine kreative Zusammenarbeit mit einigen der größten Denker der architektonischen Moderne. Demgegenüber war sein eigenes Haus in Nancy – sein womöglich einflussreichstes und meist gelobtes Werk – ein sehr individuelles, sehr persönliches und einmaliges Projekt, das er allein plante und nur für seine Familie baute.

In vielerlei Hinsicht war Prouvé seiner Zeit weit voraus. Die Prototypen seiner Experimente mit serienmäßig herstellbaren Wohnsystemen und innovativen Konstruktionslösungen ließ er in den eigenen Werkstätten produzieren – zumeist aus Stahl und Aluminium. Zu seinen in Fertigbauweise realisierten Gebäuden, die vor allem der in Frankreich nach dem Krieg herrschenden Wohnungsknappheit abhelfen sollten, gehören die Maisons à Portiques, also „transportablen Häuser", die in Meudon gebauten Typenhäuser und die für Niger und den Kongo gedachten Maisons Tropicales.

Letztlich konnten sich Prouvés Bausatzhäuser nicht durchsetzen, und nur wenige wurden in signifikanter Zahl tatsächlich gebaut. Nachdem Investoren 1952 die Leitung seiner Fabrik in Maxéville übernommen hatten, büßte Prouvé an Kontrolle ein und verlor das Urheberrecht für viele seiner Entwürfe. Es war für ihn eine echte existentielle Krise, zugleich aber auch ein Neuanfang. Prouvé begann seine Karriere völlig neu aufzubauen und auch neue Projekte zu entwickeln. Das Maison Prouvé war in diesem Zusammenhang von zentraler Bedeutung, da es vollkommen eigenständig von ihm selbst entworfen und gebaut wurde.

Das Grundstück war ein unzugänglicher Steilhang mit Blick auf Nancy, der Stadt, in der Prouvé aufgewachsen war und die zeitlebens für ihn von großer Bedeutung blieb. In den Hang wurde eine kleine Terrasse eingeschnitten und das Haus zu beiden Seiten durch Steinmauern verankert.

Die Fassade kombiniert die normale Verglasung mit „Bullaugenplatten", wie sie schon bei den Maisons Tropicales zum Einsatz kamen, und einer Reihe von holzverkleideten Wandeinheiten, die man von den Typenhäusern in Meudon her kennt. Das Dach besteht aus schmalen, mit Aluminium beschichteten Holzpaneelen.

Dazwischen schuf Prouvé einen seiner typischen fragilen Bauten, kostengünstig errichtet und mit einer kalkulierten Lebensdauer von einem Jahrzehnt.

Was den einstöckigen Pavillon architektonisch zusammenhält, ist ein 27 Meter langer Korridor, der wie ein Rückgrat fast die gesamte Länge des geschlossenen Gebäudeteils durchzieht, verstärkt durch eine Wand aus Stahlplatten. Ein durchgehender Wandschrank schafft mit versetzbaren Regalen viel Stauraum für Kleidung. Schlafzimmer und Bad sind von moderater Größe. Sie liegen an einem Ende des Hauses, so dass Platz bleibt für einen großflächigen Wohnraum mit Vollverglasung, der sich aus der Hauptachse des Gebäudes heraus in Richtung Landschaft schiebt.

Am Ende wurde nicht Prouvés ambitionierte Vision serieller Häuser, sondern jenes findige, einzigartige Wohnhaus zum Aushängeschild der Talente seines Schöpfers, das sich ironischerweise selbst übrig gebliebener vorgefertigter Komponenten bediente, die einst für seine Fertighäuser vorgesehen waren.

In der Folge konzipierte Prouvé einige der bemerkenswertesten, innovativsten Gebäude seines Schaffens: den ebenfalls 1954 fertiggestellten Pavillon zur Hundertjahrfeier des Aluminiums in Paris, das Haus für Abbé Pierre, die faszinierende Trinkhalle der Cachat-Quelle in Evian und weitere Privathäuser.

Prouvé selbst wurde zu einer Kultfigur der Avantgarde, gerade auch für die heutige Generation von Hightech-Architekten, die die Grenzen von Technik und Form immer weiter verschieben, zugleich aber auch das Potenzial der Präfabrikation wieder völlig neu entdecken. Das Maison Prouvé bleibt das persönlichste Beispiel ihres Schöpfers und ein einzigartiges Zeugnis seiner visionären Vorstellungskraft.

Das Maison Prouvé wurde auf einfache und ökonomische Weise mit recycelten Elementen älterer Projekte errichtet, wobei sich alle Komponenten zu einem geschlossenen Ganzen zusammenfügen.

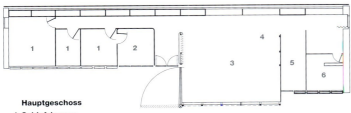

Hauptgeschoss
1 **Schlafzimmer**
2 **Badezimmer**
3 **Wohnbereich**
4 **Essbereich**
5 **Küche**
6 **Arbeitszimmer**

1957

EERO SAARINEN

IRWIN MILLER HAUS COLUMBUS, INDIANA, USA

Eero Saarinen verstand besser als viele andere, dass Architektur Identitäten prägen kann, so zum Beispiel die Corporate Identity eines Unternehmens wie General Motors, IBM, Bell oder John Deere, für die Saarinen spektakuläre Gebäude entwarf – und dabei ganz nebenbei der neuen Bürotypologie des „corporate campus", einem Ensemble von Gebäuden mit unterschiedlichen Funktionen, den Weg bereitete.

Natürlich sagt Architektur auch sehr viel über individuelle Identität aus, wie das Irwin Miller Haus in Columbus, Indiana zeigt. Zu dieser Stadt hatten Saarinen und sein Vater Eliel eine besonders enge Beziehung – beide trugen maßgeblich zu ihrem einzigartigen Charakter bei. Heute ist Columbus eine Kultstätte der modernen Architektur.

Im Jahr 1955 stellte Eero Saarinen hier das Gebäude der Irwin Union Bank fertig, einer Privatbank der Irwin-Familie, die bei der ideellen und finanziellen Förderung der modernen Architektur in Columbus eine entscheidende Rolle spielte. Joseph Irwin Miller, Präsident der Bank, und seine Frau Xenia Simons Miller beauftragten Saarinen anschließend mit dem Bau eines privaten Wohnhauses.

Auch wenn die berühmtesten Gebäude Saarinens oft als Meisterwerke der organischen Moderne bezeichnet werden, ist er auch dafür kritisiert worden,

Dank großer Glasflächen und Schiebetüren ist das Irwin Miller Haus direkt mit seiner natürlichen Umgebung verbunden – den an den Garten angrenzenden Wald inklusive.

keinen eigenständigen Stil zu haben. Doch einer der Gründe für die Vielgestaltigkeit von Saarinens Entwürfen ist sicher auch der, dass er seinen Klienten zuhörte und sich auf ihre Wünsche und Bedürfnisse einstellte.

Das Irwin Miller Haus ist ein einstöckiger, rund 745 Quadratmeter großer Bau mit einem massiven Flachdach, das mit Oberlichtern in Rasterformation bestückt ist. In jeder Ecke des Hauses befindet sich ein „Pavillon" mit Privat- und Wirtschaftsräumen. Der offene Bereich zwischen diesem Quartett wird zum Wohnzimmer, inklusive einer in den Boden eingelassenen Sitzecke. Das vorkragende Dach beschirmt die Terrassen rings ums Haus. Die Landschaftsgestaltung von Dan Kiley ist ebenfalls stark formalisiert und in strengen Rastern angelegt.

Das Gebäude hat mehr gemein mit Saarinens Case Study House #9 von 1949, das er zusammen mit Charles Eames entwarf, als etwa mit der skulpturalen Extravaganz seines TWA Terminals und anderer seiner berühmten großen Bauten. Gemeinsamkeiten bestehen auch mit dem Gebäude der Irwin Union

Bank mit seiner offenen, einladenden Glasfront, die so sehr im Gegensatz steht zum sonstigen Bank-Image als uneinnehmbarer Festung.

Das Irwin Miller Haus war ein in sich geschlossenes Gesamtkunstwerk, für das Saarinen viele Möbelstücke selbst entwarf. Doch es entstand auch in enger Absprache mit den Millers, sodass eine Reihe von Plänen in der Entstehungsphase verworfen wurden. Heute steht es Modell für die Idee des maßgeschneiderten Hauses, das in puncto Planung, Form und Charakter ganz auf die Persönlichkeit seiner Eigentümer abgestimmt ist.

Seine formale Schlichtheit, räumliche Eleganz und eine intensive Beziehung zur Landschaft machen das Irwin Miller Haus zu einem von Saarinens einflussreichsten Projekten. Das bekannteste und am besten erhaltene der wenigen Wohnhäuser des Architekten wurde unlängst vom Indianapolis Museum of Art erworben.

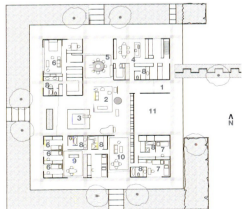

Hauptgeschoss
1. **Eingang**
2. **Wohnbereich**
3. **Vertiefung**
4. **Küche**
5. **Essbereich**
6. **Schlafzimmer**
7. **Gästezimmer**
8. **Bad**
9. **Spielzimmer / Kinderbereich**
10. **Arbeitszimmer**
11. **Carport**

1961

LOUIS KAHN

ESHERICK HAUS CHESTNUT HILL, PHILADELPHIA, PENNSYLVANIA, USA

Die turbulente Lebensgeschichte von Louis Kahn erinnert daran, dass ein Architekt, der sich der Avantgarde verschrieben hat, ein hohes Risiko eingeht. Kahn, der zeit seines Lebens zu kämpfen hatte, sah sich beruflich immer wieder mit existentiellen Schwierigkeiten konfrontiert. Er fand es zeitweise schwierig, Projekte und Aufträge zu erhalten und starb hoch verschuldet.

Am bekanntesten sind seine Backstein- und Betonbauten, die in Ausmaß und Massivität an Tempel und andere Prachtbauten der Antike erinnern. Doch Kahn schuf nicht nur riesige Anlagen wie das Regierungszentrum in Dhaka, das für viele als sein Meisterwerk gilt, sondern arbeitete auch an Projekten für den Wohnungsbau und an einer kleinen Anzahl von Einfamilienhäusern.

Das Esherick Haus gehört zu Kahns ersten realisierten Bauwerken überhaupt. Es entstand nach einer für sein weiteres Schaffen zentralen Phase in Rom zu Beginn der 1950er-Jahre, wo die Begegnung mit den antiken Stätten seine Vorstellung einer monumentalen Architektur der Moderne festigte.

Das 230 Quadratmeter große Haus wurde von Margaret Esherick in Auftrag gegeben, einer Buchliebhaberin und Nichte des Bildhauers Wharton Esherick, einem Freund Kahns. (Während Kahn Eshericks Werkstatt entwarf, gestaltete dieser im Gegenzug die maßgefertigte Küche im Haus seiner Nichte.)

Das Haus ist von einer imposanten geometrischen Präsenz, sorgt aber gestalterisch auch für einige Kontraste in Bezug auf die Räume und verwendeten Baumaterialien. Während das Gebäude selbst aus mit Gips ummantelten Betonblöcken besteht, verleiht ihm die Fassadenverkleidung aus Apitongholz eine völlig andere optische und haptische Struktur. Das zweigeschossige, rechteckige Gebäude mit seinen riesigen Fenstern besteht aus zwei symmetrischen Einheiten. Die eine enthält einen über zwei Etagen reichenden Wohnraum mit eingebauten Bücherschränken, im Erdgeschoss der anderen ist ein großes Esszimmer mit einem kombinierten Schlaf- und Arbeitszimmer im Stockwerk darüber. Ein schmaler Zugangsbereich dazwischen erschließt das Haus mit Vorder- und Hintereingang sowie einer Treppe und zwei kleinen Loggien im Obergeschoss. Küche, Bad und andere Funktionsbereiche liegen in einer stärker umbauten

Kahns kompromisslose Entwürfe und bautechnische Experimente inszenieren ein Wechselspiel von Licht und Dunkel, Geschlossenheit und Offenheit, Geometrie und Natur. Hier öffnen die großen Glasflächen das Haus zum Garten.

Zone zu einer Seite des Hauses hin. Das handwerklich äußerst hochwertig verarbeitete Interieur zeugt vom Einfluss der Arts-and-Crafts-Bewegung wie auch von der Kunstfertigkeit Wharton Eshericks. Zugleich ist es ein Beleg dafür, dass der spektakuläre Charakter von Kahns Gebäuden nicht auf Kosten einer anspruchsvollen Innenausstattung ging. Auch wenn er gegenüber seinen Klienten fordernd und schwierig sein konnte, behielt er dennoch die Bedürfnisse der künftigen Bewohner stets im Blick.

Kahns Werk hat auf viele einen enormen Einfluss ausgeübt – darunter sind große Namen wie Robert Venturi, der zeitweise bei ihm arbeitete, Mario Botta oder Tadao Ando. Im Esherick Haus sind Vorstellungen von Masse, Maßstab und geometrischer Präzision verwirklicht, die Kahns Werk auch später noch durchziehen, aber auch ein ausgeprägter Sinn für den Standort und seine Erfordernisse, für Ergonomie und Handwerk.

Obergeschoss
1. Bade
2. Schlaf-/Arbeitszimmer
3. Begehbarer Schrank
4. Wohnzimmer
5. oberer Teil des Wohnzimmers

Erdgeschoss
1. Eingang
2. Wohnzimmer
3. Esszimmer
4. Küche
5. Wirtschaftsraum
6. Wirtschaftsschrank
7. Bad

1961 BASIL SPENCE
SPENCE HAUS BEAULIEU, HAMPSHIRE, ENGLAND

Für die einen ist Basil Spence einer der begabtesten und innovativsten britischen Architekten der 1960er- und 1970er-Jahre. Er schuf eine ganze Reihe experimenteller und ikonischer Gebäude, darunter die Kathedrale von Coventry oder die Hyde Park Cavalry Barracks. Für die anderen war er ein notorischer Ikonoklast, der die brutalistischsten Gebäude schuf, die diejenigen, denen sie hätten dienen sollen, nur verstörten und befremdeten – wie etwa die Bewohner seiner Hochhäuser von Gorbals in Glasgow. Es gibt nicht viele Architekten, die derart widersprüchliche Reaktionen provoziert haben.

Seine Bewunderer halten Spence, dem das Scheitern seiner Wohnprojekte in Glasgow schwer nachhängt, für zutiefst missverstanden und unterschätzt. Sie verweisen dabei nicht nur auf die Kathedrale von Coventry, sondern auch auf eher bescheidene Projekte, wie sein eigenes Wohnhaus in Beaulieu. In der malerischen Landschaft von Hampshire mit Aussicht auf den Fluss Beaulieu schuf der Architekt ein elegantes, von nordischen Einflüssen geprägtes Wohnhaus.

Als Bootsliebhaber fühlte sich Spence zu diesem Ort hingezogen, da er leichten Zugang zum Fluss bot und von dort aus zum Solent. Passend zum idyllischen, von altem Baumbestand umgebenem Grundstück entwarf er im Wesentlichen einen von zwei Backsteinwänden gestützten, hölzernen „Kasten", der an seiner Vorderseite über einen Teil der am Pool gelegenen Terrasse vorkragt.

Ursprünglich waren alle Hauträume in der ersten Etage untergebracht: Der von einem gemauerten Kamin dominierte Wohnraum ging nach vorne zu Terrasse und Pool hinaus, Schlafzimmer und Bäder zeigten nach hinten, Werkstatträume und Boot befanden sich im Erdgeschoss. Mit dieser Aufteilung entstand ein schlichtes, aber raffiniertes Haus mit starkem Bezug zu seinem Standort am Fluss.

Als Spence später mehr Platz brauchte, wandelte er die ebenerdigen Werkstatträume in ein Esszimmer mit Küche um und ergänzte das Obergeschoss um ein weiteres Schlafzimmer. Um beide Geschosse miteinander zu verbinden, entwarf er eine von einem hölzernen Zylinder umschlossene Wendeltreppe, die er dem Haus seitlich anfügte.

Im Haus selbst herrscht nordisches Flair. Der Wohnraum ist vom Boden bis zur Decke mit Holz ausgelegt, und eine breite Fensterfront sorgt für viel Tageslicht – sowie eine schöne Aussicht auf Fluss und Poolterrasse. Das Haus in Beaulieu legt einen Vergleich zu Alvar Aalto und Arne Jacobsen nahe: Spence zeigt hier ein Gespür für die Landschaft und eine Wertschätzung natürlicher Materialien ganz im Geiste der skandinavischen Meister – und in krassem Gegensatz zur ausgeprägten Monumentalität einiger seiner öffentlichen Projekte und Wohnungsbauplanungen.

Seine ländliche Zuflucht bezeichnete der extravagante, zigarrenrauchende Fliegenträger Spence gern bescheiden als „Holzschuppen", gebaut auf dem Höhepunkt seiner Karriere, nur ein Jahr nach seiner Erhebung in den Ritterstand. Letztlich nutzten er und seine Familie das Haus jedoch nur rund fünf Jahre. In den 1970ern setzte sich der Architekt in Yaxley Hall in Suffolk zur Ruhe, einem Landsitz aus dem

16. Jahrhundert – eine etwas ungewöhnliche Wahl für einen Pionier der Moderne.

Während die Hochhausprojekte von Spence aus den 1960er-Jahren weithin auf Kritik stießen, löst das Haus in Beaulieu bis heute völlig andere Reaktionen aus. Im Gegenteil hat es offensichtlich eine neue Generation englischer Architekten inspiriert und beeinflusst, darunter John Pardey, der das Spence Haus vor Kurzem restaurierte und einen neuen Flügel anfügte. Eigene Projekte Pardeys und anderer lassen auf eine ähnliche Wertschätzung von Kontext, Standort und Materialien schließen, wie von Spence eindrucksvoll vorexerziert, der mit seinem Bau unversehens eine neue Spielart des englischen Landhauses etablierte. Tatsächlich ist der „Holzschuppen" das Musterbeispiel für eine einfühlsame, umweltbewusste Architektur.

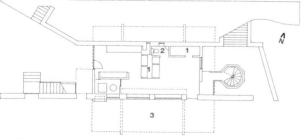

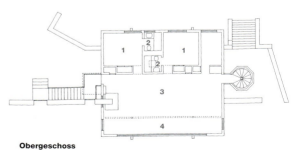

Erdgeschoss

1 **Esszimmer und Küche, ehemals Werkstatt und Lagerraum**
2 **WC**
3 **Terrasse**

Obergeschoss

1 **Schlafzimmer**
2 **Bad**
3 **Wohnbereich**
4 **Terrasse**

Der betonte Einsatz natürlicher Materialien wie Holz verstärkt das skandinavische Flair des Hauses. Darüber hinaus zeichnet sich der Entwurf durch seine besondere Sensibilität gegenüber dem Standort aus.

1962

ALISON & PETER SMITHSON

UPPER LAWN PAVILION TISBURY, WILTSHIRE, ENGLAND

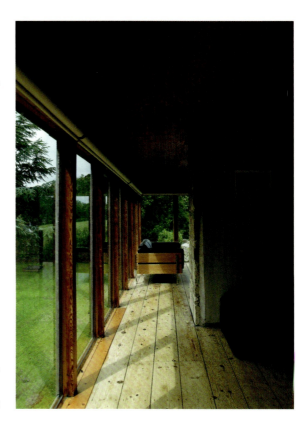

Der Begriff „brutalistisch", geprägt von dem Architekturkritiker Reyner Banham, wurde erstmals in den 1950er-Jahren zur Beschreibung der Projekte von Alison und Peter Smithson verwendet. Ihre Arbeit war erfüllt vom Idealismus der Nachkriegszeit und hart erkämpfter Theorie, zeigte sich jedoch auch kompromisslos und nahm bisweilen befremdliche Formen an wie im Fall ihrer Wohnsiloanlage Robin Hood Gardens in London. Dabei hatten sie „Straßen im Himmel" versprochen und breite Laubengänge und Balkone geschaffen, die die nachbarschaftliche Harmonie fördern sollten. War die Theorie im Kern auch gut gemeint und durchaus lobenswert, spaltete sie in ihrer realen Umsetzung die öffentliche Meinung und führte zu heftigen, höchst kontroversen Reaktionen.

Wie ihr Kollege Basil Spence waren die Smithsons nicht nur für ihren extrem formalistischen Ansatz und ihren strukturellen Purismus bekannt, sondern auch für ihren extravaganten Lebensstil. Vor allem Alison galt als absolute Exzentrikerin und war berüchtigt für ihre ausgefallene Art, sich zu kleiden.

Die Ideen der Smithsons erreichten ein größeres Publikum, als ihre Entwürfe für ein „House of the Future" auf der Londoner Ideal Home Show von 1956 gezeigt wurden. Es war ein „plastic-fantastic"-Entwurf aus vorgefertigten Teilen, inspiriert von der (mittlerweile üblichen) industriellen Fertigungsweise der Autoindustrie. Auch ihr Upper Lawn oder Solar Pavilion war experimentell, doch eher schlicht, sehr persönlich und optimal an seinen ländlichen Standort angepasst.

Ende der 1950er-Jahre kaufte das Ehepaar ein kleines Gehöft auf dem Fonthill Estate mit einem baufälligen Landarbeiterhäuschen und einem ummauerten Hof, inmitten von Wald, Wiesen und Feldern. Hier entwarfen sie ein Wochenend- und Ferienhaus, das Reste des ursprünglichen Cottage mit einbezog – sozusagen als guten Geist des Hauses. Erhalten blieben ein Teil der nördlichen Steinmauer und der Kaminofen. Rundherum errichtete das Architektenpaar so etwas wie ein rechteckiges Observatorium mit spektakulärer Aussicht. Ein hölzerner Tragrahmen bildet die Form des zweistöckigen, flach gedeckten Baus, dessen grau verzinkte Oberfläche von großen Glasflächen durchbrochen ist. Wie bei den ambitionierteren Projekten der beiden Architekten treten Struktur und Materialintegrität des Gebäudes sichtbar nach außen und sind auf das Wesentliche reduziert.

Die obere Ebene war als Hauptwohnraum und Aussichtsplattform gedacht, um von hier aus den Wechsel der Jahreszeiten zu genießen. Das Erdgeschoss ist gegliedert durch zahlreiche Schiebetüren aus Teak und Glas, die das Haus zur Landschaft und den Terrassen hin öffnen.

Beide Geschosse sind als einfache, zweckmäßige, nur minimal gegliederte Räume angelegt. Die Einrichtung war spärlich, und die Smithsons hatten anfänglich vor, ihr Bettzeug auf dem Boden auszubreiten und im Haus zu kampieren wie in einer Scheune. Tatsächlich ist die raue und zugleich einfühlsame Form von „Ländlichkeit", wie sie im Upper Lawn Pavilion realisiert ist, zu einem Rollenmodell für die Herausbildung eines neuen Typs von zeitgenössischem Landhaus geworden, in dem sich moderne und traditionelle Einflüsse mischen. Dazu gehört auch die Erhaltung alter Strukturen und ihre Integration in das neue Bauwerk, um ein Gefühl der Kontinuität zwischen Vergangenheit und Gegenwart herzustellen.

Zu Beginn der 1980er-Jahre gaben die Smithsons das Haus auf. Im Auftrag der neuen Besitzer wurde vom Architekturbüro Sergison Bates eine Renovierung durchgeführt, die die Materialität und Integrität des Gebäudes respektierte, aber die schlechte Wärmedämmung zu verbessern suchte. Holzöfen, Hightechverglasung und Unterbodenheizung trugen dazu bei, es etwas winterfester zu machen.

Die Smithsons schrieben viel über Upper Lawn und schwärmten von diesem Gebäude. Sie dachten gern an ihre Zeit dort zurück und waren sich wohl bewusst, welchen Stellenwert das Haus in ihrer Karriere einnahm. Denn trotz seiner offenkundigen Schlichtheit erwies es sich als höchst einflussreiches architektonisches Statement, das im Gesamtwerk des Architektenpaars eine ebenso wichtige Rolle spielt wie ihre großen Projekte.

UPPER LAWN PAVILION

Die Smithsons bauten buchstäblich einzelne Elemente des alten Landarbeiterhauses in den Neubau mit ein, darunter den zentralen aufgemauerten Kamin und einen Teil der Begrenzungsmauer. Die Wohnräume sind fließend und offen gestaltet. Bei den jüngst erfolgten Restaurierungsarbeiten wurde das Obergeschoss als Hauptwohnbereich beibehalten und ein neuer Holzofen hinzugefügt.

Lageplan
1 Eingang
2 Garten
3 Brunnen
4 Aufgang zur Terrasse
5 Terrasse

1964

ROBERT VENTURI

VANNA VENTURI HAUS CHESTNUT HILL, PHILADELPHIA, PENNSYLVANIA, USA

Das Haus, das Robert Venturi Mitte der 1960er-Jahre für seine Mutter baute, ist nur schwer einzuordnen. Genau das trug jedoch zum Erfolg dieses immens einflussreichen Wohnhauses bei, mit dem Venturi versuchte, aus dem Schatten des modernistischen Dogmas herauszutreten. Dabei verarbeitete er eine reiche Vielfalt an Themen, Ideen und Elementen aus dem breiteren Spektrum der Architekturgeschichte.

Wie es der Architekt in seinen eigenen Kommentaren nahelegt, lebt das Vanna Venturi Haus von einer ganzen Reihe faszinierender Gegensätze. „Es ist gleichzeitig komplex und einfach, offen und geschlossen, groß und klein", schrieb er dazu. „Einige seiner Bestandteile sind in einer Hinsicht gut, in einer anderen schlecht; seine Ordnung trägt den typischen Elementen des Hauses im Allgemeinen und den eher nebensächlichen Elementen eines Hauses im Besonderen Rechnung."[1]

Obwohl der Entwurf ein klares architektonisches Manifest war, funktionierte er zugleich auch als echtes Zuhause für einen realen Auftraggeber. Venturi verfolgte damit drei Anliegen: Es sollte „meinen allgemeinen Vorstellungen von Architektur Ausdruck verleihen, meiner Mutter gefallen und einen Hintergrund für ihre Möbel abgeben sowie sich in die Umgebung einfügen".

Vanna Venturi arbeitete für ein Innenarchitekturbüro und war sehr an Kunst und Architektur interessiert. Nach dem Tod ihres Mannes beauftragte sie ihren Sohn, ein Haus zu entwerfen, das ihren neuen Lebensverhältnissen angepasst war. Venturi schrieb dazu: „Das Haus meiner Mutter ist für sie als ältere Witwe konzipiert, mit einem Schlafzimmer im Erdgeschoss, ohne Garage, weil sie nicht mehr Auto fuhr, für eine Hausangestellte und eventuell eine Pflegerin – und außerdem passend für ihre schönen Möbel, mit denen ich aufgewachsen war. Darüber hinaus stellte sie keine Ansprüche (...) im Hinblick auf seine Aufteilung oder Gestaltung (...)."[2]

Der Entwurf integriert eine Fülle experimenteller Ideen in ein im Grunde unprätentiöses Gebäude. Schon von außen wird der erste Eindruck geometrischer Symmetrie bewusst unterlaufen – durch die unregelmäßige Anordnung der Fenster, den asymmetrisch platzierten Eingang, den aus der Mitte gerückten Kamin. Im Inneren werden Treppenaufgang und Kamin nicht nur zum Mittelpunkt des ebenerdigen Wohnraums, sondern für das ganze Haus. Die Treppe führt hinauf zu einem kleinen Obergeschoss mit einem zweiten Schlafzimmer.

„Es knüpft an meine Ideen von komplexer und widersprüchlicher Architektur an", kommentierte Venturi, „der Anpassung an den spezifisch vorstädtischen Kontext von Chestnut Hill und dem Prinzip der ästhetischen Schichtung wie bei der Villa Savoye. Die Dachform ist dem Low House in Bristol, Rhode Island, verpflichtet, der gespaltene Giebel vom Blenheim Palace übernommen, die duale Anlage von der Casa Girasole in Rom inspiriert und alles mit betonten Schmuckelementen versehen."[3]

Die Bandbreite der eingebrachten Bezüge in Verbindung mit der Originalität des Entwurfs begründeten Venturis Karriere. Das vor allem zur Blütezeit der Postmoderne in den 1980er-Jahren oft kopierte Haus wurde zu einem Symbol für die Durchschlagskraft der freien Imagination.

[1] Zitiert in Frederic Schwartz (Hrsg.), *Mutters Haus. Die Entstehung von Vanna Venturis Haus in Chestnut Hill,* Wiese 1992.
[2] Zitiert in „Stories of Houses – Vanna Venturi House", www.storiesofhouses.blogspot.com.
[3] Ebd.

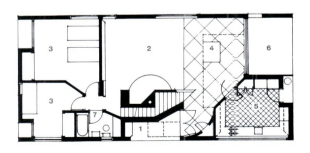

Erdgeschoss

1. Eingang
2. Wohnzimmer
3. Schlafzimmer
4. Esszimmer
5. Küche
6. Veranda
7. Bad

Obergeschoss

1. Studio / Schlafzimmer
2. Terrasse

1964

ALBERT FREY

FREY HAUS II PALM SPRINGS, KALIFORNIEN, USA

Das Frey Haus II beeindruckt vor allem durch seine Bescheidenheit. Seine weniger als 90 Quadratmeter sind einfach in den Berg hineingeschoben. Der Grundriss ist weitestgehend offen – Schlafecke, Lounge und ein Bereich für einen erhöhten Ess- und Zeichentisch gehen fließend ineinander über. Der kompakte Bauplan und die platzsparenden Einbauten aus mahagonifarben gebeiztem Sperrholz erinnern in vielerlei Hinsicht an La Cabanon in Cap Martin, das schlichte, sehr beliebte Holzhaus von Freys Mentor Le Corbusier.

Doch bei aller äußeren Bescheidenheit ist es doch ein wahres Haus der Gegensätze, allein schon aufgrund seiner spektakulären Lage an einem Hang des 67 Meter oberhalb von Palm Springs gelegenen Tahquitz Canyon. Glasflächen öffnen es zu einem atemberaubenden Blick über Stadt und Wüste, während sich von innen ein riesiger Felsbrocken in den Wohnraum schiebt.

Als sich Albert Frey dieses Haus als zweiten Wohnsitz baute, war er bereits auf bestem Weg in den Vorruhestand und konnte sich seine Projekte gezielt aussuchen. Während seiner beruflichen Karriere, in der sich seine Tätigkeit weitgehend auf das in den 1940er- und 1950er-Jahren boomende Palm Springs beschränkte, hatte er mit weit pompöseren Bauten und – wie im Fall der Tramway Gas Station – gezielt mit technischen Projekten experimentiert. Die Tankstelle wird heute als Besucherzentrum genutzt, das mit seinem hoch aufragenden, freitragenden Dach zu einem Wahrzeichen für alle Autofahrer geworden ist, die auf der Route 111 von Los Angeles nach Palm Springs hineinfahren. Im Gegensatz dazu ist das Frey Haus II Ausdruck einer subtileren Richtung in Freys Karriere als Wegbereiter des Desert Modernism.

Schon bei früheren Projekten wie dem Raymond Loewy Haus (1946) und dem Carey Haus (1956) hatte der Architekt ein besonderes Gespür für Standort und Kontext bewiesen. Mit dem Frey Haus II

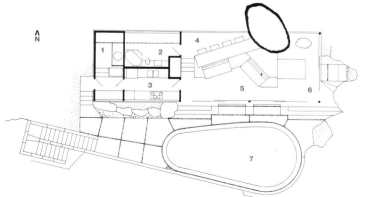

Hauptgeschoss
1 Wirtschaftsraum
2 Bad
3 Küche
4 Esszimmer
5 Wohnzimmer
6 Schlafbereich
7 Schwimmbecken

ging er noch einen Schritt weiter und passte sein Haus der Topografie und den Sichtachsen an. So entstand ein Belvedere, das sich zu Stadt und Wüste hin öffnet – und dessen Form und Positionierung das Ergebnis einer genauen Analyse des Geländes und seiner Bedingungen war.

„Ich habe über ein ganzes Jahr lang den Stand der Sonne beobachtet", sagte Frey. „Mein Partner und ich stellten einen zehn Fuß [ca. 3 Meter] hohen Stab auf, maßen seinen Schatten aus und erstellten ein Diagramm, um zu wissen, wo genau sich die Sonne zu jeder Zeit des Jahres an diesem Ort befindet. Der Grundriss ist so konzipiert, dass etwa die Glaswände im Sommer nicht zu sehr der Sonne ausgesetzt sind. Dieses Konzept bestimmte maßgeblich die Dachüberstände. Wenn sie dann im Winter niedriger steht, scheint sie in die Räume und wärmt das Haus."[1]

Die Pool-Plattform aus abgetöntem Beton, das Dach aus geripptem Metall und die mit einem farbigen Anstrich versehene Aluminiumverkleidung der Außenwände passen sich optisch perfekt den Felsen an. Der Grundriss entstand rund um den quasi ins Wohnzimmer ragenden Felsen. Trotz der entschiedenen Modernität von Form, Grundriss und Auswahl der Materialien war Frey bemüht, seine Architektur in die Umgebung einzupassen.

Später übereignete Frey das Haus dem am Fuße des Hangs gelegenen Palm Springs Art Museum. Es wurde nicht nur zum Paradebeispiel des Desert Modernism, sondern auch eines neuen, sensibleren Umgangs mit Landschaft. Dabei machte sich Frey Grundsätze der regionalen Bautradition zu eigen und berücksichtigte auch ökonomische Aspekte. Dank seiner großartigen Bauten verbreitete sich der Einfluss des Architekten weit über Palm Springs hinaus.

[1] Interview mit Jennifer Golub, in *Albert Frey: Houses 1 & 2*, Princeton Architectural Press 1999.

1965

CHARLES DEATON

SCULPTURED HOUSE GENESEE MOUNTAIN, GOLDEN, DENVER, COLORADO, USA

Dann und wann wird ein Gebäude Teil der Pop(ulär)kultur. Man denke nur an John Lautners Elrod Residence (siehe S. 182–187) und ihren Auftritt im Bond-Film *Diamantenfieber* oder an George Wymans Bradbury Building in *Blade Runner*. Ähnlich war es bei Charles Deatons Sculptured House, das in Woody Allens Sci-Fi-Komödie *Der Schläfer* von 1973 eine Rolle spielt. Der futuristische Bau wurde daraufhin weithin als „Sleeper House" bekannt. Heute ist auch seine architektonische Bedeutung allgemein anerkannt. Seine ausladend kurvige Form war ihrer Zeit zweifellos weit voraus. Heute, in einer Ära extrem dynamischer Architektur, in der die fließende Form schon fast zum Gemeinplatz geworden ist, mutet das Sculptured House doch sehr zeitgenössisch an.

Deaton entwarf zunächst ein skulpturales Gebilde von organischer, schotenartiger Form, das ein spektakuläres, sechs Hektar großes Hanggrundstück in den Rocky Mountains von Colorado

krönen sollte. Entwürfe zur Ausstattung und Raumaufteilung folgten, als klar war, dass daraus ein Haus für ihn selbst werden würde. Es blieb Deatons einziges Wohnprojekt, das jedoch in engster Verbindung zu den futuristischen Formen einiger seiner anderen Bauwerke steht, insbesondere zum Gebäude der Key Savings and Loan Association in Englewood, Colorado.

„Zuallererst dachte ich, dass die Form stark und schlicht genug sein sollte, um in einer Galerie als Kunstwerk gelten zu können", sagt Deaton. „Ich wusste natürlich, als ich mit der Skulptur begann, dass sie sich zu einem Haus entwickeln würde. Es handelte sich jedoch nicht um den Versuch, einen Grundriss einfach mit einer Hülle zu versehen. Tatsächlich wurde kein Maßstab festgelegt, ehe die Skulptur fertig war."[1]

Das Haus, das sich wie eine Muschel zur darunterliegenden Landschaft öffnet, stand in diametralem Gegensatz zur geradlinigen Ästhetik der Case Study Houses, die zeitgleich an der Westküste entwickelt wurde. Tatsächlich hat es mehr gemein mit Lautners experimentellem Umgang mit Form oder den sensationellen Betonbauten eines Félix Candela. Ein zylindrischer Sockel aus Stahl und Beton verankert das Haus im Felsen. Darüber erhebt sich eine aus Stahl und Draht gefertigte, mit Pumpbeton ausgekleidete Käfigkonstruktion, die abschließend noch einen Überzug aus Hypalon mit eingearbeiteten Walnussschalen und weißem Pigment erhielt.

„Hoch oben auf dem Genesee Mountain", erklärt Deaton, „entdeckte ich einen Ort, von wo aus ich die großartige Weite der Erde spüren konnte. Ich wollte eine vollkommen unabhängige Form schaffen."

Obwohl das Haus jede Menge Publicity erntete und sogar eine Filmrolle bekam, hat Deaton das Interieur nie wirklich vollendet. Stattdessen verkaufte er das Haus Ende der 1980er-Jahre. Es litt einige Jahre lang unter zunehmendem Verfall, ehe es zum Jahrtausendwechsel vollständig renoviert wurde. Deaton entwarf im Rahmen der Renovierung noch einen Anbau dazu, durch den sich der Wohnraum verdreifachte. Fertiggestellt wurde er von seiner Tochter Charlee und dem Schwiegersohn Nicholas Antonopoulos.

In seiner heutigen Form kommt das Sculptured House – ein Symbol der Zukunft, als es entstand – Deatons ursprünglicher Vision vielleicht am nächsten. Die Architekturszene jedenfalls brauchte mehr als 40 Jahre, um sie einzuholen. Auch in einer Zeit hoch entwickelter Technik und baulicher Experimente inspiriert das Haus noch immer die aktuelle Architektur, deren Interesse für Natur und organische Formen weiter zunimmt.

[1] Zitiert in Philip Jodidio, *Architecture Now! 3*, Taschen 2004.

Die skulpturale, fließende Ästhetik der Architektur setzt sich im Inneren des Hauses fort. Treppenhäuser, Wände und Fenster spiegeln die organische Form seiner äußeren Gestalt. Diese mächtigen Räume haben viel gemeinsam mit den Bauten von John Lautner (USA), Félix Candela (Mexiko) und Antti Lovag (Frankreich).

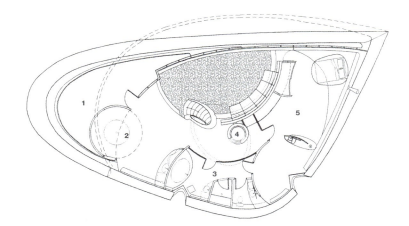

Hauptgeschoss
1 **Balkon**
2 **Büro**
3 **Badezimmer**
4 **Aufzug**
5 **Schlafzimmer**

1966

CHARLES GWATHMEY

GWATHMEY HAUS & STUDIO AMAGANSETT, HAMPTONS, LONG ISLAND, USA

Die Karriere von Charles Gwathmey begann mit dem radikalen Entwurf eines Hauses in den Hamptons, das einen ganzen Boom ähnlicher Strand- und Ferienhäuser auf Long Island und anderswo auslöste. Dabei handelte es sich um ein mit einfachen Mitteln errichtetes, schlichtes Haus für seine Eltern, dessen Wirkung jedoch in keinem Verhältnis steht zu dem mit 35 000 Dollar veranschlagten Baubudget.

Nach dem Ende seines Architekturstudiums bereiste Gwathmey Europa und klapperte in Frankreich die Bauwerke seines geistigen Mentors Le Corbusier ab, ehe er im Büro von Edward Larabee Barnes Arbeit fand. Mit Mitte zwanzig gab er diese Stelle auf, um sich ganz dem Auftrag seiner Eltern Robert und Rosalie Gwathmey zu widmen, einem Maler und einer Textildesignerin bzw. ehemaligen Fotografin.

Mitte der 1960er-Jahre waren die Hamptons noch tiefste ländliche Provinz und bestenfalls ein Paradies für Maler. Die Gwathmeys hatten bei Amagansett ein preisgünstiges, 4000 Quadratmeter großes Grundstück ergattert. Sie legten das Budget fest und einige grundlegende Wünsche – vor allem viel Platz für die vier Enkelkinder – und ließen dem Architekten ansonsten freie Hand.

Gwathmey konzipierte das Haus als eine Art geometrische Skulptur aus sich überschneidenden Kuben und Kreisen. Da ein Betonbau das Budget gesprengt hätte, entschied er sich für ein hölzernes Tragwerk und eine vertikale Außenwandverschalung aus Zedernholz. Dennoch belief sich der niedrigste Baukostenvoranschlag noch immer auf nahezu das Doppelte des vorgesehenen Rahmens. Also machte sich Gwathmey kurzerhand zum eigenen Bauunternehmer, stellte einen Baumeister ein und arbeite zusätzlich zu seinem Lehrauftrag am Pratt Institute in New York an dem Gebäude.

Gwathmey legte das Haus auf drei Ebenen an, um die Aussicht aufs Meer optimal zu nutzen. Mit seinen insgesamt 12 Metern Höhe verstößt es heute gegen die örtlichen Bauvorschriften. Das gesamte Gebäude weist eine Wohnfläche von 110 Quadratmetern bei einer Grundfläche von nur 7,3 x 8,5 Metern auf. Dennoch schuf der Architekt großzügige Räumlichkeiten mit guten Verbindungen zum Außenraum.

Im Erdgeschoss befindet sich ein Schlafzimmer. Es war ursprünglich durch einen Schrank geteilt mit jeweils zwei Etagenbetten auf jeder Seite für die Enkel. Ein kleines Atelier für Gwathmeys Mutter fand unter der geschwungenen Treppe Platz. Der Wohnraum nimmt das darüberliegende Stockwerk ein und öffnet sich zu einer kleinen überdachten Hochterrasse, die innerhalb des

Hausprofils bleibt. Große Glasflächen fluten den Raum und das Mezzaningeschoss darüber mit Licht – hier befindet sich auch das Schlafzimmer der Gwathmeys.

Ein Jahr später fügte Gwathmey einen separaten Ergänzungsbau hinzu mit einem Gästezimmer im Erdgeschoss und einem Malstudio für seinen Vater in der ersten Etage. Auch hier arbeitete er wieder mit der gleichen simplen, reduzierten Palette von Materialien.

Das Haus wurde und blieb der Hauptwohnsitz von Robert und Rosalie Gwathmey, während die Hamptons um sie herum so richtig in Mode kamen. Schließlich erbten es Charles Gwathmey und seine Frau, die lediglich geringfügige Änderungen vornahmen – so ergänzten sie etwa im Haupthaus einige neue Fenster und verlegten einen Marmorboden, pflanzten eine Hecke um das Haus und auf einer Seite eine Reihe Linden.

Vor Ort war das Gebäude zunächst umstritten, wurde aber bald akzeptiert, als es in der Fachwelt auf große Anerkennung stieß und der Ruf des Architekten stieg. Oft wurden der siloartige Charakter des Hauses thematisiert und seine Nähe zu regionalen Bautraditionen durch den verstärkten Einsatz von Holz. Für Gwathmey aber lag seine Bedeutung vor allem im Experiment mit Form und Raum.

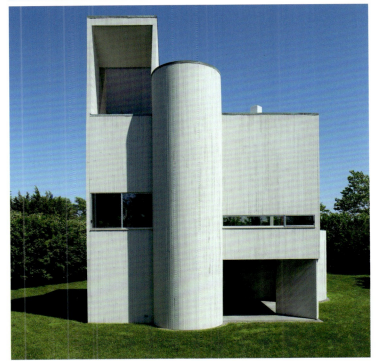

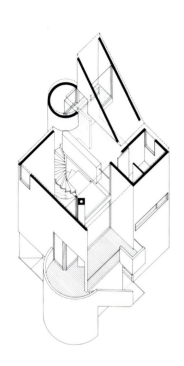

Trotz der bescheidenen Größe des Gebäudes wirken die Räume großzügig. Gwathmey stattete es mit einer Hochterrasse aus und nutzte seine Höhe optimal aus, indem er im oberen Stockwerk ein Mezzaningeschoss einzog, in dem sich das Schlafzimmer befindet.

1966

JOSEPH ESHERICK

ESHERICK HEDGEROW HOUSE SEA RANCH, SONOMA COUNTY, KALIFORNIEN, USA

Sea Ranch ist eine idyllische kleine Gemeinde an der kalifornischen Pazifikküste, etwa 100 Kilometer nördlich von San Francisco. Genaugenommen handelt es sich dabei um ein ganzheitliches, als ökologische Utopie realisiertes Wohn- und Lebensprojekt auf dem Gelände einer ehemaligen Schaffarm. Seit Gründung der Gemeinde Mitte der 1960er-Jahre ist es oberster ethischer Grundsatz ihrer Bewohner, die einzigartige Umgebung zu achten und zu erhalten. Ziergärten und Lattenzäune sind tabu, stattdessen gibt es offene, gemeinschaftlich nutzbare Flächen, und alle sind dazu angehalten, möglichst heimische Pflanzen anzubauen. Sämtliche Versorgungseinrichtungen verlaufen unterirdisch, und die Außenbeleuchtung ist stark eingeschränkt. Auch die Architektur nimmt hier Rücksicht auf die Umgebung.

Der Architekt und Planer Al Boeke begann 1963 mit der Baugesellschaft Oceanic California, die Gesamtplanung des 1600 Hektar großen Areals voranzutreiben. Mit dem Landschaftsarchitekten Lawrence Halprin erstellte er eine sorgfältige Geländeanalyse, die als Basis für eine konsequente, zukunftsfähige Strategie dienen sollte – beruhend auf dem Prinzip der Nachhaltigkeit und einem essenziellen Verständnis der Topografie.

Dabei ging es vor allem darum, diesen spektakulären Küstenabschnitt nicht einfach nur mit einer weiteren Besiedelung zu belasten, sondern mit der Landschaft zu arbeiten und gleichzeitig die Auswirkungen der anstehenden Bauarbeiten gering zu halten.

Aufträge für die ersten Gebäude ergingen an Charles Moore, Donlyn Lyndon, William Turnbull und Richard Whitaker vom Büro MLTW Architects sowie an Joseph Esherick, die so zu den architektonischen Gründungsvätern von Sea Ranch wurden. Ihre frühen Arbeiten waren maßgeblich für die Entwicklung des sogenannten Sea Ranch Style, der von einem strengen Kodex selbst auferlegter Bauvorschriften gekennzeichnet war.

Die Prinzipien von Sea Ranch entsprachen Eshericks Propagierung einer ortsspezifischen Architektur, die den Bedürfnissen von Auftraggeber und Standort gleichermaßen gerecht wurde und nicht in erster Linie der Selbstdarstellung des Architekten diente. Er plante eine Reihe von Musterhäusern sowie den Sea Ranch Store entlang einer der alten

Hecken, die 1916 auf der Farm als Windschutz gepflanzt worden waren – daher auch der Name Hedgerow Houses. Diese mit Holzschindeln verkleideten Häuser waren zwar stark inspiriert von den traditionellen Scheunen und Gehöften der Gegend, doch zugleich waren sie der Versuch einer Neuinterpretation in der Absicht, eine moderne, flexible und mit der Landschaft in Einklang stehende Architektur zu entwickeln.

Das letzte und kleinste in der Reihe stellte Eshericks eigenes Wohnhaus dar, heute auch unter dem Namen Friedman/Stassevitch Haus bekannt: ein unprätentiöses, in einen Hang geschobenes Gebäude mit drei Schlafzimmern. In dem kompakten, 81 Quadratmeter großen Bau brachte Esherick alles unter, was man

Der unaufdringliche, einheitliche Architekturstil von Sea Ranch verdankt sich einer Reihe selbst auferlegter Richtlinien und Bauvorschriften: Die Häuser bestehen aus naturbelassenem Holz und Schindeln, die Dächer haben keine Überstände, und es gibt weder Zäune noch formale Gärten.

auf einer Etage nur unterbringen kann – mit Ausnahme des dritten Schlafzimmers auf einem eingezogenen Mezzanin. Im Erdgeschoss gelangt man von der Küche auf eine Terrasse mit Meerblick. Flankiert wird die Küche vom überdachten Eingang und einem Schlafzimmer mit eigener Terrasse. Der großzügig geschnittene Wohnraum nimmt fast die gesamte Rückseite des Hauses ein.

Es war ein typisches Esherick-Haus, geprägt von großer Subtilität und Ordnungsliebe sowie einem Gespür für die perfekte Einbettung der Architektur in die Landschaft. Das Esherick Hedgerow House verleiht dem Prinzip der Nachhaltigkeit und dem notwendigen Respekt vor der Natur auf innovative Weise Form – und setzt damit wichtige und richtige Impulse für eine neue Architektengeneration. „Das ideale Gebäude ist eines, das man nicht sieht", sagte Esherick einmal. Sein eigenes Haus ist in dieser Hinsicht absolut wegweisend.

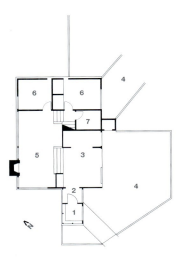

Erdgeschoss
1. **Veranda**
2. **Garderobe**
3. **Küche/Essbereich (unter dem Schlafzimmer im Zwischengeschoss)**
4. **Terrasse**
5. **Wohnzimmer**
6. **Schlafzimmer**
7. **Bad**

Das kompakte Haus passt sich perfekt seiner Lage am Meer an und nutzt den zur Verfügung stehenden Innenraum mit vielen maßgefertigten Einbauten optimal – auch in Form eines Zwischengeschosses, in dem ein zusätzliches Schlafzimmer untergebracht wurde.

1968

LUIS BARRAGÁN

GESTÜT SAN CRISTÓBAL LOS CLUBES, MEXIKO-STADT, MEXIKO

In seiner Dankesrede anlässlich der Pritzker-Preisverleihung von 1980 sprach Luis Barragán über die Bedeutung des romantischen, poetischen und künstlerischen Werts von Architektur: „Die Worte Schönheit, Inspiration, Magie, Faszination, Verzauberung ebenso wie die Begriffe Gelassenheit, Stille, Intimität und Erstaunen. Sie alle haben sich in meiner Seele eingenistet, und obwohl ich mir völlig im Klaren darüber bin, dass ich ihnen in meinen Werken nicht vollkommen gerecht werden konnte, sind sie doch stets meine Leitsterne geblieben."[1]

In einem beruflichen Umfeld, das sich gern einmal in exzessiven Theorien versteigt, erinnert Barragáns Werk nachdrücklich an die grundlegenden, emotionalen Möglichkeiten der Architektur. Wenngleich seine Bauten klar auf der Moderne gründen, sind sie doch zugleich tief in der Geschichte, Kultur und Kunst Mexikos verwurzelt. Von diesem kulturellen Reichtum inspiriert, wurde Barragán zu einem der großen regionalen Modernisten und zum Paten der neuen mexikanischen Architektur.

In Barragáns Werk zeigt sich eine Neuerfindung spezifisch mexikanischer und hispanischer Themen. Dazu zählen die monumentale, strukturierte Mauer, der dynamische Einsatz von Farbe und die große Sensibilität gegenüber Natur und Landschaft, aber auch der Einsatz von Wasserspielen in den Gärten und Höfen – in stets perfekter Übereinstimmung mit der Architektur. Barragán studierte die alten Klöster, Kirchen und Haciendas Mexikos und interpretierte sie neu. „Der Frieden und das Wohlbefinden, welches man in diesen unbewohnten Klöstern und einsamen Höfen erfährt, haben mich schon immer bewegt. Wie sehr habe ich mir gewünscht, dass diese Empfindungen ihre Spur in meinem Werk hinterlassen mögen."[2]

San Cristóbal, Barragáns berühmtestes und populärstes Projekt, schöpft aus dieser Fülle von Inspirationsquellen, ist aber auch inspiriert von einer Leidenschaft für Pferde, die der Architekt und sein Bauherr Folke Egerström miteinander teilten. Das noch heute aktive Gestüt ist eine neue Spielart der Hacienda, bereichert durch Wasserbecken, Brunnen und den Einsatz leuchtender Farben.

Das gemeinsam mit Andrés Casillas entworfene Anwesen liegt in Los Clubes, am Rand der riesigen Metropole Mexiko-Stadt. Barragán, seit seiner Jugend ein begeisterter Reiter, fühlte sich stets besonders zu Projekten hingezogen, die mit Pferden zu tun hatten. Farmen und Haciendas erklärte er zu seinen größten Inspirationsquellen und bezog deren hohe Stallwände, Gehege, Wassertröge und Pferdeschwemmen mit in seine Formensprache ein. San Cristóbal ist im Wesentlichen eine rechteckige Anlage und besteht aus einem Haus mit Pool, Stallungen, Scheunen und Pferdekoppeln. Das kubistische weiße Wohngebäude kontrastiert dabei stark mit den kräftigen Pinktönen der Wände von Stallungen und Innenhof.

Barragán meisterte die Herausforderung, eine komplementäre Beziehung zwischen den Gebäuden für Mensch und Tier herzustellen, doch sein besonderes Verdienst besteht vor allem darin, eine für Architektur und Landschaft gemeinsame Sprache gefunden zu haben, die auch die Gärten, Höfe und Innenhöfe mit dem Anwesen zu einer Einheit verband und es mit viel Wasser und Farbe auf eindrucksvolle Weise belebte.

Das klassische Barragán-Bildmotiv eines Vollblüters vor einer fuchsiafarbenen Wand ist zu einer Metapher für die Architektur des 20. Jahrhunderts geworden. Barragáns Werk übte nicht

nur einen nachhaltigen Einfluss auf die mexikanische Architektur aus, sondern entfaltete auch weltweit seine Wirkung, indem es Minimalismus und Imagination zu einem reizvollen Spiel mit Schatten und Licht, Farbe und Textur, Wasser und Landschaft zu koppeln verstand – eine romantische Impression von sprühender Sinnlichkeit.

„Allem, was ich in seiner jetzigen Gestalt verwirklicht habe", sagte Barragán einmal, „liegen die Erinnerungen an die Farm meines Vaters zugrunde, wo ich meine Kindheit und Jugend verbrachte. In meinem Werk habe ich mich stets darum bemüht, die Bedürfnisse des modernen Lebens an den Zauber dieser fernen, nostalgischen Jahre anzupassen."[3]

[1] Luis Barragán, Dankesrede Pritzker-Preis, The Hyatt Foundation 1980
[2, 3] Ebd.

Form, Funktion und Schönheit vereinen sich auf San Cristóbal zu einer nahtlosen und verführerischen Komposition. Wasserbecken und ein sprudelnder Brunnen im zentralen Innenhof bieten einen sinnlich-verspielten Kontrast zu den monumentalen Mauern. Der Purismus dieser Architektur mit ihren klaren Farben und dem Verzicht auf Ornamente verleiht dem Gestütsalltag einen eindrucksvollen Rahmen.

GESTÜT SAN CRISTÓBAL

1968

JOHN LAUTNER

ELROD RESIDENCE PALM SPRINGS, KALIFORNIEN, USA

In den Augen von John Lautner waren kastenförmige Gebäude bestenfalls für Gefängniszellen und Hundezwinger geeignet, nicht jedoch für Häuser. Während sich viele seiner Zeitgenossen um die Standardisierung des klassischen, flach gedeckten, rundum verglasten, rechteckigen kalifornischen Traumhauses bemühten, ließ Lautner sich von seiner Imagination und einer Vorliebe für Technik in völlig andere Richtungen tragen.

Seine Häuser weisen zum Teil geradezu abenteuerliche Formen auf, in einigen ist kaum ein rechter Winkel zu finden. Es sind Bauten, die einer anderen Art von Geometrie folgen – mit Sechsecken, Kegeln, Kreisen und sinnlichen organischen Kurven, geformt aus Beton oder Holz. In gewisser Weise sind sie Frank Lloyd Wright verpflichtet, bei dem Lautner eine Zeit lang arbeitete. Doch Lautners Vision war frisch und einzigartig – sozusagen völlig losgelöst durch das Offenheit der Region für Experimente und seine wilde Entschlossenheit, Architektur und Landschaft aufeinander abzustimmen.

Die Elrod Residence in Palm Springs zählt zu Lautners berühmtesten Häusern und ist der vollendete Ausdruck seiner Kunst. Auf dem Smoke Tree Mountain thronend, hoch über der Wüstenstadt Palm Springs, ist es von unten nicht leicht zu entdecken, da es sich wie ein Betonbunker an den Hang schmiegt.

Wie es da oben mit den sonnengebleichten Felsen verschmilzt, wirkt es eher schlicht und unspektakulär. Erst innen offenbart sich seine ganze Schönheit, vor allem in dem ungewöhnlichen, kreisrunden Wohnraum mit einem Durchmesser von 18 Metern. Seine imposante Decke besteht aus riesigen Betonplatten, die alternierend mit Deckenleuchten sternförmig aufgefächert sind. Eine gebogene Glasschiebewand bietet Zugang zum Pool und eröffnet Ausblicke auf die Landschaft und die sich am Fuße des Hangs ausbreitende Stadt.

Beauftragt wurde das Haus von Arthur Elrod, einem Innenarchitekten und Liebling der Promi-Szene. Lautner schrieb: „Nachdem er mir den Platz gezeigt hatte, sagte Elrod: ‚Entwerfe mir, was du denkst, dass ich an diesem Ort haben sollte.' Als Innenarchitekt war Elrod imstande, selbst etwas sehr Gutes für sich zu entwerfen, aber er wollte es architektonisch außergewöhnlich."[1]

Das Haus liegt weitgehend abgeschirmt von der Zugangsstraße. Ein riesiges, schwenkbares Kupfertor öffnet sich zunächst zu einem Skulpturengarten. Von dort führt eine große Glastür in den spektakulären Wohnraum. Die Küchennische ist nach hinten versetzt und mit einem eingebauten Betonkamin ausgestattet. Der Boden ist mit schwarzem Schiefer ausgelegt. Sichtbare Felsauswüchse brachten Lautner auf die Idee, diese in die Gestaltung mit einzubeziehen. So ließ er die Erde 2,4 Meter tiefer ausheben, um sie freizulegen. Der organische Charakter von Schiefer und Felsgestein kontrastiert wunderbar mit den großen Betonplatten und Glaseinbauten. „Wenn in der Nacht alle Lichter im Haus gedämpft sind", schrieb Lautner, „scheint der schwarze Schieferboden des Wohnraums zu verschwinden, und beim Anblick der funkelnden Lichter von Palm Springs fühlt man sich, als wäre man draußen im Weltall."[2]

Später beauftragte Elrod den Architekten noch mit dem Bau eines Gästeflügels. Das separate Gebäude ist geformt wie der Bug eines Schiffes und ragt etwas weiter unten und unterhalb des Haupthauses aus dem Hang.

Lautners Häuser sind gewöhnlich von einer großen tragenden Idee geleitet. Bei der Elrod Residence ist es die dramatische Betondecke und die Art und Weise, wie die Landschaft quasi mittels eines riesigen Objektivs in den Wohnraum hineingezoomt wird. Das Haus vereint in sich die räumliche und visuelle Originalität von Lautners Werk und überrascht mit einer Abfolge kontrastierender, komplexer und ungewöhnlicher Gestaltungsideen.

[1] Zitiert in Frank Escher (Hrsg.), *John Lautner: Architect*, Artemis 1994.
[2] Ebd.

Die Wohnzimmerdecke bietet mit Sicherheit eine der bemerkenswertesten gestalterischen Lösungen – und Bildschöpfungen – jener Zeit. Das von unauffälligen Betonsäulen getragene Dach scheint zu schweben, während sich hinter der Glasschiebewand ein Panoramablick öffnet.

Erdgeschoss
1 Eingangsbereich
2 Wohnzimmer
3 Küche
4 Schlafzimmer
5 Bad
6 Schwimmbecken
7 Terrasse
8 Gästezimmer

Dach
1 Hofgarten
2 Dachterrasse

Die kühn geschwungene Betonschale ermöglicht eine plastische Raumgestaltung und verführt zu spielerischen Lichtkonzepten. Die floralen Elemente in der Küche stammen von dem Glaskünstler Dale Chihuly und kontrastieren Schiefer und Beton mit satten Farbakzenten.

1969

RICHARD ROGERS

DR ROGERS HAUS WIMBLEDON, LONDON, ENGLAND

Das in einer grünen Enklave im Südwesten Londons gelegene Haus von Richard Rogers gehörte zu den ersten Aufträgen des Architekten nach Auflösung von Team 4, seines gemeinsamen Büros mit Norman und Wendy Foster und Su Rogers. Sechs Jahre hatten sie zusammen an dem Entwurf und der Realisierung von Creek Vean in Cornwall gearbeitet, einem Haus aus handgefertigten Betonformsteinen, das perfekt auf Su Rogers Eltern zugeschnitten war.

Für seine Eltern entwarf Richard Rogers einen gänzlich anderen Typ von Gebäude, das enormen Einfluss auf die weitere Entwicklung und Richtung seiner Laufbahn nehmen sollte. Die Ideen und Themen, die in die Architektur des Hauses eingingen, tauchen auch in seinen späteren großen Projekten wieder auf, allen voran im Centre Pompidou.

Dr. Nino und Dada Rogers waren 1939 mit Sohn Richard aus Italien emigriert und lebten viele Jahre in den Außenbezirken von Surrey. Sie hatten eine große Vorliebe für Architektur, zeitgenössisches Design und moderne Kunst und beauftragten ihren Sohn mit dem Bau eines Hauses für den Ruhestand, das auf ihre Lebensweise und ihre Interessen zugeschnitten sein sollte. Nachdem sie ein Grundstück gegenüber dem Wimbledon Common gefunden hatten, wünschten sie sich ein eingeschossiges Gebäude ohne Treppen, mit einem kleinen Sprechzimmer für Dr. Rogers, einem Töpferstudio für seine Frau und zwei Schlafräumen.

Nach einem Studienjahr in Yale hatte Richard Rogers viele der Case Study Houses in Kalifornien besucht. Besonders angetan war er vom Eames Haus, aber auch von den Häusern von Craig Ellwood, Raphael Soriano und Rudolph Schindler. Was ihn daran so begeisterte, war ihre Wandelbarkeit, die er auch auf das Gebäude in Wimbledon übertragen wollte, indem er ausschließlich leicht verfügbare, industriell hergestellte Materialien verwendete.

Das Haus besteht aus einem einfachen, frei liegenden Stahlrahmen mit eingesetzten Glaswänden, die der Konstruktion viel Leichtigkeit und Transparenz verleihen. Nur die Seitenwände, die sich jeweils an der Grundstücksgrenze befinden, bestehen aus vorgefertigten, mit Neopren verbundenen Platten aus Aluminium und Kunststoff. Der Innenraum ist flexibel und größtenteils offen angelegt, mit beweglichen Unterteilungen. Der frei liegende Rahmen und feststehende Einbauelemente wie die Küche sind in leuchtenden Farben gestrichen. Jenseits des begrünten Innenhofs und näher an der Straße steht ein Pavillon, der für die Töpferwerkstatt und ein Gästezimmer vorgesehen war.

„Es diente eindeutig als Prototyp", sagt Rogers heute über seinen Entwurf. „Zwischen dem Haus in Wimbledon und dem Centre Pompidou kann man eine direkte Verbindung erkennen. Es ist alles da, der frei liegende Stahlrahmen, die leuchtenden Farben und der flexible, veränderbare Raum. Das Haus sollte leicht zu vergrößern und ebenso leicht zu verändern sein." Es war auch in dem Sinne prototypisch, als es jede Menge Anregungen bot für die industrielle Fertigung von Häusern als probates Mittel, um dem wachsenden Wohnbedarf zu begegnen.

Was den Architekten selbst am meisten verblüffte, war zu sehen, wie seine Mutter Haus und Garten miteinander verband und so die Beziehung zwischen Innen- und Außenraum noch maximierte.

Heute dient das Haus Rogers Sohn Ab, einem Designer, und seiner jungen Familie als Wohnsitz und zeigt damit seine Anpassungsfähigkeit. „Die entscheidenden Begriffe hier", so Richard Rogers, „sind Transparenz, Flexibilität, Anpassung, Wärmedämmung und die Beziehung zwischen innen und außen. Ich vergleiche Gebäude immer mit Kindern – man kann kein Lieblingskind haben. Doch die Bauten, an denen ich die meiste Freude hatte, waren das Haus meiner Eltern, weil es die embryonalen Anfänge zu jenen Ideen enthält, die uns bis heute leiten; das Centre Pompidou; Lloyds und der Flughafen von Madrid. Zwischen allen gibt es eine unmittelbare Verbindung."

Flexibilität war für Rogers stets ein wichtiges Entwurfsargument. Das Haus für seine Eltern hat die Jahre nicht nur gut überstanden, sondern auch immer wieder seine Fähigkeit demonstriert, sich perfekt an veränderte Umstände anpassen zu können.

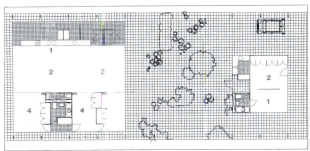

Haupthaus
1 Küche
2 Essbereich
3 Sitzbereich
4 Schlafzimmer
5 Bad

Atelier
1 Töpferwerkstatt
2 Gästezimmer
3 Bad

1970

CRAIG ELLWOOD

PALEVSKY HAUS PALM SPRINGS, KALIFORNIEN, USA

Craig Ellwood kam eigentlich aus der Bauindustrie. Ausgestattet mit dem entsprechenden Fachwissen, näherte er sich der Architektur eher aus der Perspektive des Ingenieurs, verband seine Kompetenz und sein Talent für konstruktive Innovationen jedoch mit einem subtilen Gespür für das einzigartige Glamourpotenzial von Kaliforniens moderner Architektur.

Ellwood kombinierte die konstruktive Schlichtheit des Glaspavillons, wie sie Mies van der Rohe – eins seiner großen Vorbilder – mit seinem Barcelona-Pavillon und dem Farnsworth Haus (siehe S. 136–141) umgesetzt hatte, mit seinem Verständnis des Westküstenstils. War er doch selber Teil des Lifestyles und der typischen Hollywoodträume der Nachkriegsära. Er liebte gutes Essen und schnelle Autos, und einige nannten ihn sogar den „Cary Grant der Architektur".

Viele von Ellwoods bekanntesten Häusern spielten mit den klassischen Standards der kalifornischen Moderne – dem zu Landschaft und Natur hin geöffneten, eleganten Glaspavillon mit Stahlskelett. Andere loteten weitere Themen aus, wie etwa das Leben im Innenhof, das Ellwood mit dem Palevsky Haus von 1970 umzusetzen suchte, einem seiner letzten und zugleich perfektesten Bauten.

Mit Max Palevsky war Ellwood schon länger bekannt. Mitte der 1960er-Jahre hatte sich seine Scientific Data Systems (SDS) als eine der führenden Hightech-Computerfirmen in den USA durchgesetzt, und Ellwood hatte für ihn eine Produktionsstätte geplant und entworfen. Die beiden wurden gute Freunde, und als Palevsky und seine Frau sich in Palm Springs ein Ferienhaus wünschten, lag es nahe, Ellwood hinzuzuziehen.

Palevsky besaß dort bereits eine Wohnung in einem von A. Quincy Jones entworfenen Gebäude, sehnte sich aber nach mehr Privatsphäre. Dafür stellte er sich ein ummauertes Anwesen in bester Stadtrandlage vor. „Craig erzählte mir, dass ummauerte Häuser in Marokko sehr verbreitet wären", erinnert sich Palevsky. „Also fuhren wir mit Craig und Gloria [Ellwood] nach Marokko (...). Wir schauten uns im ganzen Land um und fuhren anschließend weiter nach Tunesien (...). Wir haben uns eine Menge Häuser angesehen."[1]

In enger Kooperation mit seinem Kollegen Alvaro Vallejo entwarf Ellwood schließlich eine rechteckige Anlage von etwa 200 x 90 Metern und platzierte darin das stahlrahmengestützte Hauptwohnhaus. Es lag auf einem kleinen Plateau, so dass man von der Terrasse mit Pool aus einen ungehinderten Blick in die offene Wüste hatte. Auf der Rückseite errichtete Ellwood zusätzlich ein separates Gästehaus mit zwei Schlafräumen und Garagen.

„Dieses Haus ist ein wunderbarer Ort für mich", sagte Palevsky, der es geschmackvoll mit Kunstwerken von Andy Warhol, Roy Lichtenstein, Alexander Calder und anderen ausstattete. „Es ist sehr schlicht. Es braucht nicht viel Pflege. Es geht nichts kaputt (...). Ich bin mit dem Haus rundum zufrieden."[2]

Als Palevsky nach dem Verkauf von SDS an Xerox seine neue Firma Intel gründete, schenkte er Ellwood Aktien im Wert von 10 000 Dollar, weil er mit dem Haus so glücklich war. Nach fünf Jahren machte Ellwood dann seinen Anteil zu Geld, finanzierte damit seine Scheidung, schloss sein Büro und zog nach Italien, um dort ein neues Leben zu beginnen.

[1] Zitiert in Neil Jackson, *Craig Ellwood,* Laurence King 2002.
[2] Ebd.

Das Palevsky Haus ist Teil eines umfriedeten Anwesens, das stark an nordafrikanische Gehöfte oder mexikanische Haciendas erinnert. Allerdings haben die Mauern hier Öffnungen, die Ausblicke in die Landschaft rahmen. Auf der Vorderseite gibt ein leichter, durchsichtiger Zaun den Blick auf die Wüste frei.

Das Hauptgebäude zeichnet sich durch einen fließenden Grundriss aus, der auf der Vorder- und Rückseite von durchgehenden Glasflächen begrenzt wird, denen auch die klug konzipierten Zugangskorridore folgen. Raumteiler sind auf ein Minimum reduziert. Halbhohe Trennwände grenzen lediglich die Küche und das Schlafzimmer voneinander ab, während Essbereich und Wohnzimmer offen gestaltet sind.

Gästehaus
1 Schlafzimmer
2 Bad

Haupthaus
1 Schlafzimmer
2 Bad
3 Küche
4 Essbereich
5 Wohnbereich
6 Poolterrasse

PALEVSKY HAUS

1970

AGUSTÍN HERNÁNDEZ

CASA HERNÁNDEZ MEXIKO-STADT, MEXIKO

„Um etwas zu erschaffen, muss man originell sein", so Agustín Hernández. Zweifellos gehört er selbst zu den originellsten Vertretern der mexikanischen Architektur, und eine ganze Reihe von Monumentalbauten ist mit seinem Namen verbunden. Ihr Markenzeichen ist die Verschmelzung von Einflüssen prähispanischer Kulturen mit den Grundprinzipien der Moderne und Science-Fiction-Motiven.

Bei einigen seiner wichtigsten Bauten wie dem Heroico Colegio Militar in Mexiko-Stadt oder dem Meditationszentrum in Cuernavaca treffen Vergangenheit, Gegenwart und Zukunft in spektakulären abstrakten Formen aufeinander. „Ich habe versucht, anders zu sein", erklärt Hernández. „Ich war auf der Suche nach einer genuinen mexikanischen Architektur, nach einer Möglichkeit, den prähispanischen Wurzeln unserer Geschichte nachzuspüren. Es war eine Identitätssuche. Es geht um eine Synthese der vielen verschiedenen Kulturen in Mexiko. Und ich liebe Naturwissenschaft und Science Fiction."

Das bedeutendste von Hernández' Gebäuden ist sein eigenes Haus und Atelier in dem grünen Wohnviertel Bosques de las Lomas in Mexiko-Stadt. Getreu seinem Credo „Die Geometrie ist mein Gott" entwarf es der Architekt und Bildhauer als riesigen Turm mit einem bizarren „Raumschiff" obendrauf. Das massive Gebäude aus Beton liegt an einem Hang, und seine einzige Stützsäule reicht bis hinunter zur Böschung. Die Eingangsbrücke liegt zur Straße hin auf dem Rücken des Hügels, etwa gleichauf mit der Spitze des Wohnturms. In dessen kompaktem, geräumigem Baukörper befinden sich die beiden Wohnzimmer und Hernández' Atelier. Wie in der abstrakten Krone eines Baumes hat man von hier aus einen tollen Panoramablick übers Tal.

Die Casa Hernández, auch einfach als Taller de Arquitectura, „Architekturstudio" bekannt, ist eins von mehreren „schwebenden Maschinenhäusern" des Architekten. Dazu zählt auch die Casa en el Aire von 1991, die Hernández für seinen Cousin errichtete. Es sind sperrige, an technische Anlagen erinnernde Architekturen, deren Funktion sich nicht unmittelbar erschließt. Viele Komponenten sind wie Zitate des Industriezeitalters – etwa die gewaltigen Eingangstüren aus Metall oder die Wendeltreppe aus Stahlblech, die einen unwillkürlich an Sprungfedern und Zahnräder im Inneren einer überdimensionalen Maschine denken lässt.

Das Haus wurde als in sich geschlossene Einheit konzipiert. Seine maßgefertigten Einbauten und Möbel wurden von Hernández selbst entworfen, um sie den ungewöhnlichen Raumschnitten anzupassen. „Struktur, Form und Funktion müssen übereinstimmen", lautet ein weiteres Motto von Hernandéz. „Es geht stets um die Einheit."

Während der Erdbeben, die Mexiko-Stadt regelmäßig heimsuchen, wurde die Bausubstanz von Hernández' Turm schon mehrfach hart auf die Probe gestellt, doch das Haus trug kaum je auch nur einen Riss davon. Die Casa Hernández wird sicherlich noch lange das bleiben, was ihr Schöpfer von der Architektur verlangte: originell.

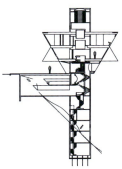

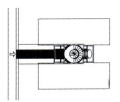

**Erdgeschoss/
Eingangsbereich**

Erstes Obergeschoss

Zweites Obergeschoss

Drittes Obergeschoss

CASA HERNÁNDEZ

1970

PAULO MENDES DA ROCHA

MILLÁN HAUS SÃO PAULO, BRASILIEN

Das Werk von Paulo Mendes da Rocha ist reich an großen Gesten in einem monumentalen, ja geradezu heroischen Ausmaß. Seine Bauten sind abstrakte Skulpturen, deren rohe, industrielle Materialität durch mächtige Träger, aufragende Säulen, überdimensionierte Fenster und monolithische Wände eine überraschende Lebendigkeit erhält. Oft scheinen die großen Platten seiner Gebäude gegen alle Regeln der Schwerkraft in der Luft zu schweben wie beim Brasilianischen Skulpturenmuseum oder der Kapelle des Heiligen Petrus.

Im wohnhäuslichen Maßstab kann diese Monumentalität befremdlich oder übertrieben wirken. Sie verleiht der Architektur leicht einen starken Fabrik- und Lagerhallencharakter – so gibt es gute Gründe dafür, dass man Mendes da Rocha zu den Brutalisten rechnet. Dennoch sind seine Häuser nicht nur äußerst spektakulär, sie zeigen auch ein besonderes Gespür für Maßstab und Offenheit. Eine kraftvoll-markante Bauweise verbindet sich hier mit einem minimalistischen Ansatz in der Oberflächen- und Farbgestaltung, der die Texturen von Beton und poliertem Zement im Rohzustand belässt.

Bei seinem eigenen, 1960 vollendeten Haus, verwendete Mendes da Rocha industriell hergestellte Fertigbauteile aus Beton. Das Millán Haus von 1970 dagegen ist ein deutlich ambitionierterer Bau. Entworfen wurde es für den Kunsthändler Fernando Millán, einem engen Freund des Architekten. Auf seiner Vorderseite wurde ein Hofgarten angelegt und ein überdachter Pool, während eine Reihe von Stufen zu einer Dachterrasse mit Fischteich hinaufführt. Die zur Straße gelegene Seite zeigt eine schlichte Betonfassade, nahezu fensterlos und ohne die hier üblichen Eingänge, als handle es sich um ein monolithisches Lagerhaus inmitten dieser grünen Enklave von São Paulo.

Innen ist das Haus eine Tour de Force: Mehr oder weniger abgeschlossene Zimmer von einer Raumhöhe wechseln sich ab mit großen Räumen von doppelter Höhe, die durch Oberlichter illuminiert werden. Das Kernstück ist eine große, geschwungene Wendeltreppe, die vom doppelgeschossigen Wohnzimmer auf eine Balkongalerie führt, von der aus man ins Gebäudeinnere blicken kann.

Das Haus wurde an Eduardo Leme, einen anderen Kunsthändler, weiterverkauft, der es gemeinsam mit Mendes da Rocha renovierte und leicht modernisierte. Die Schlafräume wurden vergrößert und im Obergeschoss zusätzliche Fenster eingefügt. Alles Ornamentale wurde entfernt und das Haus bloßgelegt bis auf die reine Struktur. Es mutet schon beinahe klösterlich an, und seine nackten Wände sind geradezu prädestiniert für die Präsentation von Kunst. In dieser reduzierten Form mutet das Millán Haus

Der kantige Betonblock des Millán Hauses ist in eine Hanglage hineingebaut. Seine luxuriöse Anmutung ist nicht eleganten Materialien oder einer aufwendigen Ornamentik geschuldet, sondern allein der Architektur in ihrer reinsten Form.

tatsächlich wie eine Kunstgalerie an – ähnlich wie die neueren Bauten von John Pawson und Claudio Silvestrin (siehe S. 240–245), nur ohne die Fokussierung auf natürliche Materialien und handgefertigte Oberflächen. Seine heutigen geistigen Verwandten sind all jene umgewandelten Lofts und „gefundenen Räume" in Metropolen wie London und New York, deren industrielle Vorgeschichte so gerne freigelegt wird und die oft zunächst von Künstlern und anderen Kreativen als Wohnraum genutzt werden.

Auch weiterhin beeinflussen die Bauten von Mendes da Rocha eine jüngere Generation von Architekten, die sich für seine ungehemmte, rohe Art der Betonverarbeitung interessiert, aber auch für seinen meisterhaften Umgang mit Licht und Raum. Heute kann man einer aktualisierten Fassung seiner brutalistischen Ästhetik in vielen urbanen Zentren der Welt begegnen.

Der avantgardistische Eindruck, den Mendes da Rochas Bauten vermitteln, verdankt sich nicht zuletzt ihrem monumentalen Erscheinungsbild.

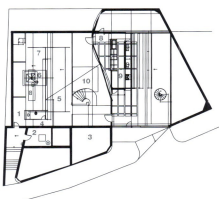
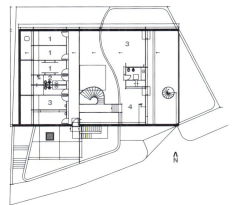

Erdgeschoss
1. Eingang
2. Pumpenraum
3. Schwimmbecken
4. WC
5. Wohnzimmer
6. Offener Kamin
7. Bibliothek
8. Esszimmer
9. Küche
10. Wintergarten

Obergeschoss
1. Büro
2. Bad
3. Schlafzimmer
4. Atelier

MILLÁN HAUS

1972

SCOTT TALLON WALKER

GOULDING HAUS ENNISKERRY, COUNTY WICKLOW, IRLAND

Das Goulding Haus in Enniskerry erscheint wie ein großer Kasten, der über dem Wasser schwebt und dessen moderne Glasarchitektur einen reizvollen Kontrast zu seiner wildromantischen Umgebung bildet.

Bei manchen Häusern fügt die Standortwahl der Architektur eine ganz neue Dimension hinzu und wird zum zentralen Teil der Aussage. Denkt man etwa an Amancio Williams brückenartiges Haus über einem Bach in Mar del Plata in Argentinien, an Frank Lloyd Wrights Fallingwater (siehe S. 100–105) oder die Häuser John Lautners (siehe S. 182–187), die der Schwerkraft zu trotzen scheinen, dann begreift man erst, in welchem Maß eine fantasievoll-kreative Antwort auf die Topografie ein Gebäude formen und das Gewöhnliche in etwas Außergewöhnliches verwandeln kann. Scott Tallon Walkers Goulding Haus im irischen Enniskerry ist hierfür ein Musterbeispiel. Das kastenförmige Haus ragt über das Ufer und die reißende Strömung des Dargle, als hätte es jemand über den Rand geschoben. Der Effekt ist verblüffend: Eine schlichte, mit Zedernholz und Glas verkleidete Stahlkonstruktion wird zum attraktiven Belvedere, das als Eyecatcher inmitten der bewaldeten Landschaft schwebt.

Das Goulding Haus wurde von dem Geschäftsmann, Kunstsammler und leidenschaftlichen Gärtner Sir Basil Goulding beauftragt. Er und seine Frau Valerie hatten weder Kosten noch Mühen gescheut, auf ihrem Anwesen eine prächtige Gartenlandschaft anzulegen. Fehlte nur noch ein Sommerpavillon – nur sollten bei den Bauarbeiten möglichst keine Pflanzungen in Mitleidenschaft gezogen werden.

Ronald Tallon von Scott Tallon Walker entwarf seinen Pavillon mit starken Anklängen an Mies van der Rohe und Craig Ellwood. Nach der Fertigstellung ließ er ihn mit Hilfe des Ingenieurbüros Ove Arup & Partners einfach anheben und tatsächlich ein Stück weit über den Fluss schieben. Die aus fünf Elementen bestehende Konstruktion ist am Eingang fest am Ufer verankert. Die ersten zwei Elemente des vorkragenden Gebäudes werden von Eisenträgern gestützt, die im felsigen Flussbett stecken. Mit den verbliebenen drei Elementen ragt das Haus frei übers Wasser. An seinem Ende ist es vorne und seitlich verglast. Die so entstandene Aussicht war so spektakulär, dass Goulding nur mit Mühe davon abgehalten werden konnte, auch noch den Boden verglasen zu lassen.

Unmittelbar hinter dem Eingangsbereich war ursprünglich eine Kochnische sowie Stauraum zur Unterbringung von Haushaltsgeräten. Von dort aus führten Flure zu den großen offenen Räumen, die den Pavillon größtenteils ausmachen.

„Am Abend der Eröffnung haben wir im vordersten Teil getanzt, und ich war überrascht, wie gut der Boden doch gefedert war", erinnert sich Tallon. „Aber am meisten genoss ich es, mich zu den verschiedenen Jahreszeiten dort aufzuhalten. Das Haus nimmt sie förmlich in sich auf, und seine konstruktive Strenge kontrastiert auf reizvolle Weise mit den organischen Formen seiner Umgebung."

Als das Gebäude renovierungsbedürftig wurde, wandten sich die neuen Eigentümer an Scott Tallon Walker und ließen es bei der Gelegenheit gleich umgestalten. So wurde aus dem Sommerhaus ein Gästepavillon mit modernisierten Versorgungseinrichtungen inklusive einer kompakten Küche und einem Klappbett.

Trotz der deutlichen Anleihen bei Mies van der Rohes Farnsworth Haus (siehe S. 136–141) und einem Entwurf desselben für ein Glashaus in Hanglage von 1934 besitzt das Goulding Haus einen ganz eigenständigen Charakter. In der kühnen Erhebung des Hauses über die Landschaft liegen zudem die zarten Anfänge einer kommenden Ära spektakulärer Hightechbauten.

Der zentrale Wohnbereich ist eine einzige Aussichtsplattform. Er schiebt sich über den Fluss und holt das Grün der Pflanzen durch die großen Glasscheiben ins Gebäudeinnere hinein.

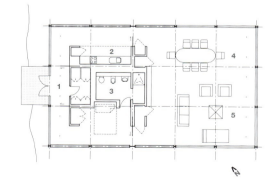

Hauptgeschoss
1. Eingang
2. Küche
3. Bad
4. Essbereich
5. Wohnbereich

1972

JØRN UTZON

CAN LIS PORTO PETRO, MALLORCA, SPANIEN

Jørn Utzons erstes Haus auf Mallorca wurde kurz vor der Eröffnung des Opernhauses in Sydney fertiggestellt, jenem Bauwerk, das seine Laufbahn beherrschen und in der Tat überschatten sollte – nach 20-jähriger Bauzeit fiel bei den Feierlichkeiten zu diesem Anlass noch nicht einmal sein Name. Seit man jedoch die Einzigartigkeit dieses Meisterwerks erkannt hat, das längst zum Symbol der Stadt, ja des ganzen Landes geworden ist, bemüht man sich von offizieller Seite um Wiedergutmachung.

Die schwierigen und langwierigen Entwurfs- und Bauphasen des Opernhauses forderten ihren Tribut. Dennoch war Utzon parallel dazu mit vielen anderen Projekten auf der ganzen Welt beschäftigt – große und kleine, öffentliche wie private. Er schöpfte dabei aus einer ganzen Bandbreite architektonischer Stile, stets gefiltert durch die Prinzipien der Moderne. Zu seinen Bauten gehörte auch eine Reihe von Häusern, die er für seine Familie und für sich selbst in Dänemark, Australien und auf Mallorca baute.

Utzon und seine Frau Lis entdeckten Mallorca Ende der 1960er-Jahre für sich, als sie Australien nach Abschluss des Opernhausprojekts verlassen hatten. Sie liebten das Meer, und die spanische Insel gefiel ihnen so gut, dass sie in der Nähe von Porto Petro direkt an der Küste und inmitten von Myrten und Pinien ein Grundstück kauften. Darauf stellte Utzon ein Sommerhaus, das er nach seiner Frau benannte.

Bevor er es entwarf – zuallererst als Model aus Zuckerstückchen in einem Café in Porto Petro –, erklomm er regelmäßig die Klippen und kletterte dann bis hinunter ans Meer. Eines Tages fand er sich in einer Höhle wieder. Diesen von dort gewonnenen Ausblick und das Gefühl von Zuflucht und Solidität wollte er in Can Lis nachempfinden.

Das Haus besteht im Wesentlichen aus einer Reihe von vier Pavillons, die mit ihrer Vorderseite jeweils zum Meer und mit der Rückseite zur Zufahrt ausgerichtet sind. Innenhöfe und Terrassen ergänzen die Anlage. Im dominantesten Pavillon befinden sich Esszimmer und Solidität und architektonische Anlage des Gebäudes verweisen auf Utzons anhaltende Faszination für Hofhäuser und die monumentale prähispanische Architektur Südamerikas. Zudem geht Can Lis damit ästhetisch auf seinen Standort und den mallorquinischen Kontext ein.

Küche. Er öffnet sich zu einem großen Innenhof mit Meerblick, flankiert von zwei Loggien, die sich Richtung Wasser schieben. Den benachbarten und höchsten Pavillon füllt zur Gänze der Wohnraum in doppelter Raumhöhe. Im Rest des Quartetts sind die Schlaf- und Gästezimmer untergebracht.

So ist der Sommersitz ein Ensemble wohlüberlegt arrangierter Bauten, die sich allesamt zur Meerlandschaft öffnen. Die Pavillons bestehen aus heimischem Marés-Sandstein, den Utzon direkt aus dem Steinbruch heranschaffen ließ, und selbst die Dachpfannen stammen von der Insel. Die großen, uniformen Sandsteinblöcke verleihen den Gebäuden genau das erwünschte heimelige Höhlen-Feeling und speichern zugleich hervorragend die Wärme – während im Sommer natürliche Querlüftung dazu beiträgt, das Haus kühl zu halten.

Am Ende wurden die Utzons der exponierten Lage ihres Hauses überdrüssig. Zu viele Architekturstudenten und Touristen kamen, um „das Haus des Architekten der Oper von Sydney" zu sehen. 1994 übernahmen die erwachsenen Kinder der Utzons Can Lis, während Jørn Utzon Can Feliz entwarf, ein weiteres Haus auf der Insel, aber in abgeschiedenerer Lage.

Can Lis erwies sich als architektonisches Modell für eine neue Art mediterranen Wohnens – mit seiner Rücksichtnahme auf Standort und Kontext, der Verwendung regionaler Materialien und der Wiederbelebung des Innenhofs. Besonders die Aufteilung auf mehrere Gebäude regte zur Nachahmung an. Viele zeitgenössische Hotels und Wohnhäuser im Mittelmeerraum, wie etwa Carlos Ferraters Casa Tagomago auf Ibiza, haben seitdem die Vorzüge separater Bauten innerhalb einer Wohnanlage entdeckt – als perfekte Synthese von Privatheit und gemeinschaftlich genutztem Raum.

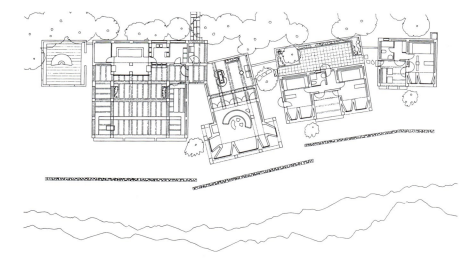

Die entsprechend ihrer Funktion unterteilten Pavillons sind separate Bauwerke und nur über Innenhöfe und Terrassen miteinander verbunden – jedoch geeint durch Material und Erscheinungsbild.

1973

MARIO BOTTA
HAUS IN RIVA SAN VITALE TESSIN, SCHWEIZ

Unsere Wahrnehmung berühmter Gebäude ist in der Regel geprägt durch den Filter der Architekturfotografie. Fotos sagen uns, worum es bei einem Bauwerk geht, und setzen die großartigsten Gesten des Architekten vorteilhaft in Szene. Im Fall von Mario Bottas Haus in Riva San Vitale ist es das Motiv einer roten Stahlbrücke, welche die Kluft zwischen einem Bergpfad und einem abstrakten skulpturalen Bauwerk überspannt, während ein Gebirgszug in der Ferne die dramatische Wirkung dieses Eingriffs in die Natur noch verstärkt.

Ähnlich wie Richard Meiers Douglas House am Ufer des Lake Michigan (siehe S. 214 – 217), das zufällig zeitgleich entstand, erhebt sich das Haus von Botta auf einem Steilhanggrundstück mit einem Brückenzugang auf der Rückseite und einer Ausrichtung nach vorne aufs Tal hin. So wird es zu einer Aussichtsplattform, vor der sich der Luganer See ausbreitet wie ein silberner Spiegel. Doch die eigentliche Form des Gebäudes lässt sich nur von schwerer zugänglichen, weiter unterhalb liegenden Stellen des Berges San Giorgio oder vom Ufer des Sees aus erfassen. Aus dieser Perspektive zeigt sich der Bau als abstrakter kubistischer Turm – ein isoliertes, fast schon industrielles Objekt, das mitten in der Landschaft steht. Die großen Öffnungen und Brüche in seinem Erscheinungsbild zerstören zugleich jedwede Illusion vollkommener Symmetrie und stellen erst recht die Frage nach der Funktion dieses Gebäudes. Für seine geometrischen Experimente – die Verwandlung von Kuben und Zylinder in mächtige Monumentalbauten – ist Botta weltberühmt geworden.

Der Bauauftrag kam von einem Paar, das Botta noch aus Studienzeiten kannte. Seinerzeit hatte er ihre Wohnung umgestaltet. Sie baten ihn, im Kanton Tessin, wo auch Botta lebt, ein neues Haus für sie und ihre Kinder zu bauen. Das Grundstück, das sie geerbt hatten, liegt in einer wunderschönen Gegend mit zahllosen *Roccoli* – ehemals für die Vogeljagd genutzte Türme, von denen einige inzwischen in Wohnhäuser umgewandelt wurden. Botta und die künftigen Hausbewohner waren sich darin einig, dass die natürliche Umgebung durch die baulichen Eingriffe möglichst wenig Schaden nehmen sollte. So kam es zum Entwurf eines Turms, der die Landschaft nur minimal beeinträchtigte und dazu noch eine einzigartige Form familiären Zusammenlebens bot.

Das aus Zementblöcken errichtete Gebäude baut sich sozusagen von oben nach unten auf: Von der Eingangshalle und dem Studio im obersten Stockwerk geht es zu den drei Hauptgeschossen darunter, in denen sich – von oben nach unten – das Elternschlafzimmer, die Kinderzimmer sowie der Wohn-, Ess- und Küchentrakt befinden. Das Kellergeschoss enthält die Versorgungsräume. Die um eine

Erdgeschoss / Eingangsbereich
Arbeitszimmer

Erstes Obergeschoss
Schlafzimmer

Zweites Obergeschoss
Kinderzimmer

Drittes Obergeschoss
Wohn- / Ess- /
Küchenbereiche

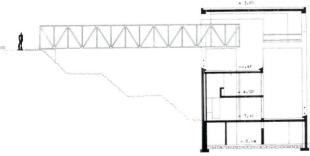

Wendeltreppe herum angeordneten Räume erstrecken sich teilweise über zwei Etagen. Die großen Öffnungen in der Gebäudehülle ermöglichen geschützte, halb umbaute Terrassen.

Das Haus verhalf Botta zu größeren Projekten, darunter die mit Porphyr verkleidete Kirche Santa Maria degli Angeli auf dem Monte Tamaro im Tessin. Ausgestattet mit einer Prozessionsbrücke, die ebenfalls in eine faszinierende Landschaft führt, erkennt man in ihrer Architektur, nur in wesentlich größerem Maßstab, einige der Ideen wieder, die Botta erstmals in Riva San Vitale ausprobierte.

Das Design ist reduziert, aber zugleich auch von einer kühnen, abstrakten, elementaren Kraft. Es nimmt Rücksicht auf die Landschaft und wird zugleich von ihr umrahmt. Im Inneren sorgen weiße Wände und Terrakotta-fliesen für imposante räumliche Kontraste.

1973 — RICHARD MEIER
DOUGLAS HAUS HARBOR SPRINGS, MICHIGAN, USA

Im Douglas Haus lässt Richard Meier Gegensätzliches aufeinanderprallen: eine makellose Komposition aus Glas und Licht in reinweißem Rahmen vor einem dicht mit Nadelbäumen bestandenen Abhang, der sich bis hinunter ans Ufer des Lake Michigan zieht. Während sich die Wirkung von Meiers (bereits früher gebautem) Smith Haus am Long Island Sound aus der Spannung zwischen dem von Menschenhand Geschaffenen und der Natur ergibt, ist es beim Douglas Haus das pure Erstaunen über den Gegensatz an sich. Allein die Einbindung in eine ungewöhnliche Umgebung schafft hier den Eindruck einer Architekturikone.

Beim Douglas Haus handelt es sich um einen der ambitioniertesten und einflussreichsten Entwürfe der frühen Schaffensjahre des Architekten. Es gelang Meier hier, zuvor im Smith Haus ausgelotete Ideen zu verbessern, weiterzuentwickeln und in der Folge bei Museumsbauten und anderen Kulturprojekten in größerem Maßstab anzuwenden. Es ist vor allem ein Haus des Lichts, in dem Meiers zum Markenzeichen gewordenes Faible für natürliches Licht am deutlichsten zum Ausdruck kommt. Die dem See zugewandte Fassade ist aufgelockert durch eine Abfolge geradliniger Fenster, die ein Gefühl von Transparenz erzeugen. Ein großes Oberlicht im Dach lässt das Sonnenlicht zudem tief ins Innere des Hauses dringen. Das gelingt mittels einer komplexen Abfolge von Hohlräumen in doppelter oder gar dreifacher Raumhöhe, die als Lichtschächte fungieren.

Eine Reihe von Terrassen an einem Ende und eine weitere auf dem Dach tragen dazu bei, das Haus mit seiner Umgebung zu verbinden – als wäre es ein Kreuzschiff, von dessen Decks aus sich die vorbeiziehende Landschaft betrachten lässt. Der Einfluss von Le Corbusier auf Meiers Architektur wird immer wieder gern zitiert, doch dieses Haus erinnert einen unwillkürlich auch an Eileen Grays E-1027 (siehe S. 17), das, am Ufer des Mittelmeers, ebenfalls mit maritimen Motiven spielt.

Das Douglas Haus fungiert als Belvedere, von dem aus sich die Natur genießen lässt und hebt sich doch zugleich dezidiert von ihr ab – ein interessanter Widerspruch. Je nach Perspektive handelt sich um ein spektakuläres architektonisches Statement, insbesondere vom

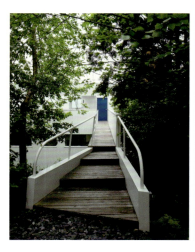

Wasser aus gesehen, oder ein geradezu intimes Wohnhaus, das dezent in den Hang hineingeschoben wurde. Von der hinter dem Gebäude gelegenen Straße aus sind lediglich zwei der insgesamt vier Geschosse zu sehen, und es bedarf einer Zugangsbrücke, um den Haupteingang im oberen Teil des Gebäudes zu erreichen.

Schlafzimmer, Bäder und Küche befinden sich auf der Rückseite, separiert durch eine Folge von Absätzen, die sich über die ganze Länge des Hauses erstrecken. Zwei Treppenaufgänge an entgegengesetzten Enden sorgen für Flexibilität – der eine erschließt das Haus von innen, der andere, ausgehend von den Terrassen im Nordosten, von außen. Über eine diskret versteckte Zugangsleiter gelangt man auf einen Pfad hinunter zu Dünen und Strand. Ebenfalls an das Smith Haus erinnern die langen, schlotartigen Kaminabzüge, die an der Vorderseite des Hauses positioniert sind.

„Aufträge für Wohnhäuser erlauben es, Ideen zu formulieren und eine Reihe von Grundsätzen zu entwickeln, die sich, so hofft man, langfristig auf die künftige Arbeit auswirken werden", äußerte Meier bei einer Gelegenheit. Betrachtet man das Douglas Haus (und ebenso das Smith Haus), sieht man eine direkte Verbindung von den offenen, lichten Räumen des Wohnhauses zu ähnlichen Qualitäten in Meiers späterem Werk, nur in verändertem Maßstab. Auf jeden Fall stießen Meiers makellose, in Sonnenlicht getauchte und sich zur Landschaft öffnende Häuser auf ein großes internationales Echo und werden von zahlreichen Architekten immer wieder gern zitiert.

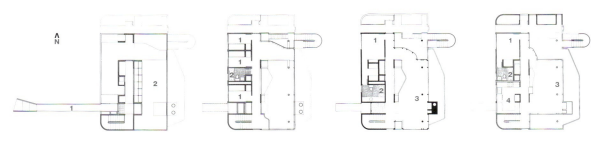

Dachgeschoss
1 Brücke
2 Terrasse

Obergeschoss
1 Schlafzimmer
2 Bad

Mittelgeschoss
1 Schlafzimmer
2 Bad
3 Wohnzimmer

Untergeschoss
1 Schlafzimmer
2 Bad
3 Esszimmer
4 Küche

Meiers Markenzeichen ist eine Architektur der reinen Geometrie in markanten weißen Gebäuden und mit einer bemerkenswerten Lichtführung. Hier erlaubt der doppelstöckige Wohnraum einen Blick von oben in den drei Etagen umfassenden Essbereich. Die seitlich angelegte Terrasse löst die Grenze zwischen Innen- und Außenraum auf und geht über in einen Weg hinunter zum Strand.

1975

PETER EISENMAN

HAUS VI WEST CORNWALL, CONNECTICUT, USA

Peter Eisenmans Erfolg als Architekt gründet sich nicht zuletzt darauf, dass er unermüdlich und immer wieder Konventionen, vorgefasste Meinungen und Traditionen infrage stellt. In seinen Schriften und Bauten, besonders dem Berliner Mahnmal für die ermordeten Juden Europas, kommt seine Philosophie deutlich zum Ausdruck: Sie beruht auf dem Unterlaufen von erwarteter architektonischer Formgebung in der Absicht, den Betrachter zu verunsichern und emotional zu berühren. Doch angewendet auf das Wohnhaus, dieses grundlegendste und funktionalste aller Gebäude, führte Eisenmans Ansatz zu heftigen Kontroversen.

„Ich suche nach Wegen, Räume zu entwerfen, die das Subjekt in eine dislozierte Beziehung versetzen, weil sie keine ikonografischen Bezüge zu traditionellen Formen von Gestaltung vorfinden", erklärte der Architekt seine Position. „Das ist es, was ich schon immer versucht habe – das Subjekt zu entwurzeln, es zu verpflichten, Architektur neu zu begreifen."[1]

Haus VI wurde von der Kunsthistorikerin Suzanne Frank und ihrem Mann, einem Fotografen, in Auftrag gegeben. Die Geschichte seiner Entstehung versinnbildlicht in mancherlei Hinsicht die ausgesprochen intime und komplexe Beziehung, die sich zwischen Architekt und Auftraggeber entwickeln kann, wenn sie den langen und sehr persönlichen Weg vom Entwurf bis zur Realisierung gemeinsam gehen. Ein so entstandenes Haus kann dabei den Status eines Kunstwerks erreichen, es soll aber selbstverständlich auch als praktischer, alltagstauglicher Lebensraum dienen.

Frank stand Eisenmans intellektueller Vision anfänglich durchaus vertrauensvoll und aufgeschlossen gegenüber. Sie hatte bereits in den 1970er-Jahren mit ihm zusammengearbeitet, und indem sie ihn ohne allzu konkrete Vorgaben mit dem Bau eines Wochenendhauses betraute, zeigte sie sich als entschlossene Anhängerin seiner Ideen. Das kleine, zweistöckige Haus aus Sperrholz und Gips auf einem 2,4 Hektar großen, idyllischen Waldgrundstück entwickelte sich indes bald zu einer Cause célèbre.

Die Geschichte vom Entwurf, Bau und Leben in diesem hochkonzeptuellen Wohnhaus ist übrigens nachzulesen in dem Buch *Peter Eisenman's House VI* mit Anmerkungen von Eisenman und Frank. In ihren Schilderungen wird deutlich, dass dieses Haus ganz ohne Zweifel

Haus VI fordert zu beständigen Fragen heraus und wurde zum Inbegriff des Dekonstruktivismus. Seine aus den Fugen geratene Form ist von unregelmäßig großen und kleinen Fenstern durchsetzt. Wände dienen anscheinend kaum einem Zweck, ebensowenig wie die schwebenden, nichttragenden Balken.

ein bahnbrechendes Stück Architektur darstellte, das alle modernen Grundsätze in Bezug auf Raum, Form und Funktion auf den Kopf stellte, sich gleichzeitig jedoch als ein schwieriger und oftmals völlig unpraktischer Ort zum Wohnen erwies.

„Meine ersten vier Häuser waren im Prinzip Variationen auf weiße Kuben", schrieb Eisenman. „Sie waren hermetische, in sich geschlossene Umgebungen. Damals war das zwar nicht offenkundig, aber sie enthielten zahlreiche Vorstellungen, die nur bei genauem Nachdenken kulturell bedingt erschienen. Im Fall von Haus VI machte es die Umkehr dieser Vorstellungen möglich, Charakter und Bedeutung von, sagen wir, einer Fassade oder einem Grundriss, auf neue Art zu betrachten und dadurch zuvor unbekannte Aspekte von Architektur besser zu verstehen."[2]

Zwar bekundet Frank ihre große Verbundenheit mit dem Haus und ihren Respekt vor seiner Architektur, beschreibt aber auch eindringlich, wie es dank eines heillos überforderten Bauunternehmers drei Jahre bis zu seiner Fertigstellung dauerte, nur um sich dann als baulich unausgereift zu erweisen. Das Ergebnis waren kostspielige Umbaumaßnahmen, die nicht immer gänzlich im Einklang mit der Vorstellung des Architekten standen, obgleich dieser letzten Endes doch seine Freude über die einfühlsamen Renovierungsarbeiten kundtat.

„Während der (...) Jahre, die mein Mann und ich in dem Haus wohnten und seine Schwachstellen und seine Entwicklung verfolgten, hatten wir mehrere Auseinandersetzungen mit Eisenman, aber das Haus selbst war eine beständige Quelle ästhetischer Freude, wenn auch nicht immer ein Ort, der uns vor Regen und Schnee schützte."[3] Den Worten Franks zufolge handelt es sich bei Haus VI um „ein großartiges kulturelles Objekt" und ein bedeutendes Gebäude im Prozess der Neubewertung architektonischer Prämissen. Allerdings legt es auch den Schluss nahe, dass ein avantgardistisches Gebäude kein einfacher Ort zum Wohnen ist.

[1] Zitiert in Philip Jodidio, *Contemporary American Architects, Vol. II*, Taschen 1996.
[2] Suzanne Frank, *Peter Eisenman's House VI*, Whitney Library of Design 1994.
[3] Ebd.

HAUS VI

Erdgeschoss
1 Eingang
2 Esszimmer
3 Küche
4 Kammer
5 Lagerraum
6 Wohnzimmer
7 Arbeitszimmer

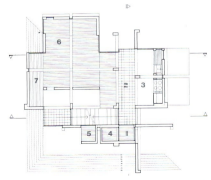

Obergeschoss
1 Schlafzimmer
2 Kammer
3 Schlafnische
4 Bad

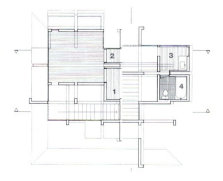

HAUS VI

1976

MICHAEL & PATTY HOPKINS

HOPKINS HAUS HAMPSTEAD, LONDON, ENGLAND

Als das Hopkins Haus Mitte der 1970er-Jahre entworfen und gebaut wurde, war es weit mehr als ein reines Wohnhaus: Es war Studio des neu eröffneten Büros von Michael und Patty Hopkins, Musterhaus für potentielle Kunden und architektonisches Experiment, das sich als wichtige Station bei der Entwicklung ihres innovativen Ansatzes in Bezug auf Konstruktion und Bautechnik erweisen sollte.

Das Ehepaar und seine drei Kinder, die im nahe gelegenen Highgate wohnten, waren auf der Suche nach einem größeren Haus, als sie in einer traditionellen, von Häusern im georgianischen Stil gesäumten Straße von Hamptstead unerwartet auf ein freies Grundstück stießen. Es war durch die Unterteilung eines Gartens entstanden und lag mit seiner Bodenhöhe 3 Meter unterhalb des Straßenniveaus – was in dieser Gegend mit ihren Hanglagen keine Seltenheit ist.

Der Entwurf für das Hopkins Haus war jedoch nicht nur vom Interesse an konstruktiver Innovation bestimmt, sondern auch von höchst banalen Erwägungen wie den Kosten. Nachdem das Paar den Gegenwert ihres alten Hauses allein schon mit dem Erwerb des neuen Grundstücks verbraucht hatte, galt es, mit einem knappen Budget auszukommen.

„Wir wollten unbedingt ein Haus mit Stahlrahmen bauen, das stand schon sehr früh fest", sagt Patty Hopkins. „Es sollte eine kleine Villa werden, und uns gefielen Entwürfe wie das Eames Haus oder das Farnsworth Haus außerordentlich gut. Diese Ideen hatten wir im Kopf, und am Ende fügte sich alles zusammen. Wir hatten auch noch ein Fachwerkhaus in Suffolk, das wir an den Wochenenden nutzten, und obwohl es völlig anders war, gefiel uns die Vorstellung eines frei liegenden Rahmens. Es war so, als bauten wir ein modernes Gegenstück."

Das zweistöckige Haus mit Flachdach ist so positioniert, dass es von der Straße aus kaum zu sehen ist. Von dort führt ein Fußsteg direkt zu einem Eingang im Obergeschoss. Einzig von der Gartenseite her erschließt sich die Ansicht des Wohnhauses zur Gänze – als ein in Leichtbauweise errichteter Pavillon, der sich mit großen Glasflächen zu seiner grünen Umgebung öffnet.

Der auf ein einfaches Raster mit sechs Feldern ausgelegte leichte Stahlrahmen schafft eine äußerst flexible Struktur. An den Seiten ist er mit Metallplatten verkleidet, Vorder- und Rückseite bestehen aus teils verschiebbaren Glaswänden. Aufbau und Verkleiden des Stahlrahmens beliefen sich auf nur 20 000 Pfund [ca. 23 000 €]. Auf jeder Ebene wurden frei stehende Sanitärzellen eingefügt und beide Geschosse mittels einer vorgefertigten Wendeltreppe verbunden. Der Plan war, das Haus so offen wie möglich zu belassen. Zur Schaffung von drei Schlafzimmern – eins im Ober-, zwei im Untergeschoss – wurden später Raumteiler eingesetzt. Ein Gutteil der oberen Etage war für das neue Büro reserviert. Das Haus wurde aber später nur noch für private Zwecke genutzt und ist noch heute das Wohndomizil von Michael und Patty Hopkins.

Bei all seiner äußeren Zurückhaltung ist das Gebäude dennoch beispielhaft für die in den 1970er-Jahren aufkommende Hightech-Architektur und den Aufbruch zu neuen, vielseitigen Leichtbausystemen. In dieser Hinsicht hat es eine Reihe von Aspekten mit dem Haus gemein, das Richard Rogers für seine Eltern in Wimbledon (siehe S. 188–191) entwarf. Michael Hopkins entwickelte im Anschluss das Baukastensystem Patera, das bei seinem Bürohauptsitz in London Verwendung fand. Darüber hinaus konzipierte er Bausysteme in weit größerem Maßstab, wie beim Entwurf des bereits einer neuen Generation zugehörigen „Supershed" aus Stahl und Glas für die Brauerei Greene King in Suffolk.

Das Hopkins Haus zeigt ein Feingefühl für Standort und Umgebung, das auch für spätere Arbeiten der Architekten charakteristisch ist. Das Gebäude wäre sicher noch eindrucksvoller gewesen, hätte man ein weiteres Geschoss hinzugefügt oder auch noch die Seiten verglast. Dies wäre jedoch schnell auf Kosten der Privatsphäre gegangen und hätte womöglich Probleme mit der Nachbarschaft provoziert. Indem die Architekten die Anforderungen des Standorts mit der überzeugenden Botschaft innovativer Modernität in Einklang brachten, schufen sie ein gelungenes Wohnhaus von beständigem Wert.

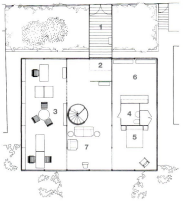

Straßenniveau

1 Brücke
2 Eingang
3 Atelier
4 Bad
5 Schlafzimmer
6 Ankleidezimmer
7 Wohnzimmer

Gartenniveau

1 Schlafzimmer
2 Bibliothek / Schlafzimmer
3 Küche
4 Esszimmer
5 Wohnzimmer
6 Bad

1978

FRANK GEHRY

GEHRY HAUS SANTA MONICA, LOS ANGELES, KALIFORNIEN, USA

Frank Gehry ist vermutlich der bekannteste und einflussreichste Architekt des frühen 21. Jahrhunderts. Seine Kulturbauten haben ein breites Publikum erreicht, es gibt Filme über ihn, und er spricht auch Menschen an, die sonst keine anderen zeitgenössischen Architekten kennen.

Sein wohl berühmtestes Werk, das kurvenreiche, titaniumverkleidete Guggenheim Museum in Bilbao, löste den sogenannten Bilbao-Effekt aus – das Phänomen, dass die spektakuläre Architektur einer neuen, hochkarätigen Kultur- und Bildungseinrichtung zur Erneuerung einer ganzen Stadt führen kann, indem sie Touristen und Investoren anlockt. Seither haben viele Städte in der ganzen Welt versucht, ihren eigenen katalytischen Bilbao-Effekt zu erzeugen.

Die enorme öffentliche Anerkennung, die Gehry zuteil geworden ist, hatte lange auf sich warten lassen. Über viele Jahre bestanden seine bekanntesten Projekte in einer Handvoll Wohnbauten, für die er Ideen entwickelte, die er erst später voll – und in wesentlich größerem Maßstab – realisieren konnte. Dazu gehört das skulpturale Winton Gästehaus von 1987 in Wayzata, Minnesota, das neben einem Haus von Philip Johnson entstand, sowie ein Entwurf für Marna und Rockwell Schnabel in Kalifornien. Und schließlich baute er sich in Santa Monica ein eigenes Haus. Der Umstand, dass es kein Neubau war, sondern der Entwurf auf einem bereits vorhandenen Gebäude basierte, macht seine Wirkung umso überraschender.

Gehry und seine Frau Barbara kauften 1977 ein unauffälliges zweistöckiges Holzhaus an einer Straßenecke in Santa Monica, das vielen anderen in dieser Gegend glich. Gehrys radikaler Eingriff bestand darin, dass er den bestehenden Baukörper erweiterte und seine Nord- und Ostseite in einer Mischung aus Christo-artiger Verpackung und Bauzaun-Ästhetik mit Platten aus Wellblech verkleidete. Die neuen, schrägen Wände setzen sich hinter dem Gebäude fort und umschließen zum Teil einen Innenhof, während zwei verkantete Glaskuben das alte Bauwerk und seine neue Hülle miteinander verbinden.

Das Ergebnis ist im Wesentlichen ein Haus im Haus, wobei Umriss und Charakter des alten Gebäudes aus den 1920er-Jahren hinter der surrealen Verkleidung noch gut zu erkennen sind. Im Inneren wurden zum Teil die Balken freigelegt, als ob der Baukörper „bis auf die Knochen" auseinandergenommen und so seine Geschichte zum Vorschein gebracht werden sollte.

Das in vielerlei Hinsicht von der Kunst beeinflusste Gehry Haus berührte entscheidende Themen, die im späteren Werk des Architekten noch deutlicher zutage treten sollten – wie die skulpturale, aus unbearbeiteten und halbindustriellen Materialien zusammengesetzte Form oder die Idee dynamischer Bewegung, die durch die unregelmäßigen, fließenden Formen der neuen Elemente erzeugt wurde. Das Haus wirkt wie ein provisorischer Prototyp für erst Jahre später realisierte Gebäude wie das Guggenheim in Bilbao und die Disney Concert Hall in Los Angeles, die mit ihrer polierten, glänzenden Metallverkleidung an einen Flugzeugrumpf erinnern.

In den frühen 1990er-Jahren, die Kinder des Architekten waren inzwischen zu Jugendlichen herangewachsen, überarbeitete Gehry das Haus erneut. Er baute die Wohnräume aus, um mehr Raum für die Familie zu schaffen, verwandelte die Garage in einen Gäste- und Freizeitbereich und fügte einen kleinen Pool hinzu.

Trotz seiner rohen Ästhetik war das Gehry Haus Ausdruck einer neuen Art des Denkens und einer neuen Richtung in der Architektur, die durch ihre zunehmende Digitalisierung an Dynamik gewann. Es ist ein moderner Schrein für die Bedeutung Gehrys als führendem Formgeber der zeitgenössischen amerikanischen Architektur.

Die Verkleidung und Neuausrichtung des ursprünglichen Hauses hat einen hohen Abstraktionseffekt und verleiht dem Gebäude insgesamt eine völlig neue Gestalt. Sein fließender und origineller Charakter weist bereits voraus auf spätere Bauten Gehrys, die ihn weltberühmt machen sollten.

1981

TADAO ANDO

KOSHINO HAUS ASHIYA, HYOGO, JAPAN

„Wenn man sich mit traditioneller japanischer Architektur befasst, muss man sich auch die japanische Kultur und ihre Beziehung zur Natur ansehen", meint Tadao Ando. „Man kann in der Tat in einem harmonischen, engen Verhältnis zur Natur leben. Das ist einzigartig für Japan. Die traditionelle japanische Kultur beruht auf diesen Voraussetzungen. Das ist der Grund, weshalb zwischen außen und innen eine starke Verbindung besteht (...)."[1]

Eine der faszinierendsten Aspekte von Andos Werk ist die komplexe Art und Weise, mit der er seine Leidenschaft für monumentale, abstrakte, geometrische Formen – gewöhnlich aus Beton – mit einem sensiblen Einfühlungsvermögen gegenüber der Natur kombiniert. Trotz ihrer dramatischen Wirkung drängen sich seine Bauten einer Landschaft nicht einfach auf, sondern entstehen aus einem tiefen Verständnis des jeweiligen Standorts. „Man muss das, was man um sich herum sieht, was auf dem Grundstück existiert, in sich aufnehmen und dieses Wissen in Verbindung mit dem zeitgenössischen Denken nutzen, um das Gesehene zu interpretieren."[2]

Tatsächlich sind einige von Andos Gebäuden so intensiv mit ihrem jeweiligen Standort verbunden, dass sie quasi in die Erde hineinwachsen und mit der Landschaft zu verschmelzen scheinen. Dies gilt insbesondere für den Honpukuji Wassertempel und das Museum für zeitgenössische Kunst in Naoshima, aber auch für das Koshino Haus. Dabei handelt es sich keineswegs um organische Architektur: Die rechteckigen Formen des Entwurfs bilden einen klaren Kontrast zur Natur. Dennoch ist es ein Beispiel für das, was Ando als „sitecraft" bezeichnet – eine perfekt ausbalancierte Symbiose von Architektur und Umgebung.

Der für einen Modedesigner vorgesehene Bau wurde an einem üppig bewachsenen Hang errichtet und ist zum Teil von Bäumen umgeben. „Ziel war ein Haus", so Ando, „in dem die Macht der Natur,

die es durchdringt, mittels einer gründlichen Reinigung der architektonischen Bestandteile sichtbar gemacht wird."³

Das Haus ist in zwei rechteckige Betonblöcke aufgeteilt, die parallel zueinander stehen, aber von unterschiedlichen Größen und Formaten sind. Im zweistöckigen Block befinden sich der Eingang und die Hauptwohnbereiche, mit einem Schlafzimmer im Ober- und einem minimalistischen Wohnraum im Untergeschoss. In den zweiten, etwas tiefer gelegten Block, gelangt man nur durch einen unterirdischen Gang. Er enthielt ursprünglich eine Folge von Kinderzimmern. Die Innenräume sind – typisch für Ando – extrem reduziert, mit einem Fokus auf Licht, Schatten, Oberflächen und ausgewählte Ausblicke in die Landschaft.

Auf einer Seite des Grundstücks fügte Ando 1984 noch ein größtenteils unterirdisches Atelier hinzu. Eine Umgestaltung des Schlaftrakts erfolgte 2006, da die Kinder der Eigentümer inzwischen erwachsen waren. Dieser Teil des Gebäudes wurde als weitgehend unabhängiges zweistöckiges Gästehaus neu erfunden.

Auch nach dem Umbau bleibt das Koshino Haus ein harmonisch ausgewogenes Ganzes, das zu intensiver Betrachtung einlädt. Es verkörpert eine spezifisch japanische Form des Purismus, die den allgemeinen Trend zur Reduktion stark beeinflusst und auch bereichert hat durch seine Fokussierung auf lebendige Texturen und das Spiel mit dem Licht. Dass dies im Einklang mit dem Ort und Umfeld geschieht, macht Andos Leistung umso bemerkenswerter.

[1] Interview mit Robert Ivy, *Architectural Record*, Mai 2002.
[2] Ebd.
[3] Zitiert in *Tadao Ando: Houses & Housing*, Toto Shuppan 2007.

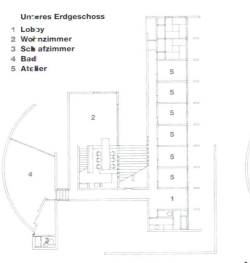

Unteres Erdgeschoss
1 Lobby
2 Wohnzimmer
3 Schlafzimmer
4 Bad
5 Atelier

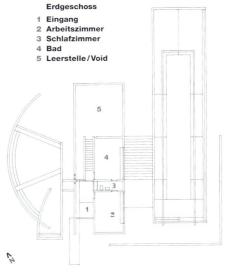

Erdgeschoss
1 Eingang
2 Arbeitszimmer
3 Schlafzimmer
4 Bad
5 Leerstelle / Void

1984

JAN BENTHEM

BENTHEM HAUS ALMERE, AMSTERDAM, NIEDERLANDE

Das Benthem Haus ist ein wichtiges Kapitel in der andauernden Geschichte des Fertighauses. Während des gesamten 20. Jahrhunderts und darüber hinaus haben sich Architekten mit dem Thema Vorfertigung beschäftigt, darunter Jean Prouvé, Richard Buckminster Fuller, Richard Rogers und Shigeru Ban. Die Vorstellung von einem perfekt gestalteten, gut verarbeiteten, langlebigen, kostengünstigen und flexiblen Wohnhaus hat sich als große Herausforderung erwiesen, und nur wenige Prototypen haben es bis zur Serienreife gebracht.

Jan Benthems Fertighaus entstand im Rahmen eines Wettbewerbs für „ungewöhnliche Wohnhäuser", bei dem den fünf Erstplatzierten für die Dauer von fünf Jahren Grundstücke in dem am Weerwater gelegenen Quartier De Fantasie im Amsterdamer Stadtviertel Almere angeboten wurden. In Anbetracht ihrer begrenzten Lebenserwartung unterlagen die Häuser keiner der üblichen baulichen Beschränkungen und Vorschriften – sie sollten im Gegenteil möglichst experimentell sein.

Da die Bauten nach Ablauf der fünf Jahre wieder entfernt und gegebenenfalls recycelt werden sollten, durften sie den Untergrund möglichst wenig beeinträchtigen und mussten leicht und vielseitig verwendbar sein. Benthems kubisches Haus steht auf einer Reihe von Stahlstreben, die in vier unauffälligen Bodenplatten aus Beton verankert sind. Die Front und ein Großteil der Seitenwände sind mit tragendem, armiertem Glas verkleidet, nur die Rückseite ist geschlossen. Die Glasplatten sind mit stabilisierenden Rippen verstärkt, und Stahlzugseile tragen zur Absicherung des Daches bei. Innenwände, Böden und Raumteiler bestehen aus einem mehrschichtigen Material aus Polyurethanschaum, das mit Sperrholz ummantelt ist.

„Dieses Haus besteht aus Fertigteilen", erläutert Benthem, „weil das die beste Methode war, die leichtesten und widerstandsfähigsten Materialien zu bekommen, und weil ich es in sehr kurzer Zeit selbst bauen konnte. Das Gebäude konnte nur begrenzte Zeit auf dem Standort verbleiben und musste deshalb sehr preisgünstig und beweglich sein."[1]

Der Entwurf erinnert an ein etwas ungewöhnliches Schiff mit seinen typischen Schiffsleitern, über die man „an Bord klettert", und mit inneren und äußeren Türen auf der Rückseite, die an Schottwände erinnern. Der Grundriss ist erwartungsgemäß flexibel und schlicht. Den größten Teil nimmt der offene Wohnraum ein, der sich nach vorne mit gläsernen Schiebetüren öffnen lässt, durch die man auf einen erhöhten Balkon gelangt. Auf der Rückseite des Hauses sind eine Reihe von Kabinen angeordnet. Darin befinden sich zwei Schlafräume, ein Bad und eine kleine, kompakte Küche.

„Ich wollte das einfachste Haus bauen, das ich mir vorstellen konnte", so Benthem. „Es sollte leicht, aber widerstandsfähig sein, und ich ließ alles nicht unbedingt Notwendige weg, nicht nur beim Grundriss, sondern auch bei den Materialien und der Ausgestaltung."

Der Wettbewerb erwies sich als derart erfolgreich, dass die Bauwerke an ihrem Standort bleiben durften. Seitdem lebt Benthem mit seiner Familie in dem 65 Quadratmeter großen Haus, wobei ein im Garten aufgestellter Schiffscontainer zusätzlichen Stauraum bietet.

Dass ein solches Leichtgewicht nicht nur die Zeit gut überstehen konnte, sondern sich dazu noch als äußerst praktisch und vielseitig erwies, machte dieses unprätentiöse Haus, das immer so wirkt, als wolle es jeden Moment die Anker lichten, nur noch einflussreicher. Mit seiner klugen Konstruktion und einmaligen optischen Präsenz leistet es weitaus mehr, als seine vorgesehene Lebenszeit je hätte vermuten lassen.

[1] Allison Arieff & Bryan Burkhart, *Prefab*, Gibbs Smith 2002.

Ob Schiff oder Mondlandefähre – die Konstruktion des Benthem-Hauses wirkt leicht und beweglich. Die Anhebung des Baukörpers hat viele Vorteile wie die maximale Nutzung der Aussicht und der Schutz vor Überschwemmungen. Auch die lukenartigen Eingänge lassen an Schiffe, Züge oder Flugzeuge denken.

Die Transparenz und der fließende Charakter des Wohnraums schaffen eine enge Verschränkung von Innen- und Außenraum, die durch den schmalen Balkon entlang der Hausfassade noch verstärkt wird.

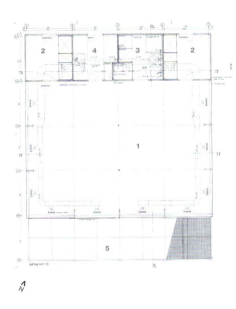

Hauptgeschoss
1 Wohnzimmer
2 Schlafzimmer
3 Bad
4 Küche
5 Balkon

BENTHEM HAUS

1985

PIERRE KOENIG

KOENIG HAUS #2 BRANTWOOD, LOS ANGELES, KALIFORNIEN, USA

Pierre Koenig war ein experimenteller Architekt und in vieler Hinsicht wegweisend. Dank seiner aufregenden, oft fotografierten Häuser mit ihren fließenden Formen und einer tief verwurzelten Verbindung von innen und außen wurde er zu einem der führenden Vertreter der kalifornischen Moderne um die Jahrhundertmitte. Dass er Häuser mit Stahlrahmenkonstruktion der traditionellen Holzbauweise vorzog, ist bekannt, ebenso wie sein Engagement für industrielle Vorfertigung und Herstellung, um erschwingliche, ansprechende Wohnhäuser zu schaffen. Doch heute wird auch sein Beitrag zum Umweltschutz neu bewertet und anerkannt.

Koenigs Häuser kamen ohne Klimaanlage aus und profitierten in vorausschauender Weise von einem klugen Umgang mit Sonnenenergie und natürlichen Kühlsystemen. Energiesparende Maßnahmen gehören mittlerweile zu den Eckpfeilern nachhaltiger Architektur – für Koenig waren es lediglich vernünftige, instinktive Entscheidungen. Er achtete sehr auf Standort und Positionierung seiner Bauten. Dazu gehörten genaueste Berechnungen der Sonnenstände im Tagesverlauf und Wechsel der Jahreszeiten ebenso wie eine Analyse der thermischen Verhältnisse. Er stellte sicher, dass seine Häuser stets so platziert und mit Fenstern versehen waren, dass jede Überhitzung durch Sonnenwärme vermieden wurde, und setzte auf natürliche Belüftung, um sie im Sommer kühl zu halten.

Diese Ideen entwickelte er in seinen beiden vielfach publizierten Case Study Houses #21 und #22 im Rahmen von John Entenzas Case-Study-House-Programm. Das Case Study House #21, auch Bailey Haus genannt, war ein extrem transparentes Haus mit einem offenen Grundriss, jedoch so konzipiert, dass es die Sonne im Sommer abhielt und die Sonnenwärme im Winter speicherte. Flache Wasserbecken rund ums Haus sollten durch Verdunstungskälte ebenfalls zur Kühlung beitragen. Fallrohre unterstützten dabei das System, indem sie die Becken vom Dach her auffüllten. Dies war keineswegs eine neue Idee, doch ihre Anwendung in einem so modernen Kontext durchaus wegweisend.

Als Koenig in den 1980er-Jahren für sich und seine Frau Gloria ein Haus in Brantwood bauen wollte – bereits das zweite für den Eigenbedarf – hatte er seine Ideen zur natürlichen Belüftung und Schaffung eines häuslichen Mikroklimas noch weiterentwickelt. Der Entwurf berücksichtigt das schmale Grundstück und die Notwendigkeit, in alle Bereiche des Hauses Tageslicht einfallen zu lassen, dabei aber die Kraft der nachmittäglichen Sonne zu mildern. Zur Straße hin plante Koenig ein eingeschossiges Atelier mit Büro, das vom übrigen Haus durch einen begrünten Innenhof separiert war. Danach legt das Gebäude an Höhe zu, indem es erst auf zwei Geschosse ansteigt und sich dann zu einem Atrium von dreifacher Deckenhöhe öffnet – dem Dreh- und Angelpunkt des Hauses, von dem alle übrigen Wohnräume abgehen. Im Erdgeschoss befinden sich die Küche, das Esszimmer und die Bibliothek, im ersten Stock die Schlafräume, das Bad und ein Arbeitszimmer. Eine Brücke verbindet die Räume zu beiden Seiten des Atriums. Dieses setzt sich über alle Räume hinaus nach oben fort und schließt mit einem Oberlichtband und einer mit Aluminium beschichteten Decke ab.

Die Kühlung des Hauses geht in erster Linie vom Atrium aus. In einem natürlichen Belüftungszyklus saugt ein Winddurchlass im Untergeschoss Außenluft an, während offenstehende Fenster oben im Atrium warme Luft nach außen abziehen. So bleibt das mit Aluminium verkleidete Haus den ganzen Sommer über kühl.

Das dreistöckige Wohnzimmer-Atrium mit der Küche auf der einen und dem Musikzimmer auf der anderen Seite fungiert als ausgeklügelter Lüftungsschacht und bildet das spektakuläre Zentrum des Hauses.

Diese energiesparenden Maßnahmen gehen hier Hand in Hand mit einem anspruchsvollen, zugleich fließenden und leicht veränderbaren Grundriss sowie einem gründlich durchdachten Bauverfahren, das es ermöglichte, den vorgefertigten Stahlrahmen innerhalb nur eines Tages komplett zu errichten.

„Ehe Pierre zu zeichnen anfing, dachte er erst mal ein Jahr lang über das Gebäude nach", erklärt Gloria Koenig dazu. „Seine Arbeit war unglaublich präzise und poetisch: Er verschweißte Stahl, um eine Art goldene Mitte zu formen. Das Haus strahlt eine gewisse Gelassenheit aus, die jeder an diesem Ort empfindet."

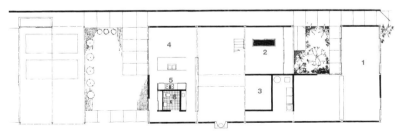

Erdgeschoss

1. Atelier
2. Empfangszimmer
3. Bibliothek
4. Esszimmer
5. Küche
6. WC

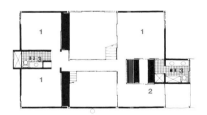

Obergeschoss

1. Schlafzimmer
2. Arbeitszimmer
3. Bad

1988

CHARLES CORREA

HAUS IN KORAMANGALA BANGALORE, INDIEN

„In Indien hat der Himmel unser Verhältnis zur gebauten Form und zum offenen Raum stark beeinflusst", sagte Charles Correa einmal. „Denn in einem warmen Klima hält man sich am späten Abend und am frühen Morgen am besten draußen auf, unter freiem Himmel. Daher war das Symbol für Bildung für uns in Asien nie das kleine, rote Schulhaus Nordamerikas, sondern der Guru, der unter einem Baum sitzt. Wahre Erleuchtung lässt sich nicht in einem geschlossenen Raum erlangen, sondern nur draußen, unter freiem Himmel."[1]

Für Correa waren Terrassen, Veranden und Innenhöfe wesentliche architektonische Stilmittel – ob für Einfamilienhäuser oder kostengünstige Wohnprojekte in größerem Maßstab, denen er sich häufig widmete. Seine hohe Wertschätzung des Außenraums galt für die anspruchsvollsten und einfachsten Gebäude gleichermaßen.

Auch wenn ihn vor allem die traditionelle indische Architektur geprägt hat, haben ihn doch auch westliche Ikonen wie Le Corbusier deutlich inspiriert. Wie Luis Barragán und Ricardo Legorreta in Mexiko ist Correa einer der großen regionalen Modernisten, deren Bauten ganz spezifische Antworten sind auf Klima, Geschichte, Materialien, Farben und die Handwerkskunst ihres eigenen Landes.

All dies kommt in Correas Haus und Atelier in Koramangala zum Ausdruck. Die enge Verflechtenheit vom Leben drinnen und draußen ist eines der Kernthemen des Gebäudes. Der Architekt orientierte sich am Beispiel traditioneller Hinduhäuser in Tamil Nadu und Goa, die um einen kleinen bepflanzten Innenhof herum angeordnet sind. Dieser Hof ist nicht nur die zentrale Schnittstelle für die Wegführung und Erschließung des Hauses, sondern bringt auch Licht und frische Luft in die umliegenden Räume.

Correa benötigte Platz für ein Atelier und ein Büro, sodass ein Teil des Hauses ganz der Arbeit vorbehalten war und der andere als Wohnraum diente. Auch nach Baubeginn nahm die Familie noch eine Reihe von Änderungen an den Plänen vor, sodass sich die Entwürfe immer weiterentwickelten. „Das Einzige, was sie gemein hatten, war der Hof im Zentrum. Der veränderte sich nie, und dies schien es dem Drumherum zu ermöglichen, sich bis zum Schluss immer wieder zu verwandeln."[2]

Der regionale Einfluss ist offensichtlich, vor allem aber ist es ein Haus, das Tradition und Moderne miteinander verschmilzt. Und es wird noch eine spirituelle Ebene spürbar, symbolisiert durch die emotionale Bedeutung des Innenhofs und des „Kunds" – einer abstrakten heiligen Stätte aus kubistischen Granitblöcken in unmittelbarer Nähe. Die inspirierendsten und bedeutendsten Bauten gründen oft auf derart außergewöhnlichen Kombinationen.

[1] Zitiert in *Charles Correa,* Thames & Hudson 1996.
[2] Ebd.

Das Haus in Koramangala ist größtenteils einstöckig bis auf zwei Gebäudeteile mit Obergeschoss, in denen sich weitere Schlafzimmer befinden. Zentrale Bereiche wie der Wohnraum öffnen sich zum Innenhof, der von einer großen Champaka – eine Magnolienart – belebt wird. Als offener Wohnbereich zählt auch der Garten, der das Haus rundum umgibt, ein weiterer Dachgarten und eine von Wohnraum und Schlafzimmer ausgehende Veranda.

Hauptgeschoss

1. Büro
2. Raum des Architekten
3. *Kund*
4. Atelier
5. Hof
6. Ess-/Konferenzzimmer
7. Schlafzimmer
8. Bad
9. Wohnzimmer
10. Küche
11. Webstube
12. Veranda
13. Angestelltenbereich

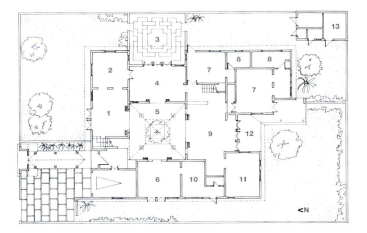

1989

JOHN PAWSON & CLAUDIO SILVESTRIN

NEUENDORF HAUS MALLORCA, SPANIEN

John Pawson und Claudio Silvestrin haben sich einen Namen gemacht als führende Architekten des Minimalismus. Dieser um architektonische Reinheit bemühte Ansatz ist weitgehend frei von Ornament, Dekoration und jeder Form von Überladenheit. Den Minimalisten geht es um die Reduktion auf das Wesentliche – die grundlegenden Linien, Proportionen und den Rhythmus eines Gebäudes, aber auch einen wertschätzenden Sinn für die Struktur und Qualität von Materialien und Texturen.

Aus naheliegenden Gründen kommt der minimalistische Stil besonders Kunstgalerien, Modegeschäften und Sakralräumen entgegen, wo er zu einem neutralen, gleichwohl durchdacht konzipierten Hintergrund wird. Aber er fand seinen Weg auch in die Wohnarchitektur, vor allem in den 1990er-Jahren, als sich die Bewegung auf ihrem Höhepunkt befand. Besonders Pawson galt als Befürworter einer Architektur der klaren Form und einer präzise definierten Lebensart, die das häusliche Reich auf das Allernotwendigste reduzierte und einer japanisch inspirierten Stille und Ordnung frönte. Nach den als exzessiv und übertrieben empfundenen Stilübungen der 1980er-Jahre konnte die minimalistische Philosophie mit ihrer Nüchternheit und Strenge an Boden gewinnen, zumal sie zugleich besonderen Wert legte auf ein geschärftes Bewusstsein für Designqualität.

Ende der 1980er-Jahre taten sich Pawson und Silvestrin für eine kurze Zeit zusammen und führten gemeinsam ein Architekturbüro, ehe jeder wieder seiner eigenen Wege ging. Der Höhepunkt ihrer Kooperation war ein Haus auf Mallorca für den deutschen Kunsthändler Hans Neuendorf und seine Familie. Neuendorf wünschte eine ganz andere Art von Ferienhaus als die traditionell-rustikalen Gebäude, die seinerzeit auf den Balearen beliebt waren.

„Um das Haus von den Bürokraten genehmigt zu bekommen, mussten wir zunächst anfangen, im rustikalen Stil zu bauen, der eigentlich überhaupt kein

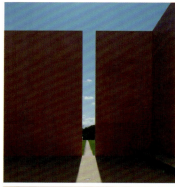

Stil, sondern eine Form von Kitsch ist", erläutert Neuendorf dazu. „Dann kam es während der Bauzeit zu zahlreichen Änderungen. Unter anderem bestand ich auf Fenstern in den Schlafzimmern, die Pawson und Silvestrin nicht für nötig hielten. Wir einigten uns schließlich auf sehr kleine Fenster."

Das so entstandene Haus ist, ähnlich wie ein abstraktes Kunstwerk, auf eine Reihe grundlegender Elemente reduziert, wobei es vor allem auf die Qualität des Lichts ankam. Der Bau bildet im Wesentlichen einen großen, mit Öffnungen versehenen Kubus inmitten von Mandel- und Olivenbäumen. Eine Reihe von Stufen führt zu einer schmalen Eingangstür in einer monumentalen Wand. Durch sie gelangt man in einen Innenhof, der zugleich einen Großteil der Fläche des Erdgeschosses einnimmt. Der Hauptwohnraum befindet sich auf einer Seite des Innenhofs, die Schlafräume im darüberliegenden Geschoss.

Der Außenputz wurde mit ockerfarbenem Pigment vermischt, um das Gebäude an seinen ländlichen Standort anzupassen und ihm einen natürlichen Charakter zu verleihen. Für den Fußboden im Haus und für eigens angefertigte Tische und Bänke wurde heimischer Sandstein verarbeitet. Nach einigen Jahren ergänzte Silvestrin das Anwesen um einen abgesenkten Tennisplatz parallel zum Zugangsweg des Hauses.

„Wir haben sehr eng zusammengearbeitet und um jedes Detail gestritten", erinnert sich Neuendorf. „Aber die Hauptelemente des Entwurfs, wie die Platzierung des Pools und die Idee der 110 Meter langen Mauer, die das Land vom Garten trennt, ebenso wie der abgesenkte Tennisplatz, waren Ideen der Architekten. Durch das Fehlen von visuellem Lärm umgibt das Haus eine wunderbare Ruhe und Gelassenheit, und es erlaubt zugleich ein dramatisches Lichtspiel. Es ist ein spirituelles, kein prosaisches Gebäude."

Die monumentale Schlichtheit des Baus erinnert sehr an das Werk von Luis Barragán und Ricardo Legorreta. Haus Neuendorf ist ein Schlüsselprojekt in der Laufbahn seiner Architekten und bleibt ein oft imitiertes Vorbild für das abstrakte, reduzierte moderne Wohnhaus.

Ein schmales Schwimmbecken scheint direkt aus der Hauswand zu kommen und wird durch die größte Öffnung des Baukörpers in den ummauerten Hof „hineingeschoben". Andere Öffnungen, besonders im Obergeschoss, sind wie sauber in die Wand geschnittene, horizontale Schlitze.

Verglichen mit dem Gesamtgrundriss des Gebäudes, in dessen Mittelpunkt der Innenhof steht, ist der geschlossene Wohnbereich relativ klein. Im Inneren des Hauses setzt sich die minimalistische Ästhetik fort.

Lageplan
1 Zweistöckiges Haupthaus
2 Schwimmbecken
3 Tennisplatz

Erdgeschoss

Obergeschoss

1989

ANTTI LOVAG

PALAIS BULLES THÉOULE-SUR-MER, CANNES, FRANKREICH

Von oben betrachtet, ähnelt der Palais Bulles einem seltsamen Seeungeheuer mit blinzelnd-blinkenden Augen auf dem Weg zurück in den Ozean. Das Haus besteht aus einer riesigen Ansammlung organisch gerundeter Kapseln oder Muscheln, übersät mit Oberlichtern und „Oculi", und scheinbar rundgeschliffen von den Wellen des Mittelmeers, auf das es blickt. Sein Architekt, der in Finnland geborene Antti Lovag, studierte ursprünglich Schiffsbau, und so fließt einiges an Fachsprache in seine Beschreibung der Bauwerke mit ein. Doch das Palais hat – wie Lovags andere unverwechselbare Kapselhäuser – nicht wirklich etwas spezifisch Nautisches an sich.

Zusammen mit Pascal Häusermann und Charles A. Haertling zählt Antti Lovag zu den Pionieren einer meist mit den 1960er- und 1970er-Jahren assoziierten futuristischen Spielart organischer Architektur, die es ablehnte, sich vom rechten Winkel oder den Dogmen des Internationalen Stils einschränken zu lassen. Stattdessen suchte man Inspiration in der Natur. Lovags vorwiegend in Südfrankreich realisierte Kapselhäuser erinnern an Iglu-Dörfer oder die Wohnhöhlen der Troglodyten. Sie waren Teil einer ganzen Lebensphilosophie, derzufolge Kurven die im ergonomischen Sinne komfortabelsten Wohnhäuser hervorbringen.

„Ich begann, über improvisierte Gebäude nachzudenken, vor Ort zusammengeflickt und an die Wünsche einer bestimmten Person oder an deren Vorstellung von einem Haus angepasst",

erklärte Lovag. „Statt mit vorgefertigten Platten zu bauen, fing ich an, mit Tragwerken zu experimentieren, die man verbiegen und verändern konnte, und mit Verfahren zum Auskleiden mit Beton. Auf diese Weise konnten Formen wieder bewegt werden."[1]

Anfang der 1970er-Jahre begann er mit dem Entwurf des Palais. Das Grundstück lag zwischen Cannes und St. Raphaël, in bester Hanglage und mit Blick auf die Côte d'Azur. Auftraggeber war ein Industrieller, der noch vor der Fertigstellung verstarb. Der Modeschöpfer Pierre Cardin stieg daraufhin in das Projekt mit ein und sorgte in gewohnt exzentrischer Weise dafür, dass die Arbeit am Haus mit 28 Schlafzimmern fortgeführt wurde. „Mich haben schon immer Kreise, Himmelsgewölbe und Satelliten fasziniert", erklärte er. „Als ich von dem Vorhaben hörte, ein Haus zur Gänze aus runden Flächen zu bauen, wusste ich, dass es perfekt zu meinem Universum passen würde."[2]

Cardin sah in seinem unkonventionellen Lustschloss ein Kunstwerk aus menschlichen Kurven, Gliedmaßen und Augäpfeln, und tatsächlich hat das Haus etwas durch und durch Surreales. Aufgrund seiner fließenden Form – es erstreckt sich über 1500 Quadratmeter auf einem noch viel größeren Grundstück –, war es erforderlich, einen Großteil der Einrichtung nach Maß anzufertigen. Vieles entwarf Cardin selbst. Die Farbigkeit bewegt sich zwischen erdigen Braun- und Rottönen, die sehr schön mit dem Blau des Meeres und der Pools kontrastieren. Obwohl die Bauarbeiten am Palais 1975 zu Ende waren, erklärte Cardin sie erst 1989 offiziell für abgeschlossen, nachdem noch ein Freilufttheater hinzugekommen war.

Das Palais Bulles ist der ultimative Ausdruck jener idealistisch-futuristischen Variante der organischen Architektur des 20. Jahrhunderts, die inzwischen aufgegangen ist in einer sehr viel breiteren Beschäftigung mit dem Zusammenspiel von Architektur und Umwelt, Landschaft und Natur.

[1] Zitiert in „Vive la Différence" von Bruno de Laubadre, *Interior Design,* Januar 2002.
[2] Zitiert in „Double Bubble" von Jonathan Wingfield, *GQ,* September 2000.

Der im großen Maßstab errichtete und mit Bullaugen und ovalen Öffnungen ausgestattete Palais Bulles erscheint wie eine subversive, organisch in die Landschaft eingelassene Skulptur.

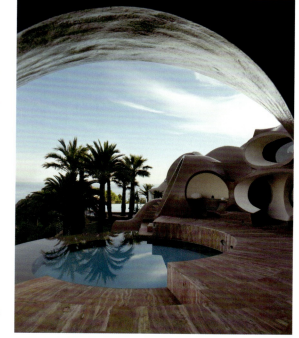

Der Infinitypool verleiht dem Baukörper zusätzlich eine surreale und abstrakte Wirkung. Im Inneren führte die kreative Zusammenarbeit zwischen Lovag und Cardin zu einer ebenso unerwarteten Ausstattung.

1991

RICARDO LEGORRETA

GREENBERG HAUS LOS ANGELES, KALIFORNIEN, USA

Der in Mexiko geborene Ricardo Legorreta war Vertreter einer regionalen Architektur, die Einflüsse aus der vorspanischen und kolonialspanischen Zeit verarbeitete, sich aber zugleich auf die Grundsätze der Moderne bezog. Seine Gebäude kombinieren architektonische Vorbilder wie Hacienda, Pueblo oder Hofhaus mit einem typisch mexikanischen Sinn für Monumentalität und leuchtende Farbigkeit.

„Meine Arbeit ist stark von der mexikanischen Kultur beeinflusst", sagte Legorreta einmal, der Luis Barragán und José Villagrán García zu seinen Mentoren zählte. „Manchmal sind es oberflächliche Dinge wie Farbe oder Verputz, aber es geht auch weit darüber hinaus. Zu den typisch mexikanischen Elementen gehört für mich der Umgang mit großen Maßstäben. In Mexiko gehen zwei Kulturen eine Verbindung ein, die hispanische und die indianische, was zu einem ganz besonderen Gespür für Maßstäbe geführt hat. Wir sind an weite, bisweilen furchterregend weite Räume einfach gewöhnt."

Legorretas unverkennbar individueller Stil zeigte sich bereits früh an seinem Entwurf des Hotels Camino Real in Mexiko-Stadt – und das gleich in großem Maßstab. Hier begegnete man nicht nur gewaltigen Räumen, majestätischen Innenhöfen, großflächig strukturierten Wänden und einer sprühenden Farbigkeit, sondern auch einem absolut meisterhaften Umgang mit Licht. All dies sollte sich später auch in Legorretas Wohnbauprojekten in Mexiko und Kalifornien zeigen.

Das Greenberg Haus entstand für den Rechtsanwalt Arthur N. Greenberg und seine Familie. Es vereint im Grunde genommen zwei Traditionen in einem Gebäude. Auf der Vorderseite umrahmt ein unregelmäßiger, zweigeschossiger Bauteil einen mit Palmen und Kakteen bepflanzten Hof mit einer Reihe sandfarbener Mauern, durch deren schmale Öffnungen das Licht einfällt. Während das Haus sich nach vorne geschlossen präsentiert, öffnet es sich auf der Rückseite um so mehr und schafft so eine starke Verbindung zwischen Gebäude, Terrassen, Pool und Gärten.

Das Haus wird seitlich von zwei Türmen flankiert, die eine Bibliothek und ein Studio enthalten. Sie sorgen zudem für eine geschützte Lage der zentralen Terrasse, die vom Hauptwohnraum aus leicht erreichbar ist. Stufen führen von dort hinunter zum Wasserbecken und dem unteren Garten, den Mia Lehrer gestaltet hat.

Greenberg dazu: „Zwischen drinnen und draußen herrscht eine wunderbare Dynamik, die uns viel Freude macht. Wir haben hier eine unglaubliche Lichtqualität, wunderbare Farben, überraschende Ausblicke und eine sehr warme, angenehme Atmosphäre. Dank der perfekten Landschaftsgestaltung fühlen wir uns, als liefen wir durch einen Garten, selbst wenn wir im Hausinneren sind."

Hinsichtlich seines Grundrisses erscheint das Haus wie ein sehr komplexes Gebäude voller Ideen, doch von seiner Ausstrahlung her ist es – wie oft in der mexikanischen Architektur – von großer Schlichtheit, Zurückhaltung und, ja, Erhabenheit – evoziert durch den rechten Maßstab und eine perfekte Linienführung statt durch extravagante Oberflächen oder teure Materialien.

Vielleicht besteht das Besondere des Greenberg Hauses gerade darin, dass es nicht jedes Geheimnis auf Anhieb offenbart, sondern dazu einlädt, es schrittweise zu entdecken und sich entfalten zu lassen – mit seinem rätselhaften Eingang, den Zwillingstürmen und offenen Räumen, der lebendigen Topografie seines Gartens. „Wir lieben Überraschungen, lieben Geheimnisse", sagte Legorreta. „Sogar in unserer Art zu leben, sind wir hier in Mexiko eigentlich unergründlich."

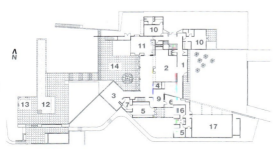

Erdgeschoss

1. Eingang
2. Wohnzimmer
3. Esszimmer
4. Bar
5. Küche
6. Waschraum
7. Vorratskammer
8. Toilette mit Waschbecken
9. Frühstückszimmer
10. Schlafzimmer
11. Mehrzweckraum
12. Pool
13. Whirlpool
14. Terrasse
15. Schlafraum, Angestellte
16. Wohnraum, Angestellte
17. Garage

Obergeschoss

1. Schlafzimmer
2. Kammer
3. Bad
4. Trainingsraum
5. Bibliothek
6. Studio

Die durchbrochene Wand ist ein wiederkehrendes Motiv in Legorretas Bauten. Die hohen, schmalen Fensterschlitze erzeugen einen visuellen Rhythmus und schaffen auf der Innenseite spielerische Lichteffekte.

GREENBERG HAUS

Zur Rückseite hin öffnet sich das Gebäude auf spektakuläre Weise. Alle Wohnräume führen direkt hinaus auf die Terrassen, zu den Gärten und dem Pool. Die beiden seitlich angelegten Zwillings-türme halten die dynamische Form des Hauses zusammen.

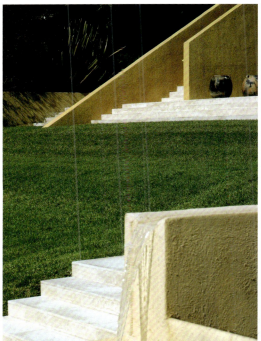

1992

ALBERTO CAMPO BAEZA

CASA GASPAR ZAHORA, CÁDIZ, SPANIEN

Man hat das Werk von Alberto Campo Baeza dem Minimalismus zugeordnet, doch der Architekt ist mit dieser Bezeichnung keineswegs einverstanden. Er bevorzugt den Begriff „Wesenhaftigkeit", der eher auf die inhärente Vielfalt verweist, die seinem Design zugrunde liegt, und auf sein Gespür für Kontext und Komposition.

Campo Baeza spricht von „Mehr mit weniger" statt „Weniger ist mehr" – ein Mehr, das den Menschen und die Komplexität seiner Kultur ins Zentrum der geschaffenen Welt rückt, ins Zentrum von Architektur. Und ein Weniger, das – alle Fragen des Minimalismus einmal beiseite gelassen – die Essenz eines Entwurfs herausarbeitet, indem es eine bestimmte Anzahl von Elementen dazu verwendet, Ideen in greifbare Realität umzusetzen."[1]

Man könnte auch sagen, dass Campo Baezas Arbeit zwar das Ergebnis eines reduzierten Ansatzes sein mag, dass er aber im Grunde seines Herzens ein Romantiker ist mit einer ganz klar poetischen Vorstellung von Raum und Form. Seine Entwürfe bemühen sich besonders darum, das Licht einzufangen und zu filtern und so eine moderne Variante des makellos weißen, spanischen Wohnhauses zu schaffen.

Casa Gaspar entstand in einem Orangenhain nahe Cádiz. Der Architekt musste mit einem knappen Budget arbeiten und den Wunsch nach Privatsphäre und Abgeschlossenheit ebenso berücksichtigen wie ein Bedürfnis nach Offenheit, Licht und einem fließenden Übergang zwischen innen und außen.

Bauherr war ein Lehrer, dem vor allem an Zurückgezogenheit gelegen war. Campo Baeza schlug einen Pavillon in einem ummauerten Garten vor – eine Lösung, die auf die klassische Anlage iberischer und nordafrikanischer Gehöfte und geheimer Gärten zurückging, jedoch in einer zeitgemäßen Umsetzung. Hohe weiße Mauern (3,5 Meter hoch und 18 Meter lang) umrahmen ein quadratisches Grundstück, das man durch eine schlichte Tür in der Ostwand betritt. Innerhalb der Anlage legte der Architekt ein regelmäßiges Raster an, in dessen Zentrum sich der Pavillon befindet. Kernstück des schlichten Baus ist ein Wohn- und Essraum mit imposanter Deckenhöhe. Je auf einer Seite schließen sich zwei kleinere Räume an, die als Schlafzimmer und Küche dienen. Der Pavillon ragt über die Mauer der Anlage hinaus und öffnet sich nach beiden Seiten zu überdachten Terrassen.

Die sauber verputzten Mauern, der klare Umriss und die von innen nach außen durchgängig fortlaufenden Steinböden schaffen einen Ort kontemplativer Ruhe. „Ich wollte den Geist andalusischer Häuser wachrufen", sagt Campo Baeza, „wie ein Schatten zwischen zwei Patios, der vom Licht gekreuzt wird. Alles wird bedeutsam, wenn man die Zahl von Komponenten reduziert – Licht, Schatten, weiße Wände, Wasser, Bäume. Man kann nichts davon weglassen."

Dieses kleine, doch höchst einflussreiche Haus prägte das Image des Architekten und führte zu weiteren Experimenten in einer Reihe von Häusern, die dem Entwurf der Casa Gaspar viel verdanken. Auch bei Campa Baezas Casa De Blas, Casa Ascencio, Casa Guerrero und anderen steht ein von Mauern geschützter Pavillon im Zentrum. Auch sie spielen mit den Gegensätzen von Licht und Schatten, Solidität und Transparenz, Offenheit und Geschlossenheit, Anonymität und Öffentlichkeit.

Häuser wie diese haben den Stil des zeitgenössischen, iberisch-mediterranen Wohnhauses neu definiert. Sie sind die aktualisierte Version des klassischen Rückzugsorts und eines frei in der Landschaft stehenden Traumes ganz in Weiß. Die kultivierte Schlichtheit dieser Gebäude ist eine erfrischende Alternative zu den Exzessen der spanischen Küstenbebauung.

[1] Zitiert in Antonio Pizza, *Alberto Campo Baeza: Works and Projects,* Gustavo Gili 1999.

Die Außenmauern verleihen dem Gebäude etwas Geheimnisvolles, da sich seine Funktion von außen nicht erschließt.

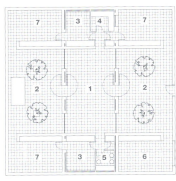

Hauptgeschoss
1 Wohn-/Esszimmer
2 Hof
3 Schlafzimmer
4 Küche
5 Bad
6 Garage
7 Hof

CASA GASPAR

Das Haus bietet ein Maximum an Privatheit und lädt zugleich zu Entdeckungen ein, da sich das geschützte Anwesen erst auf dem Weg über den Hof und die Terrassen bis zum Pavillon in seiner ganzen Schönheit entfaltet und erschließt.

CASA GASPAR

CASA GASPAR

1992

SIMON UNGERS

T-HOUSE WILTON, SARATOGA SPRINGS, NEW YORK, USA

Die Beziehung zwischen Kunst, Architektur und einem Zuhause ist komplex – und das umso mehr, wenn es dabei um ein Gebäude geht, dass ebenso sehr skulpturales Kunstwerk ist wie Lebensraum. Der Architekt Simon Ungers arbeitete mit Vorliebe im undefinierten Grenzbereich zwischen Wohnbau und Skulptur, Kunst und Architektur und profitierte als Architekt *und* Künstler stets von einem radikalen wechselseitigen Austausch der Ideen zwischen beiden Disziplinen. Seine gelungensten Bauten – das T-House und später das Cube House – sind abstrakte, solitäre Kunstwerke in extremen Landschaften, die wie gigantische Exponate in einem Skulpturenpark wirken.

Das in einer waldigen, ländlichen Gegend im Norden des Staates New York errichtete T-House hat die Form eines riesigen, dreidimensionalen Kreuzes, das zum Teil in die Erde gerammt und mit Platten aus rostigem Cortenstahl verkleidet ist. Die schützende, korrodierte Rostschicht lässt es wie eine Skulptur von Richard Serra erscheinen und verleiht ihm trotz seiner industriellen Optik eine organische Note, die es mit seiner natürlichen Umgebung verbindet.

Das Haus wurde für den Autor und Hochschullehrer Lawrence Marcelle und seine Frau entworfen. Marcelle wünschte sich eine ländliche Zuflucht, in der er seine riesige Bibliothek von 10 000 Bänden unterbringen konnte. Für den nach diesen Vorgaben entstandenen Bau arbeitete Simon Ungers mit seinem Kollegen Tom Kinslow zusammen.

Der Unterbau des Gebäudes ist als langgestreckter, loftartiger Raum konzipiert. Dieses Erdgeschoss hat weitgehend den Charakter eines offenen Großraums, wenngleich es durch einen Kamin, eine Küche und andere Einbauten andeutungsweise in vier Bereiche unterteilt ist. Die Bibliothek mit doppelter Raumhöhe befindet sich im Obergeschoss, das T-förmig über das Untergeschoss auskragt und dank einer Reihe schmaler, hoher Fenster weite Ausblicke über die Waldlandschaft bietet. Die Bücher sind aus Schutz vor dem Sonnenlicht in den „Käfigen" einer Hochgalerie untergebracht. Das Dach des darunterliegenden Haupthauses lässt sich betreten und als Terrasse nutzen.

„Ich wollte ein Haus, das eine Art Schutz und Distanz gegenüber der Außenwelt bietet", sagt Marcelle. „Ich wollte es als Ort zum Leben und Arbeiten und bat Simon dafür zu sorgen, dass sich Wohn- und Arbeitsbereiche deutlich voneinander unterscheiden, und der Bau sollte ruhig etwas ungewöhnlich ausfallen. Das Gebäude zeigt auch, dass unser Verständnis von einem Haus nichts Feststehendes, Etabliertes ist, sondern etwas, das für kontroverse Ansichten offen ist. Da das Wort ‚Zuhause' in unserer Sprache stark emotional besetzt ist, handelt es sich dabei um keine triviale Überlegung."

Das T-House ist beispielhaft für die große Begabung und den Ideenreichtum eines Architekten, dessen Laufbahn tragischerweise ein vorzeitiges Ende fand. Es erwies sich in vieler Hinsicht als sehr einflussreich. So war es als eins der ersten Cortengebäude in den USA das perfekte Vorbild für Architekturbüros wie Shim-Sutcliffe und Messana O'Rorke, die fortfuhren, die ästhetische Kraft und Schönheit des Materials zu erkunden. Außerdem passte das Haus genau zu einer neuen, kunsttheoretischen Richtung der Architektur, die gegen Ende des 20. Jahrhunderts aufkam und der Abstraktion seitdem neue Bereiche erschlossen hat, während sie den Leitsatz „form follows function" infrage stellte.

Heute erkennt man die Kraft der Abstraktion – und des plastischen Minimalismus – in der „häuslichen" Architektur von Mathias Klotz, Bearth & Deplazes, Pezo von Ellrichshausen und anderen. Auch hier führt Abstraktion in Verbindung mit einer extremen oder außergewöhnlichen Landschaft dazu, die Intensität der Aussage noch zu steigern.

Angesichts seines monumentalen Charakters ist es umso erstaunlicher, dass das T-House seine Aufgabe als wohnliches Zuhause und Arbeitsplatz so erfolgreich erfüllt. „Ich habe unterschätzt, wie imposant der fertige Bau sein würde", sagt Marcelle. „Manche Besucher wiederum waren erstaunt darüber, wie warm es innen anmutet, und dass man sich beim Betreten eines Hauses aus Stahl so geborgen und sicher fühlen kann."

In gewisser Weise wird die imposante Form des T-House mithilfe von Büchern definiert. Der Querriegel des mit Stahlblech ummantelten Gebäudes wird von der Bibliothek und dem Arbeitszimmer beherrscht. Zugleich eröffnet die erhöhte Lage der Bibliothek Ausblicke in den Wald – als stünde der Betrachter inmitten eines Baldachins aus Bäumen.

Das geniale Konzept der Bibliothek mit doppelter Raumhöhe ermöglicht es, Bücher in der Hochgalerie unterzubringen, während der untere Bereich frei bleibt. Der Hauptteil des Hauses ist schlicht gestaltet und zeichnet sich durch die Offenheit und halbindustrielle Ästhetik von Loftwohnungen aus.

Eingangsbereich

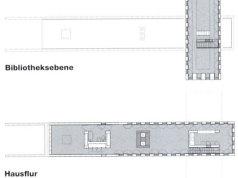

Bibliotheksebene

Hausflur

1993

ERIC OWEN MOSS

LAWSON-WESTEN HAUS BRENTWOOD, KALIFORNIEN, USA

Als Meister der verdrehten Geometrie entwirft Eric Owen Moss Gebäude von skulpturalem und abstraktem Charakter. Seine schwer zu fassenden und einzuordnenden Bauten sind ausgesprochen einfallsreich und originell. Als versierter Dekonstruktivist setzt sich Moss immer wieder über Konventionen und Erwartungen hinweg, indem er die einzelnen Komponenten seiner Bauten immer wieder überdenkt und sie zu ungewohnten Kombinationen neu zusammensetzt.

Angesichts einer Vielzahl von Projekten in Culver City, einem ehemaligen Industriegebiet südwestlich von Los Angeles, und Aufträgen für Großbauten sind Wohnhäuser bei Moss eher die Ausnahme. Sein Lawson-Westen Haus, das die traditionelle kalifornische Architektur der Moderne unterwandert und bei dem er allen Ehrgeiz daran gesetzt hat, neue Formen und Lebensformen zu schaffen, sollte jedoch eine große Wirkung zeigen. In Anlehnung an die sogenannte L. A. School – ein Begriff, der die formalen Experimente von Frank Gehry, Morphosis und anderen bezeichnet – deutet die Vorgehensweise von Moss auf einen Paradigmenwechsel innerhalb der Architektur hin, der eine Befreiung der Form propagiert auf der Basis neuester technologischer Entwicklungen, neuer Materialien und einer grenzenlosen Vorstellungskraft.

Das Lawrence-Westen Haus in Brentwood wurde von Linda Lawson und Tracy Westen als Familienheim in Auftrag gegeben. Ein wesentlicher Faktor bei dem vierjährigen Bauvorhaben bestand darin, dass sich die Auftraggeber die Küche als zentralen Ort des Gebäudes wünschten. Während dieser Raum bei vielen modernen amerikanischen Wohnhäusern wegen des leichteren Zugangs nahe bei der Garage liegt, platzierte Moss die Küche ins Zentrum, so dass sämtliche anderen Räume bei einem weitgehend offenen Grundriss sternförmig von ihr ausgehen.

Doch Lawson und Westen hatten noch weitere Bedingungen: „Wir erklärten dem Architekten, dass wir kein langweiliges Haus wollen. Es sollte Spaß machen, warm und optisch anregend, ja auch ein bisschen aufregend sein. Wir wünschten uns ein Gebäude, das selbst ein Kunstwerk ist und keine Folge von Kästen oder Räumen zum Aufhängen von Kunst. Wir wollten im Inneren eines skulpturalen Werkes wohnen."

Moss entwarf das Haus als Parallelogramm, in dessen Zentrum sich ein großer Kreis – die Küche – schiebt. Dieser Kreis geht nach oben in einen hoch aufragenden Zylinder über, der von Brücken, Treppen und Trägern durchzogen ist. Um den Zylinder herum konzipierte Moss ein zwei- bis dreistöckiges Wohnhaus mit vier Schlafräumen und einer starken Anbindung ans Gartengelände.

Während der 18-monatigen Entwurfsphase wurde der Auftrag erheblich modifiziert, indem noch ein Esszimmer und ein weiterer Schlafraum hinzukamen und der Wohnraum verschoben wurde. Materialien wie Beton, Glas und Birke ergänzten Ausstattungselemente wie den stählernen Kamin im Wohnraum und betonten so zusätzlich den halbindustriellen Charakter des Gebäudes. Die unregelmäßig angeordneten Fenster sorgen für Lichtspiele in den Hauptwohnbereichen und rahmen die Gartenansicht.

Dieses ausdrucksstarke, maßgefertigte Haus ist das Ergebnis einer sehr persönlichen Zusammenarbeit von Architekt und Auftraggebern. „Es gibt nur sehr wenige Kunstrichtungen, bei denen sich der ‚Sponsor' am kreativen Prozess beteiligen kann", so Lawson und Westen. „Ein Haus fordert jedoch zur Mitarbeit auf, weil man darin wohnen muss. Die Zusammenarbeit mit Eric war eine der großartigsten Erfahrungen unseres Lebens."

Auftraggeber Lawson und Westen über Moss' komplexe und wahnwitzige Komposition: „Es gibt so viele spektakuläre Ecken und Winkel in dem Haus, dass man sich hier wochenlang aufhalten und immer wieder neue Perspektiven und Qualitäten entdecken kann."

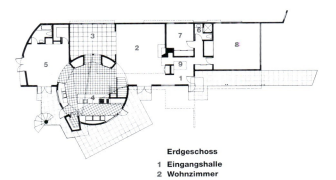
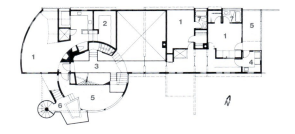

Erdgeschoss

1. Eingangshalle
2. Wohnzimmer
3. Esszimmer
4. Küche
5. Mehrzweckraum
6. Bad
7. Gästezimmer
8. Garage
9. Souterrain und Weinkeller

Obergeschoss

1. Schlafzimmer
2. Ankleidezimmer
3. Brücke
4. Waschküche
5. Terrasse
6. Whirlpool
7. Bad

1993

ANTOINE PREDOCK

TURTLE CREEK HOUSE DALLAS, TEXAS, USA

Der Kontext ist entscheidend für die Entwürfe von Antoine Predock. Seine bekanntesten Bauten sind in New Mexico und der Wüste zu Hause und stehen dort wie aus der Erde selbst gewachsen. Sie sind deutlich inspiriert von den vorspanischen Kulturen und landestypischen Adobe-Siedlungen, wenngleich bedeutende Projekte wie der irrwitzige Kegel des American Heritage Center in Wyoming formal auch futuristische Züge haben. Im Turtle Creek House kommen diese Ideen in einem Bauwerk zusammen.

Das Haus wurde von Rusty und Deedie Rose beauftragt, beide begeisterte Ornithologen, denen das Grundstück wegen des nahen Bachlaufs gefiel. Die stille Enklave, umgeben von viel Wald und Wasser, ist Teil eines artenreichen Vogelhabitats und ein wichtiger Sammelpunkt für Zugvögel.

„Wir haben uns einen Ort gewünscht, an dem wir mit moderner Kunst glücklich sein und Vögel in unterschiedlichen Lebensräumen beobachten konnten – ein richtiges Zuhause, das für eine Veranstaltung mit 300 Leuten genauso geeignet ist wie für zwei Personen mit zwei Hunden", erläutert Deedie Rose. „Das Besondere an dem Haus ist die Art und Weise, wie es sich entfaltet und nicht alles auf den ersten Blick preisgibt, wie es sich in die Natur einfügt und eine neue Sicht auf die natürliche Welt eröffnet."

Hinter dem Eingangsbereich legte Predock eine Folge von dynamischen Passagen an, die durch die Hauptwohnbereiche führen – und darüber hinaus: So gelangt man auch auf eine spektakuläre Brücke, die von der Rückseite des Hauses aus bis in die Wipfel der Bäume reicht. Auf dieser Aussichtsplattform ist man mitten in der Natur und kann auch die Vögel sehr gut beobachten. Zugleich teilt die Brücke das Haus axial in die Bereiche „Nordhaus" und „Südhaus". Eine in die Rückseite des Gebäudes eingelassene riesige, polierte Stahlplatte spiegelt effektvoll die „Himmelsbrücke" und die umgebende Landschaft und gibt die Bühne frei für reizvolle surreale Spiele und optische Täuschungen. Eine weitere Besonderheit des in drei Ebenen plus Dachterrasse gegliederten Hauses ist ein rückseitig angelegter, zylindrisch aufragender Baukörper, in dem hoch

oben ein Speisezimmer mit gigantischem Ausblick untergebracht ist.

Seine „Spiegelidee" erklärt Predock so: „Die Nutzung des konvexen Spiegels erfolgte aus einem rein phänomenologischen Impuls – um zu sehen, wie das Licht einfällt, und das Nebeneinander von opakem Spiegel und dem transparenten, ebenfalls spiegelartigen

Charakter des verglasten Wohnbereichs betrachten zu können. Diese Absicht wird jedoch zugleich überlagert von der komprimierten und verzerrten Reflexion des Hauses (...). Dieser Gedanke von Entmaterialisierung und Destabilisierung (...). ist zum Teil der Zweck der spiegelnden Scheibe."[1]

Predock hat mit dem Turtle Creek House ein speziell auf seine Bewohner, ihre Interessen und Lebensart zugeschnittenes Haus geschaffen. Zugleich stellte er mit seinem Entwurf die Vorstellung infrage, was ein Haus ausmachen, was es leisten und wie es aussehen sollte.

[1] Zitiert in Antoine Predock, *Turtle Creek House*, Monacelli Press 1998.

Turtle Creek hat zwei Gesichter. Zur Straße hin zeigt es sich als steinerne Stufenpyramide – wie ein monumentales Relikt aus präkolonialer Zeit. Doch jenseits des in diese Steinmasse eingeschnittenen Eingangs erscheint ein ganz anderes Haus – eines, das sich entschieden modern, offen und in formaler Hinsicht experimentell in die Landschaft hineinschiebt.

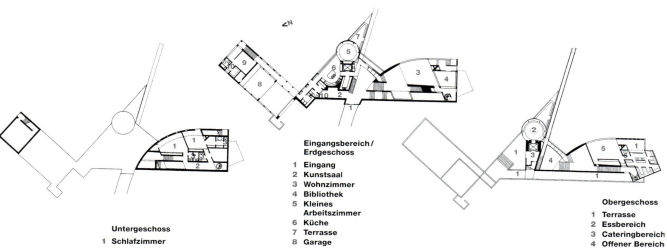

Untergeschoss
1 Schlafzimmer
2 Kunstsaal
3 Bad/WC

Eingangsbereich/Erdgeschoss
1 Eingang
2 Kunstsaal
3 Wohnzimmer
4 Bibliothek
5 Kleines Arbeitszimmer
6 Küche
7 Terrasse
8 Garage
9 Suite der Großmutter
10 Bad/WC

Obergeschoss
1 Terrasse
2 Essbereich
3 Cateringbereich
4 Offener Bereich
5 Schlafzimmer
6 Bad/WC

Das Turtle Creek House spielt mit dem diametralen Gegensatz von monumentaler Präsenz und rückhaltloser Transparenz und Offenheit. Zugleich verwischen die Grenzen zwischen Haus und Natur durch seine gelungene architektonische Einbindung in die sattgrünen Baumkronen und den sich ausbreitenden Wald.

1994

ANTHONY HUDSON

BAGGY HOUSE CROYDE, DEVON, ENGLAND

Als eines der ersten einer neuen Generation von englischen Landhäusern half das Baggy House eine schwindende Tradition wiederzubeleben. Wenngleich Architekten wie Maxwell Fry, Serge Chermayeff, Berthold Lubetkin, Patrick Gwynne und andere im Vorkriegsengland so etwas wie eine moderne Version des Landhauses geschaffen hatten, war diese Bewegung in den Jahren nach dem Zweiten Weltkrieg in Vergessenheit geraten. Als man wieder damit begann, Landhäuser zu bauen, handelte es sich überwiegend um Mischformen und der Neo-Klassizismus blühte.

In den 1990er-Jahren gab es dann doch Anzeichen für eine, wenn auch moderate Renaissance. Ein wiederaufkommendes Interesse an modernem Design in England ging Hand in Hand mit der größeren internationalen Offenheit einer bildungsbürgerlichen Elite. Endlich gab es Bauherren, die bereit waren, sich gegen den Widerstand einer konservativen Öffentlichkeit durch sämtliche Instanzen geltender Planungsverfahren durchzukämpfen, um innovative, zukunftsweisende Häuser bauen zu können, die am Modernismus der 1930er-Jahre anknüpften und zugleich neue Wege beschritten.

Eines der ersten Resultate dieser Bewegung war Anthony Hudsons Baggy House. Mit einem geduldigen Bauherrn im Rücken konnte Hudson einen neuen, zeitgemäßen Typus des ländlichen Wohnhauses kreieren, der sich sowohl an der Moderne orientiert als auch – mit seinem stark an Mackintosh und Voysey erinnernden Auftritt ganz in Weiß – an der Arts-and-Crafts-Bewegung.

Das Grundstück liegt an der Küste von Devon und hat eine fantastische Lage am Rand einer Klippe, hoch über dem Atlantik – ideal als Rückzugsort für die Ferien und Wochenenden. Ursprünglich stand dort ein konventionelles Wohnhaus aus dem 19. Jahrhundert, das später als Hotel genutzt wurde. Hudsons Auftraggeber dachten anfangs, sie könnten es umgestalten, aber es gab dann doch zu viele Mängel. Vor allem der Meeresblick fehlte in den Hauptwohnräumen komplett.

„Der Auftrag der Bauherren war unkompliziert", sagt Hudson. „Sie wollten ein gemütliches Familienwohnhaus mit sechs Schlafzimmern und Platz für Gäste, das den reizvollen Standort bestmöglich nutzen sollte. Sie hatten keine festen Vorstellungen, wie es aussehen sollte, sondern waren im Gegenteil für alle Möglichkeiten erfreulich offen."

Das fertige Haus hat zwei Gesichter. Seine dem ansteigenden Terrain zugewandte Nordseite ist eher kompakt bis monumental, mit dicken Mauern, die den Bau schützen und für eine massive Umfriedung sorgen. Im Süden dagegen öffnet sich das Haus, indem die Hauptwohnbereiche in Terrassen übergehen. Im Essbereich und dem „Sea Room" lässt man im Sommer die Glaswände einfach im Boden verschwinden, wodurch sich ein nahtloser Übergang zu Terrasse und Pool ergibt.

Das Haus in Croyde zog weitere Aufträge nach sich, und Hudson hat seither in anderen ländlichen Gegenden mit den Formen traditioneller Scheunen und Fachwerkhäuser experimentiert. Baggy House war jedoch der Bau, der sowohl für seine Karriere als auch für eine neue Spielart des englischen Landhauses Maßstäbe setzte.

Die komplexe, aber fließende dreistöckige Struktur des Baggy House passt sich perfekt seiner zerklüfteten Umgebung an. Zentrum der Ferienresidenz ist der erhöht liegende Wohnraum. Die Architektur zeigt viele unterschiedliche Einflüsse – von Adolf Loos' Sachlichkeit bis zur antiken Pracht von Palladios Villa Rotonda – doch in ihrer Gesamtheit, der klaren Gestalt und imposanten Präsenz, werden sie zur individuellen Stilaussage.

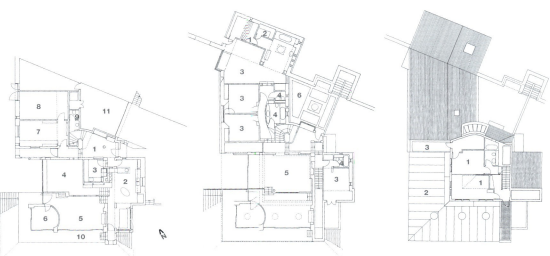

Erdgeschoss

1. Eingangshalle
2. Küche
3. Wirtschaftsraum
4. Spielzimmer
5. Esszimmer
6. „Sea Room"
7. Arbeitszimmer
8. Fitnessraum
9. WC
10. Terrasse
11. Garage

Erstes Obergeschoss

1. Sauna
2. Dampfbad
3. Schlafzimmer
4. Bad/WC
5. Wohnzimmer
6. Hofgarten

Zweites Obergeschoss

1. Schlafzimmer
2. Vordach
3. Fußweg

Die Architektur weist eine Fülle von dezent „formulierten" Anspielungen auf: Bullaugen verweisen auf die Lage am Meer, der Steinpfeiler kündet von längst vergangenen Zeiten und die an Barragán erinnernden Farben des Poolbereichs beschwören die Exotik ferner Länder.

1994

GLENN MURCUTT

SIMPSON-LEE HAUS MOUNT WILSON, NEW SOUTH WALES, AUSTRALIEN

Der Entwurf des Simpson-Lee Hauses war für Glenn Murcutt eine ungewöhnlich intensive, zeitaufwendige, doch letztlich lohnende Erfahrung. Bereits 1986 hatten sich der Ökonom und Hochschullehrer Geelum Simpson-Lee und seine Frau Sheila, eine Töpferin, brieflich an ihn gewandt und den Wunsch nach „einem Rückzugsort für ein pensioniertes Paar mit intellektuellen und einsiedlerischen Neigungen" geäußert. Das Haus mit „einem minimalistischen, reduzierten Ansatz" sollte auf einem eindrucksvollen Grundstück in der Nähe des Blue-Mountain-Nationalparks entstehen, etwa 150 km nordwestlich von Sydney.

„Wie Mies van der Rohe sagte, gibt es zu jedem guten Bauwerk einen sehr guten Bauherrn, und bei diesem Haus hat sich das von Anfang an bestätigt", sagt Murcutt. „Geelum war allerdings sehr anspruchsvoll, und wir stritten über jede einzelne gestalterische Entscheidung. Es war ein etwas ungewöhnliches Verfahren."

Es sollte insgesamt sechs Jahre dauern, bis das Haus entworfen, der Planungsprozess durchgestanden und der Bau fertig war. Die Simpson-Lees wünschten sich ein in Leichtbauweise errichtetes Haus im Wald. Diese Vorgaben deckten sich perfekt mit Murcutts Designverständnis und seiner Idee, die Prinzipien der kalifornischen und skandinavischen Moderne mit dem traditionellen australischen Baustil ländlicher Schuppen, Scheunen und Gehöfte zu verschmelzen, um so eine neue Art von zeitgemäßem Landhaus zu kreieren. Als Simpson-Lee jedoch dem Architekten vorwarf, er habe ein „Schlachtschiff" entworfen, stand die Zusammenarbeit kurz vor dem Abbruch.

Die Probleme wurden gelöst, indem man sich trotz der Zusatzkosten auf maßgefertigte Komponenten und Stahlteile verständigte, die auch dem Wunsch der Simpson-Lees entsprachen, die Landschaft so wenig wie möglich zu beeinträchtigen. So entstand ein ins Gelände eingebundener Pavillon, der umgeben ist von den silbrigen Stämmen der Eukalyptusbäume und viel Waldland.

Das Haus befindet sich auf einem kleinen, unauffälligen Vorsprung am Hang und ist in zwei separate Gebäude unterteilt. Das eine enthält eine Garage und eine Töpferwerkstatt für Sheila Simpson-Lee, das andere die Hauptwohnräume und zwei Schlafzimmer. Beide sind einander in Maßstab, Gestaltung und Materialien angepasst. Ihre Stahlrahmenkonstruktion ist mit Wellblech verkleidet, dessen silbriger Aluminiumanstrich sie eins werden lässt mit den Eukalyptusbäumen. Beide Gebäude sind mit stark geneigten Dächern gedeckt, von denen das Regenwasser direkt in sieben Recyclingtanks abläuft. Auch zwischen den beiden durch eine Brücke verbundenen Gebäuden wird mittels eines Dammsystems überschüssiges Regenwasser gesammelt, das bei den gelegentlich drohenden Waldbränden zum Löschen des Feuers verwendet werden kann. Die Vorderseite des Hauptgebäudes ist mit Glasschiebetüren versehen, sodass es sich gänzlich zur Landschaft öffnen lässt.

Für Murcutt bedeutete dieses Haus einen Wendepunkt. Nicht nur die Beziehung zwischen Auftraggeber und Architekt wurde auf eine harte Probe gestellt, der lange Entwurfsprozess veranlasste ihn auch, seine eigenen Prinzipien immer wieder zu hinterfragen und weiterzuentwickeln. Das Haus erscheint so einfach und ist doch so genau durchdacht. Und es fügt sich bei aller Modernität harmonisch in seine natürliche Umgebung ein.

Geelum Simpson-Lee starb 2001, doch seine Frau Sheila nutzt das Wohnhaus auch weiterhin und bekommt des Öfteren Besuch von Glenn Murcutt. Der Bau überzeugt mit seiner Handwerkskunst und zeigt Murcutts Blick für Details ebenso wie sein großes Einfühlungsvermögen. Die Anstrengung hat sich gelohnt – und auch die Erfahrung, wie Murcutt erklärt:

„[Die Simpson-Lees] waren außergewöhnliche Bauherren, die große Anforderungen stellten, an mich persönlich, meine Zeit und meinen Intellekt, und am Ende entstand eine erstaunliche Bindung. Nach getaner Arbeit hakte sich Geelum bei mir unter – wir wurden zu Vater und Sohn – und sagte, ‚Weißt du, Glenn, etwas an diesem Projekt ist sehr enttäuschend – die Sache ist vorbei.'"[1]

Der axiale Weg, der in und durch das Haus hindurch führt, folgt dem Verlauf eines historischen Traumpfads (Songline) der Aborigines, während die äußere Schlichtheit des Pavillons – der fast im grünen Wald verschwindet – von großem Respekt vor der Natur zeugt.

[1] Brief an Glenn Murcutt, zitiert in Kenneth Frampton u. a., *Glenn Murcutt, Architect*, 01 Editions 2006.

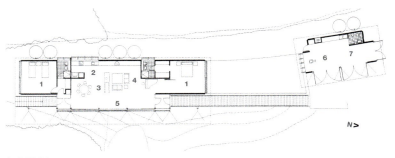

1 Schlafzimmer
2 Küche
3 Essbereich
4 Wohnbereich
5 Veranda
6 Töpferatelier
7 Garage

Mit seiner geringen Aufstandsfläche und einer nur minimalen Beeinträchtigung der Umgebung wird das Simpson-Lee Haus dem architektonischen Ideal, die „Erde nur leicht zu berühren", mehr als gerecht. Seine Glasschiebewände, die auch zur natürlichen Belüftung beitragen, öffnen es großzügig zur Landschaft.

1995

SHIGERU BAN

PAPIERHAUS YAMANAKASEE, YAMANASHI, JAPAN

Die beiden großen Themen in Shigeru Bans Werk sind Transparenz und konstruktive Innovation. Das Papierhaus ist das vielleicht großartigste Beispiel eines Ban-Bauwerks, das beide Themen in einem ebenso vollendeten wie äußerlich schlichten Pavillon in sich vereint.

Ban ist zum großen Erforscher der zeitgenössischen Architekturlandschaft geworden und hat die Grenzen von Konstruktion und Konvention erheblich erweitert. Einige seiner Werke wirken exzentrisch, andere sind einfach nur atemberaubend schön und so formvollendet wie eine Kunstinstallation, doch alle seine Entwürfe sind extrem experimentell. „Jedes Projekt steht in einer Beziehung zu einem anderen", erklärt Ban seine Philosophie, „Ideen werden immer weiterentwickelt."

Das Thema der Transparenz und die Auflösung der herkömmlichen Raumaufteilung hat er in einigen Schlüsselbauten durchgespielt, darunter das Curtain-Wall House, das Naked House, das Picture Window House und nicht zuletzt das auf einem Hügel errichtete Wall-Less („wandlose") House. Beim Letztgenannten wird das Dach von extrem dünnen Säulen getragen, und versenkbare Glasscheiben auf drei Seiten sorgen dafür, dass das Haus zur Landschaft hin vollkommen offen ist.

Ban ist berühmt für seine Verwendung neuer und ungewöhnlicher Materialien. Beim Naked House verlieh die Verkleidung aus geschichtetem Polykarbonat und Elementen aus Polyethylen dem Gebäude einen durchscheinenden, „nackten" Charakter. In der Furniture Houses-Serie wurden die Bücherregale und Geschirrschränke Teil der Konstruktion, bildeten Außen- und Trennwände und trugen das Dach.

Am bekanntesten sind jedoch Bans stabile Kartonröhren aus recyceltem Papier, die beim Bau verschiedener Projekte eingesetzt wurden, darunter Pavillons, Kirchen und die Notunterkünfte nach dem Erdbeben von Kobe 1995. „Selbst in Katastrophengebieten möchte ich als Architekt schöne Gebäude schaffen", äußert sich Ban dazu. „Ich möchte die Menschen bewegen und ihr Leben verbessern."[1] Aus Röhren bestand auch sein temporäres Büro auf dem Dach des Pariser Centre Pompidou, das er während seiner Arbeit am Centre Pompidou-Metz nutzte.

Das Papierhaus, auch Paper Tube Structure 05 genannt, markiert den ersten Einsatz von Pappröhren zu Konstruktionszwecken in einem dauerhaften Gebäude. Dieses Wochenendhaus in einer ländlichen Gegend mit Blick auf den Fuji besteht aus 108 Röhren in einer S-förmigen Formation, von denen einige das Dach stützen. Die eigens dafür entwickelte Pappröhrenkonstruktion wurde zum festen Bestandteil der japanischen Bauordnung. Die S-Form der Röhren befindet sich zum größten Teil innerhalb eines quadratischen Pavillons. Drei Außenwände des Pavillons bestehen aus versenkbaren Glasscheiben, die das Gebäude zu den Terrassen und der umliegenden Landschaft öffnen. Innen bilden die Röhren einen organischen, fließenden Schirm, der den multifunktionalen Wohnbereich oder „Universalraum" vom Eingangs- und Badezimmerbereich separiert. Dieser innere Kern lässt sich durch Schiebewände weiter unterteilen, sodass nach Bedarf eine private Schlafzone entsteht.

Das Papierhaus ist ohne Zweifel eine radikale Neuinterpretation des traditionellen Wohnhauses, die jedoch zugleich untrennbar verbunden ist mit Mies van der Rohes Farnsworth Haus (siehe 136–141), einem von Bans Lieblingsbauten. Mit diesem Gebäude hat Ban bewiesen, dass man mit dem unwahrscheinlichsten aller Materialien ein ganz und gar ungewöhnliches Haus schaffen kann, und in der Tat eine der schönsten Architekturen der Gegenwart.

[1] Zitiert nach der Einleitung von Emilio Ambasz und Shigeru Ban, *Shigeru Ban,* Laurence King 2001.

Beim Versenken der Glaswände tritt die zentrale Funktion der Pappröhren noch deutlicher hervor. Sie tragen zur Unterteilung der Wohnbereiche bei und schaffen in ihrer „Sandwichposition" zwischen Dach und Basisplattform einen sinnlich geschwungenen Kontrast zur Gesamtkonstruktion.

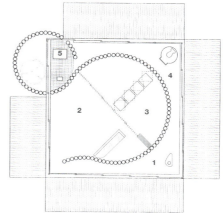

Hauptgeschoss
1. Eingang
2. Wohn- und Essbereich/Küche
3. Schlafnische
4. Gang
5. Bad

1995

O. M. UNGERS

HAUS UNGERS III KÖLN, DEUTSCHLAND

Vom eigenen Haus eines Architekten erwartet man im Allgemeinen, dass es ein Manifest seiner Arbeit ist und voller Ideen steckt. Die drei Kölner Häuser von Oswald Mathias Ungers übertreffen diese Erwartungen allerdings noch. Gewiss sind sie Ausdruck einer sich ständig weiterentwickelnden, offenen Haltung gegenüber der Architektur, die aus einer reichen Palette von Traditionen schöpft. Und sie sind natürlich das Ergebnis der verschiedenen Phasen eines langen Berufslebens. Aber – und das ist weit weniger üblich – sie sind auch stark autobiografisch gefärbte Bauten, die Ungers nie aus der Hand gab und die sich daher mit ihrem Erbauer als privates „Work in Progress" veränderten und weiterentwickelten.

Ungers erstes Haus in Köln, zunächst als brutalistisch eingestuft, wurde 1959 fertiggestellt. 30 Jahre später erfuhr es eine umfassende Erweiterung, als er parallel dazu das Kubushaus baute. So entstand ein Komplex zweier miteinander verbundener Gebäude, der als Wohnhaus und Büro fungierte und darüber hinaus – vor allem im Kubushaus – viel Platz bot für eine umfassende Sammlung von Architekturbüchern, Modellen, Kunstwerken und Skulpturen, die Ungers und seine Frau Lieselotte im Lauf der Jahre zusammengetragen hatten. Die beiden Gebäude werden gern mit Sir John Soanes Haus in London verglichen, das ebenfalls beides ist – architektonisches Manifest und Galerie.

Nach mehrjähriger Lehrtätigkeit und zahlreiche Wettbewerbe später nahm Ungers Karriere Anfang der 1980er-Jahre wieder Fahrt auf, und er fühlte sich erneut veranlasst, seinen Wohnraum zu erweitern. Haus Ungers III, auch als Haus Kämpchensweg bekannt, ist eine weitere Verfeinerung der Unger'schen Denkweise – wenn nicht sogar ihre Apotheose.

Ungers fühlte sich zu einer Architektur der geometrischen Klarheit, der Abstraktion und des Minimalismus hingezogen, die alles bis auf die notwendigsten und ausdrucksstärksten Elemente entfernte. „Das neue Haus ist kühl, rational, monochrom und auf ein Minimum reduziert", so schrieb er. „Es geht darum, das Überflüssige wegzulassen, um dem Kern, der Essenz, so nahe wie möglich zu kommen; jegliche Dekoration, alles Redundante auszusparen, um die reine Form hervortreten zu lassen."[1]

Während Ungers jetzt das ursprüngliche Haus und den Kubus als Architekturbüro, Galerie, Bibliothek und Archiv nutzte, war das neue Haus hauptsächlich als Wohn- und Arbeitshaus konzipiert. Sein Zentrum bildet ein Studio von doppelter Raumhöhe, in dem auch ein Teil der Ungers'schen Sammlung von Erstausgaben untergebracht ist.

Der Bau befindet sich innerhalb eines geschlossenen Gartens, eines Hortus conclusus, der von 3 Meter hohen Buchsbaumhecken umgeben ist. Vor diesem grünen Hintergrund erscheint das Haus als ein höchst abstraktes Gebilde. Der reinweiße Kasten mit seinem nicht sichtbaren Flachdach wird von einer symmetrischen Abfolge gleichformatiger Fenster und Glastüren strukturiert. Auch alle Wege zum und ins Haus sind von einer gewissen Gleichförmigkeit, da Ungers es ablehnte, einen bestimmten Eingangsbereich zu definieren.

Der Grundriss organisiert sich um das zentrale Studio, das an zwei Seiten von „arteriellen", doppelten Wänden begrenzt wird, in denen Treppen, Funktionsräume, Pantryküche und Stauraum untergebracht sind. Zu einer Seite des Studios im Erdgeschoss liegt der Wohnraum, zur anderen der Essbereich mit Küche. Auf der darüberliegenden Ebene entsprechen diesen Räumen zwei Studioschlafzimmer. Für Entspannung sorgt ein Schwimmbecken im Kellergeschoss.

„Innerhalb dieses begrenzten Raumes befinden sich Komponenten und Elemente von existentieller Bedeutung", erklärt Ungers. „Ein Arsenal zweckmäßiger Hilfsmittel und Ideen, ein geistiges Refugium mit den wichtigsten Büchern, Zeichnungen, einem Zeichenbrett, Bett, Staffelei und Lesepult – und Erinnerungen. Ein auf minimalem Raum zusammengedrängter, persönlicher Mikrokosmos. Und zugleich: der Spiegel unserer Gewohnheiten und Neigungen."[2]

Haus Ungers III ist ein Manifest für die zentrale Bedeutung von Präzision, Handwerk und Form. Und doch lässt das Gebäude, das eine ganze bibliophile Welt der Architekturgeschichte in sich birgt, Ungers nicht als dogmatischen Minimalisten erscheinen. Vielmehr ist das Haus in Köln die beindruckende Reaktion auf eine lange und gründlich durchdachte Architekturtradition und zugleich deren Erneuerung und Neuinterpretation.

[1] Zitiert in Mercedes Daguerre, *20 Houses by Twenty Architects*, Electa 2002.
[2] Ebd.

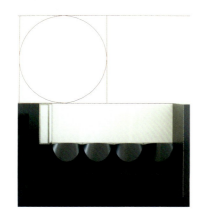

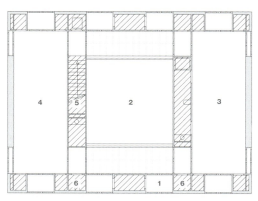

Erdgeschoss
1 Eingang
2 Bibliothek / Studio
3 Wohnzimmer
4 Esszimmer
5 Küche
6 WC

HAUS UNGERS III

290

Die maßgefertigten Möbel passen perfekt zur kubistischen Schlichtheit und kultivierten Formensprache des Hauses. Obwohl es auf seine wesentlichen Elemente reduziert ist, bietet es gleichwohl eine gefühlte, sinnliche Fülle an Licht, Proportionen und Materialien.

1996

FUTURE SYSTEMS

HAUS IN WALES MILFORD HAVEN, PEMBROKESHIRE, WALES

Erdgeschoss
1 Eingang
2 Wohnzimmer und Kamin
3 Küche
4 Badezimmer
5 Schlafzimmer

Die Idee, Häuser (möglichst) unsichtbar zu machen und (fast) im Boden verschwinden zu lassen, wird in einer Zeit wachsenden Umweltbewusstseins immer attraktiver. Grüne Dächer bekommen etwas Alltägliches, dienen als Sichtschutz und Wärmedämmung, schaffen Kleinlebensräume für Pflanzen und Tiere. Zugleich sind sie eine Reminiszenz an die traditionellen Reetdächer Frieslands, Dänemarks, Nordschottlands oder der englischen Midlands. Doch manche Bauten gehen weit über das begrünte Dach hinaus – sie graben sich tief in die Erde ein und werden wie ein Bunker eins mit der Landschaft.

Man denke nur an Carlo Scarpas Villa Ottolenghi von 1978 (siehe S. 24), die Teil der hügeligen Landschaft um Verona ist und durch die Vegetation zusätzlich dem Blick entzogen wird. In jüngerer Zeit gestaltete Barrie Marshall vom australischen Architekturbüro Denton Corker Marshall (siehe S. 298) sein eigenes Haus auf Phillip Island so, dass es fast unter Dünen und Buschwerk verschwindet. Doch der bekannteste dieser dezenten, gleichsam den Boden küssenden Bauten ist vermutlich das Haus von Future Systems in Wales.

Organisch integriert in die Topografie der Klippe, auf der es steht, ist es von vielen Punkten aus gar nicht zu sehen. Den kühnsten Anblick bietet der grasbedeckte, nahtlos in den Garten übergehende Bau vom Meer aus – von dort taucht er wie ein Glasauge aus der Vegetation und den Klippen auf.

Auftraggeber war der Politiker Bob Marshall-Andrews, der mit seiner Frau seit vielen Jahren in diese Gegend kam und eine ehemalige Kaserne als Feriendomizil nutzte. Da das Grundstück in einem Nationalpark lag, gab es zahlreiche Baubeschränkungen, sodass Future Systems das Bestandsgebäude kurzerhand durch ein neues Konzept für ein Wohnhaus ersetzte.

Ihr Ansatz war das genaue Gegenteil des traditionellen englischen Landhauses, jener sichtbaren Demonstration

Diese neuartige Form des Landhauses verschwindet fast in der Landschaft und macht sich seinen Standort zugleich optimal zunutze. Im Mittelpunkt des fließenden Wohnbereichs steht ein großes, halbkreisförmiges Sofa von Future Systems, das um den Holzofen herum angeordnet und dem Meer zugewandt ist.

von Wohlstand und Status in zumeist klassizistischer Form. Das neue Bauwerk verschwindet gewissermaßen von der Erdoberfläche bis auf den schlanken, metallenen Kamin, der aus dem Dach ragt. Es besteht aus massiven Stützmauern aus Beton und trägt ein Dach aus einer speziellen, mit Rasen gedeckten Sperrholzschicht nebst zusätzlichen Stahlträgern. Der Grundriss ist fließend, und das ganze Haus orientiert sich auf die große „Fensterlinse" hin, deren Verglasung in einem augenförmigen Aluminiumrahmen gefasst ist, durchsetzt mit Bullaugen.

Die wichtigsten Bestandteile der Inneneinrichtung wurden vorgefertigt. Dazu gehören eine Küchenzelle auf der einen und eine Nasszelle auf der anderen Seite des Wohnraums. Sie trennen zugleich auch die Schlafzimmer auf beiden Seiten des Gebäudes ab.

Die Reduziertheit dieses Entwurfs ist beeindruckend, vor allem für ein Büro wie Future Systems, dessen Ruf auf repräsentativen futuristischen und zoomorphen Hightechbauten gründet. In seinem Sci-Fi-Design ist es zugleich auch wieder typisch für Stil und Ästhetik der Architektengruppe. Dieser Bau hat großen Einfluss auf die Konzeption zeitgenössischer Landhäuser ausgeübt, besonders in ländlichen Gegenden und Grünzonen mit restriktiven Bauvorschriften. In den letzten Jahren haben andere Architekten die Idee des „Verschwindens" noch weitergetrieben und damit der jeweiligen Landschaft großen Respekt gezollt.

1997

HITOSHI ABE

GÄSTEHAUS YOMIURI ZAO, MIYAGI, JAPAN

Hitoshi Abe ist kein Architekt, der sich selbst wiederholt. Jedes seiner Projekte ist einzigartig, und selbst in der Serie an Häusern, die er entworfen hat, ist es nicht immer einfach, Gemeinsamkeiten festzustellen. Sein Ansatz wurde schon als Architektur ohne Grenzen beschrieben. „Meine Weigerung, auf ein Schema oder einen Stil zurückzugreifen", so Abe, „veranlasst mich, ständig neue Lösungen und Modelle für jedes neue Projekt zu suchen, das ich in Angriff nehme."[1]

Sucht man den roten Faden, könnte er darin liegen, dass seine Gebäude geltende Vorstellungen von Raum und Funktion infrage stellen und dabei weit über die Idee des „universellen Raums" hinausgehen. Er tut dies mit abstrakten, skulptural gestalteten Bauten, die häufig in einer engen Verbindung zur Landschaft stehen.

Besonders deutlich wird dies bei seinem Entwurf der Gemeindehalle Reihoku von 2002, einem geschwungenen Bau aus gebeiztem Zedernholz und Glas. Der Grundriss legte bestimmte Teile des Gebäudes fest wie das Auditorium, doch Flexibilität wurde zum bestimmenden Merkmal des Projekts: Abe schuf einen fließenden, anpassungsfähigen, mehrdeutigen Raum, der sich vielseitig nutzen lässt.

Flexibilität und Ambiguität bestimmen auch Abes bekanntesten Entwurf, das Gästehaus Yomiuri, auch YG-Haus genannt. In gewisser Weise wirkt es schon gar nicht mehr wie ein Haus, sondern eher wie ein abstrakter Unterschlupf oder ein Werk der Land Art.

„Das Konzept dieses Gästehauses sieht einen Raum innerhalb eines 90 Meter langen Bands vor, das diesen Raum zweifach umschlingt", erklärt Hitoshi Abe. „Das Band ‚umarmt' den inneren Raum, während sich die Außenseite an der Landschaft orientiert, deren Topografie aufgreift und so eine Beziehung zur umliegenden Natur herstellt."

Das YG-Haus ist also, ganz ähnlich wie das Möbius Haus von UN Studio (siehe S. 322–323), primär von einem geometrischen Konzept geprägt, das eine eigene Dynamik erzeugt – eine Art zentrifugale Kraft, die den Besucher in den zweistöckigen Bau hinein- und nach oben zieht.

Das in einem Waldstück gelegene, von dunklen Zedernplanken ummantelte YG-Haus umfasst zwei mehr oder weniger offene Großräume pro Stockwerk. Funktionsräume befinden sich im Erdgeschoss und sind in Schränken und Wandnischen versteckt. Zu einer Seite hin öffnet sich der Raum zu einer großen Veranda. Der größte Teil des oberen Stockwerks wird von einem Tatami-Raum beherrscht, der vom Treppenabsatz durch eine Shoji-Schiebewand getrennt ist. Auch der Schlafbereich lässt sich durch Schiebewände weiter unterteilen.

Zur Ambiguität des Entwurfs trägt bei, dass das für die Außenverkleidung verwendete gebeizte Zedernholz sich im Inneren fortsetzt. So wird die Unterscheidung zwischen innen und außen einmal mehr unterlaufen.

Das YG-Haus gehört zu jenen geheimnisvollen Bauten, die zum Nachdenken über die eigenen Vorstellungen von Wohnraum anregen. In vielerlei Hinsicht ist es sehr japanisch, in anderen Aspekten ist es so abstrakt, dass es im besten Sinne als interkulturell bezeichnet werden kann. Es ist ein Gebäude, das unsere Vorstellung von Abtrennung und Privatsphäre weitgehend auflöst und die traditionelle japanische Neigung zum offenen Wohnen ins Extrem treibt. So entsteht ein ganz und gar gemeinschaftlicher Raum, ähnlich wie Abes Gemeindehalle Reihoku, wenn auch in einem völlig anderen Maßstab. Dieser Aspekt des YG-Hauses erinnert an das Werk von Shigeru Ban, an sein Naked House ebenso wie an sein Wall-Less House. Doch während Ban eine durchscheinende Architektur entwirft, stehen die Bauten von Abe für vollkommene Umschlossenheit.

[1] Interview in der Online-Zeitschrift *Designboom*, 11. Oktober 2006.

Das inmitten einer Waldlandschaft gelegene, mit dunklem Zedernholz verkleidete, abstrakte und mehrdeutige Gästehaus Yomiuri hinterfragt traditionelle Vorstellungen von Wohnraum.

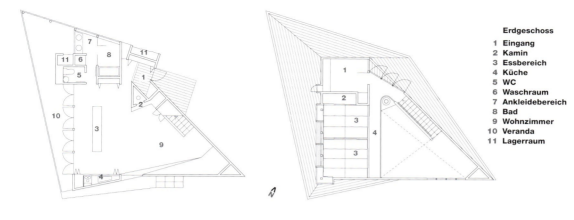

Erdgeschoss
1 Eingang
2 Kamin
3 Essbereich
4 Küche
5 WC
6 Waschraum
7 Ankleidebereich
8 Bad
9 Wohnzimmer
10 Veranda
11 Lagerraum

Obergeschoss
1 Arbeitszimmer
2 Kammer
3 Japanisches Zimmer
4 Gang im Zwischengeschoss

Im kühlen, höhlenartigen Inneren des Hauses sorgen die unregelmäßigen Fensteröffnungen für reizvolle Lichtmuster an der Wand, während die strahlend weiße Treppe den zentralen Kamin optisch in Szene setzt und ihn zum Teil abschirmt.

1997

DENTON CORKER MARSHALL

FARMHAUS AVINGTON, NAHE KYNETON, VICTORIA, AUSTRALIEN

Denton Corker Marshall (DCM) übernehmen Aufträge für Häuser in der Regel nur dann, wenn etwas Ungewöhnliches dabei herauskommen darf, so wie beim Farmhaus in Avington. Der originelle Entwurf mutet wie ein überzeugendes Experiment in Sachen abstrakter Wohnarchitektur an. Zusammen mit einer Reihe anderer Häuser von DCM ergibt sich ein mutiges Portfolio von Bauten, welche die jeweilige Landschaft ebenso ergänzen wie herausfordern.

Auf 300 Hektar Acker- und Weideland, gesprenkelt mit vereinzelten Granitfelsen, haben DCM in den sanften Ausläufern der Great Dividing Range das traditionelle australische Gehöft neu erfunden. Statt der üblichen Anlage mit Farmhaus, Scheunen und Nebengebäuden präsentiert sich der Bau als abstrakte, plastisch bearbeitete Wand, die mit einer Länge von 200 m in der Landschaft steht. Nicht nur seine riesige Erscheinung in dieser lieblich-ländlichen Landschaft, sondern auch die Verweigerung jeglichen traditionellen Bezugs machen den Bau zu einem höchst innovativen Stück Architektur.

„Die Grundidee bestand darin, hier auf dem Land eine Linie zu ziehen in Form einer Windschutzmauer, die für alle Teile der Farm als verbindendes Element dienen sollte – das Haus des Eigentümers, das Gästehaus, die Garagen, Schuppen für die Schafschur, Höfe usw.", erklärt John Denton von DCM. „Abgesehen davon erscheint sie nur als erster Eindruck, alles andere liegt dahinter. Die Gebäude selbst stehen an der schützenden Wand mit Blick auf die offene Prairie."

Die Auftraggeber Noel und Lyndsay Henderson hatten nichts übrig für traditionelle Wohngebäude und wünschten sich etwas Einmaliges und Modernes. Da sie Avington als unbebautes Land erworben hatten, in der Absicht, dort eine exklusive Merinozucht zu betreiben, konnten sie sozusagen bei Null beginnen.

„Ihnen gefiel die Idee, Betonplatten zu verwenden und sie zur Grundlage des Gebäudes zu machen", erklärt Barrie Marshall von DCM. „Das Resultat ist ziemlich abstrakt und sieht beim Näherkommen überhaupt nicht aus wie ein Haus. Nur auf der anderen Seite der Schutzwand ähnelt es einem Wohngebäude. In dieser Landschaft wird das Bauwerk zu einer Art Skulptur, wie ein Werk von Donald Judd oder Richard Serra."

Die Wand springt in der Mitte etwas zurück und bildet einen großen, mit Bäumen bepflanzten Hof. Eine zweite, höhere Mauer verläuft an seiner Rückseite parallel zur ersten und rahmt dort einen Eingang mit einer Türöffnung, die als schräger Schlitz in den Beton gestanzt ist. Hinter diesen parallelen „Linien" befinden sich das Haupthaus und ein überdachter Gang, der eine Verbindung zu den übrigen Gebäuden schafft.

Das Dach besteht aus einer abfallenden, von Stahlstützen durchbohrten Stahlplatte. „Angesichts der abstrakten Wand", sagt Marshall, „möchte man auf der anderen Seite auf keinen Fall ein Durchschnittshaus sehen. Wir beschlossen, dass es im Wesentlichen aus diesem geneigten Dach bestehen sollte, das sich beinahe an der Wand anlehnt und um die Kanten herum verglast ist."

Das Hauptgebäude ist ein Pavillon von moderater Größe mit Glaswänden auf drei Seiten. Seine lichte Atmosphäre mit den offen konzipierten Wohnräumen und den vorgelagerten Terrassen steht in deutlichem Kontrast zur Schwere der großen Mauer. Abgeschlossene Einheiten auf seiner Rückseite enthalten zwei Schlafzimmer, ein Bad, ein Büro und Nebenräume. Das in größtmöglicher Entfernung zu den Schuppen für Geräte und Schafschur platzierte Gästehaus wurde zu einem späteren Zeitpunkt fertiggestellt.

Das Farmhaus zeichnet sich durch maximale Funktionalität aus, sprengt in formaler Hinsicht jedoch alle Grenzen. Es fordert Gewohnheiten und Erwartungen heraus und erweitert das Konzept des Wohnhauses auf die Bereiche von Land Art und Skulptur.

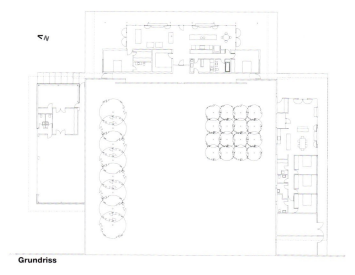

Grundriss

Das Farmhaus hat zwei unterschiedliche Gesichter. Der rückwärtige Bauteil enthält den Hauptwohnraum, ein sich auf die beeindruckende Landschaft hin öffnendes Belvedere. Die Stützpfosten durchdringen das Gebäude und stehen damit in Einklang mit der grundlegenden Idee skulpturaler Abstraktion.

Die lange Plattenwand trägt dazu bei, die dahinterliegenden Bauelemente zu vereinen. Der Vordereingang erscheint als schräger Schlitz und führt zum Hauptgebäude, dessen Transparenz und Offenheit in klarem Kontrast zur durchgehenden Geschlossenheit der Mauer steht.

1997

HERZOG & DE MEURON

RUDIN HAUS LEYMEN, HAUT-RHIN, FRANKREICH

Die einheitlich grauen Oberflächen des Rudin Hauses vermitteln den Eindruck von viel Gewicht und Masse – dennoch scheint das Bauwerk über der offenen Landschaft zu schweben. Nachts wird das Gebäude durch die großen Fenster wie eine Laterne erleuchtet, während sich die Glasfenster tagsüber weit zur Natur öffnen.

„Die Stärke unserer Gebäude liegt in der unmittelbaren, instinktiven Wirkung, die sie auf den Besucher haben"[1], äußerte Jacques Herzog einmal. Auch wenn seine und Pierre de Meurons frühen Häuser viel zurückhaltender und strenger wirken als einige ihrer späteren Werke, erzielen sie doch in vielen Fällen diesen optischen Effekt. Es sind keineswegs simple Strukturen, sondern erstaunliche Kompositionen. Das gilt insbesondere für das Rudin Haus.

Einerseits wirkt es ein bisschen wie aus dem Malbuch in seiner auf das Wesentliche reduzierten Form aus Satteldach, Schornstein und rechteckigen Fenstern. Doch bei genauerem Hinsehen ist man überrascht von seiner Komplexität, die dem ersten Eindruck von abstrakter Schlichtheit zuwider läuft. Das Haus ruht auf einer erhöhten, von Pfeilern getragenen Betonplattform. Eine simple Treppe führt hinauf in das unterste von drei Stockwerken.

Anlässlich der Pritzker-Preis-Verleihung von 2001 bemerkte die Jury dazu: „Hier haben sie sich die Aufgabe gestellt, ein kleines Haus zu errichten, das den Inbegriff des Wortes ‚Haus' repräsentieren sollte – wie eine Bleistiftzeichnung von Kinderhand, die sich auf nichts Einfacheres, Direkteres und Aufrichtigeres reduzieren lässt (...) und sie hoben es auf einen Sockel, um seinen ikonischen Charakter zu betonen."[2]

Das Gebäude besteht aus Rohbetonplatten, über die das Regenwasser ablaufen und so seine Spuren auf dem Material hinterlassen kann. Wie bei Herzog & de Meurons Haus Fröhlich von 1995 gehen die grauen Wände und das Dach aus Teerpappe farblich und strukturell fast nahtlos ineinander über. Auch im Inneren des mit drei Schlafzimmern ausgestatteten Hauses zerstreut ein höchst fantasievolles Raumarrangement jeden Eindruck von Schlichtheit. Das zentrale Treppenhaus, das die beiden unteren Stockwerke miteinander verbindet, verläuft in elegantem Schwung bis zur Höhe des Satteldachs hinauf, während ein separates Treppenhaus das zweite Geschoss mit der Mansarde verbindet.

Das Rudin Haus ist in vielerlei Hinsicht die Antithese zu den immer ambitionierteren, großformatigen Projekten des Büros, doch es beweist, dass sich starke Themen, Ideen und Bilder auch in einem häuslichen, bescheideneren Maßstab realisieren lassen.

[1] Jaques Herzog, greatbuildingsonline.com
[2] Jury Award Announcement, *The Pritzker Architecture Prize,* The Hyatt Foundation 2001.

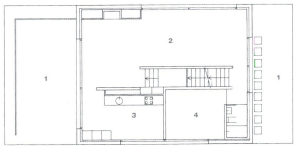

Erdgeschoss

1 Terrasse
2 Wohn-/Esszimmer
3 Küche
4 Schlafzimmer/Büro

1997

KEN SHUTTLEWORTH

CRESCENT HOUSE WINTERBROOK, WILTSHIRE, ENGLAND

Das Werk von Ken Shuttleworth ist typisch für einen neuen dynamischen Zeitgeist, der sich um die Jahrtausendwende zu etablieren begann. Dank der Fortschritte in den Ingenieurwissenschaften, bei der Entwicklung von Baumaterialien und auf dem Gebiet des Computer Aided Designs (CAD) wendeten sich Architekten wieder vermehrt einer innovativen Formgebung zu – nicht ohne das Prinzip von „Form Follows Function" zu revitalisieren und aktualisieren. Ihre neuen Gebäude sind fließend, organisch geformt und muten entschieden futuristisch an.

Das Crescent House war eins von Shuttleworths ersten Einzelprojekten und wurde zum Vorbild für den neuen Kurs, den er mit seinem eigenen, einige Jahre später gegründeten Büro einschlug. Obwohl er das Haus für sich selbst und seine Familie entwarf, ist es auch repräsentativ für eine neue, wachsende Bewegung, die sich bemühte, eine Alternative zum gängigen Typus des englischen Landhauses zu entwerfen.

Shuttleworth weigerte sich entschieden, dem Ort ein Gebäude aufzudrängen.

„Wir trauen diesen modernen ‚Kästen' nicht, die einfach auf unschuldigen Landschaften abgeladen werden", sagte er. „Ein Gebäude sollte als integraler Bestandteil des Standorts empfunden werden. Die schlichte Form des Crescent House reagiert sichtbar auf seine Umgebung und spiegelt ihre diversen Gegensätze wider. Wichtigste Komponenten dabei: eine Vielfalt von Räumen, die ihrer Funktion entsprechen, eine Antwort auf die veränderliche Qualität des natürlichen Lichts sowie die Verbindung zur Natur und den Wechsel der Jahreszeiten."

Shuttleworth erwarb das 2 Hektar große Gelände am Rand der Marlborough Downs 1994. Der überwiegende Teil war Weideland, einschließlich eines schlecht gebauten Hauses aus den 1920er-Jahren, das dem Neubau weichen musste. Der sichelförmige Grundriss schottet das Gebäude mit seiner Rückseite zur Straße, der Einfahrt und den Nachbargebäuden hin ab und öffnet es auf der Vorderseite zu den Wiesen und der umgebenden Landschaft.

Das Haus selbst besteht im Wesentlichen aus zwei großen gekrümmten Einheiten aus Beton und Glas. Die geschlossene (konvex) nach Nordwesten ausgerichtete Rückseite – ohne Standardfenster und vollständig von oben beleuchtet – umfasst fünf Schlafzimmer und die Bäder. Der große fließende (konkave) Raum auf der Vorderseite enthält die Gemeinschaftsräume: den Koch-, Ess-, Wohn- und Spielbereich. Die Fassade aus Niedrigemissionsglas zeigt Richtung Garten und Wald, der das Haus im Sommer vor der hochstehenden Sonne schützt. Zwischen beiden „Sicheln" befindet sich eine zweistöckige Galerie, die alle Teile des Hauses erschließt und durch Fenstergaden mit Licht versorgt wird.

Shuttleworth legte auch selbst den Garten an und gab sich große Mühe, ein möglichst umweltfreundliches Gebäude zu realisieren. Der Beton stammte aus einer nahe gelegenen Fabrik, die Isolationsstandards sind

hoch und das wohlüberlegte positionierte Gebäude arbeitet so weit wie möglich mit Sonnenenergie und natürlichen Belüftungstechniken.

Im Inneren legte der Architekt viel Wert auf Einfachheit. Aufgrund des relativ bescheidenen Budgets sorgte er dafür, dass der Entwurf ohne kostspielige Details und aufwendige Installationen auskam. Stattdessen schuf er großzügige und einladende Räume, mit einem monolithischen Kamin als Mittelpunkt des 24 Meter langen Wohnbereichs. Die Spitzen der Gebäudesichel dehnen sich zu beiden Seiten auf weitere 5 Meter Länge aus.

Bei seiner Fertigstellung wurde dem Crescent House viel Lob und ein großes Presseecho zuteil, und Shuttleworth fühlte sich ermutigt, sein eigenes Büro zu gründen. Als eines der auffälligsten der neuen Generation von Landhäusern zeigt es, dass radikale Architektur in Verbindung mit einem sensiblen und nachhaltigen Ansatz in den ländlichen Gegenden von England nach wie vor eine bedeutende Rolle spielt.

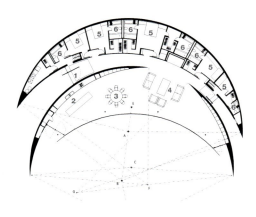

Hauptgeschoss
1 Eingang
2 Küche
3 Essbereich
4 Wohnbereich
5 Schlafzimmer
6 Bad/WC

Der spektakuläre fließende Wohnbereich – oder „Universalraum" – innerhalb der vorderen „Sichel" des Hauses ist nur andeutungsweise in verschiedene Zonen unterteilt. Dies geschieht durch die Anordnung der Möbel und Teile der Einrichtung, die in die breite rückseitige Wand integriert sind, wie die kleine Küche, die Bücherregale und der Kamin.

1998

REM KOOLHAAS

HAUS NAHE BORDEAUX BORDEAUX, FRANKREICH

Als Theoretiker, Autor und Verfasser einiger der radikalsten Stellungnahmen der zeitgenössischen Architektur gilt Koolhaas weithin als eine der Galionsfiguren des 21. Jahrhunderts. Manche sehen in seinen Gebäuden die Zukunft selbst verkörpert, da sie die Grenzen von Form, Konstruktion und Technologie erweitern. Das gilt insbesondere für sein der Schwerkraft trotzendes CCTV-Gebäude in Beijing, das er zusammen mit Cecil Balmond, damals stellvertretender Vorsitzender von Arup, geschaffen hat. Dieser imposante abstrakte Turm, in dessen Mitte ein gewaltiges Loch klafft, scheint tatsächlich einer anderen Zeit anzugehören.

Das in wesentlich kleinerem Maßstab erbaute Haus nahe Bordeaux mutet zwar ebenfalls futuristisch an, geht aber zugleich sehr genau auf die Bedürfnisse der Auftraggeber ein. Es wurde von einer Familie mit drei Kindern in Auftrag gegeben, nachdem der Ehemann einen schweren Autounfall erlitten hatte, der ihn an den Rollstuhl fesselte. Koolhaas sollte ein maßgefertigtes, behindertengerechtes Haus schaffen. „Anders als Sie vielleicht erwarten, möchte ich kein einfaches Haus", meinte der Bauherr zu Koolhaas. „Ich wünsche mir ein komplexes Gebäude, denn es wird meine Welt bestimmen."[1]

Koolhaas schuf einen dreistöckigen, in einen Hang integrierten Bau. Der wunderbare Blick über Bordeaux und die Garonne legten den Entwurf eines Belvederes nahe, doch Koolhaas widersetzte sich auf für ihn typische Weise dem Naheliegenden und Konventionellen und platzierte eine spektakuläre Aussichtsplattform aus Glas zwischen die massiven rechteckigen Formen des Ober- und Untergeschosses. Mittelpunkt des Hauses wurde so ein transparenter, weitgehend offener Wohnbereich als Treffpunkt für die Familie.

Wie so viele Gebäude von Koolhaas erscheint das Haus zunächst recht unwahrscheinlich. Die raffinierte Konstruktion vermittelt den Eindruck, als schwebe die massive Platte des Obergeschosses im Raum und breite sich schützend über die zerbrechliche Glaszone darunter. Die Fassade des Obergeschosses scheint wie von Bullaugen

durchschossen, dahinter befinden sich die Schlafzimmer und eine Terrasse. Die untere Etage enthält vor allem Funktionsräume mit einer Küche, einem Weinkeller und dem Haupteingang, der von einem großen Hof aus ins Innere führt.

Koolhaas' überraschendster Schachzug bestand darin, seinem Auftraggeber die gewünschte Freiheit dadurch zu geben, dass er im Zentrum des Gebäudes eine Aufzugplattform installierte, statt auf einer Ebene bestimmte Räume für ihn zu schaffen. Sie ermöglichte dem Hausherrn nicht nur einen problemlosen Zugang zu allen drei Stockwerken, sondern diente ihm zugleich auch als Büro und Arbeitszimmer und platzierte ihn so in den Mittelpunkt des Haushalts und Familienlebens.

Wer immer sich von Koolhaas' Werk irritiert oder eingeschüchtert fühlt, mag in diesem ebenso humanistischen wie praktischen Ansatz eine andere Seite seines Wirkens erkennen. Ila Bêka und Louise Lemoine drehten mit dem Film *Koolhaas Houselife* (2008) übrigens ein ungewöhnliches Porträt des Alltagslebens in diesem Haus. Von der *Time* zum „Best Design 1998" gewählt und längst ein historisches Monument, gehört es nach wie vor zu den wichtigsten Gebäuden von Koolhaas. Als einer der ersten seiner Bauten setzt es seine theoretischen Versprechen in die Realität um.

[1] Zitiert in den Notizen des Architekten zum Haus nahe Bordeaux.

Wie zahlreiche andere Gebäude von Koolhaas wirkt auch das Haus bei Bordeaux bautechnisch unausführbar, da ein immenses Gewicht auf extrem dünnen Trägern zu ruhen scheint. Die spektakuläre Konstruktionsweise beeinträchtigt jedoch in keiner Weise seinen funktionalen und praktischen Charakter, der den spezifischen Wünschen des Auftraggebers entspricht.

HAUS NAHE BORDEAUX

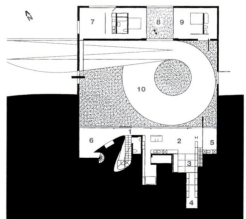

Erdgeschoss
1 Eingang
2 Küche
3 Fahrstuhlplattform
4 Weinkeller
5 Waschraum
6 Fernsehraum
7 Angestelltenbereich
8 Innenhof
9 Gästezimmer
10 Zufahrtsweg

Eine offene Fahrstuhlplattform im Zentrum des Hauses diente dem im Rollstuhl sitzenden Bauherrn als Arbeitsplatz. Die Bücherwand daneben fungiert zugleich als Raumteiler.

1998

EDUARDO SOUTO DE MOURA

MOLEDO HAUS MOLEDO, CAMINHA, PORTUGAL

Man hat das Werk von Eduardo Souto de Moura schon als „mineralische Poesie" bezeichnet – ein treffender Ausdruck für eine Architektur von derart skulpturaler Monumentalität, die sich zugleich jedoch nur umso behutsamer in die Landschaft einfügt. Die großen Steinmauern, die Souto de Mouras Bauten charakterisieren, verleihen ihnen etwas Zeitloses.

Der Bau des Moledo Hauses begann mit einer geschickten Umgestaltung des Standorts. António Reis, der Bauherr, hatte in Nordportugal einen Bauplatz in Hanglage für ein Wochenend- und Feriendomizil erworben. Das Grundstück bestand aus einer Reihe landwirtschaftlich genutzter Terrassen, durchsetzt mit den Ruinen eines Gebäudes aus dem 17. Jahrhundert. „Für dieses holprige Gelände", sagt Souto de Moura, „hätte ich nie das Haus entwerfen können, das sich mein Auftraggeber vorstellte, sodass ich ihm vorschlug, das Areal vollständig umzugestalten. So verdoppelte ich die Fläche der vorhandenen Terrassen und halbierte ihre Zahl, was mehr kostete als der eigentliche Hausbau."[1]

Der rechteckige einstöckige Bau fügt sich so dezent in das neu angelegte Grundstück ein, dass er aus der Ferne kaum zu erkennen ist. Seine Betonwände sind mit demselben rauen Granitmauerwerk verkleidet, das auch zur Konstruktion der Terrassen verwendet wurde, während der zentrale Abschnitt des Hauses mit einer Folge von zurückgesetzten, holzgerahmten Glasschiebetüren ganz auf Transparenz setzt.

Das Gebäude steht auf einem eigenen kleinen Plateau und ist so angelegt, dass zwischen der Glaswand an seiner Rückseite und den Felsblöcken draußen ein Abstand bestehen bleibt. Diese Lücke fungiert als Quelle für natürliches Licht und verwandelt die Felswand in eine Art natürliche Tapete für den langen Korridor, der fast die ganze Rückseite des Hauses entlang verläuft.

Auf der Vorderseite liegen drei gleich große Schlafräume sowie ein kombiniertes Wohn- und Esszimmer. Eine steinverkleidete Wand enthält einen Kamin und fungiert zugleich als Trennwand zwischen dem Wohnbereich und der jenseits davon liegenden Küche sowie einem kleinen, auf einer Seite eingefügten Studio. Betrachtet man das Flachdach von den waldigen Anhöhen aus, wirkt es wie ein Objet trouvé mitten in der Landschaft – „als ob es vom Himmel gefallen sei", wie Souto de Moura meint. Was man hier sieht, ist ein Musterbeispiel integrativer Architektur, die zu einem eigenen Genre geworden ist. Dieses Gebäude will weder schockieren noch „laut" sein, sondern nur die Landschaft so wenig wie möglich stören.

Das Moledo Haus ist außerdem Ausdruck eines behutsamen Vorgehens, das von einer schrittweisen Annäherung an die Bedürfnisse des Auftraggebers zeugt und einer ebenso wohlüberlegten Reaktion auf den Standort. Landschaftsumgestaltung und Bauarbeiten dauerten insgesamt sieben Jahre, in deren Verlauf der Entwurf kontinuierlich weiterentwickelt und modifiziert wurde.

Auch wenn sich Parallelen zum Werk von Frank Lloyd Wright, Álvaro Siza oder auch Albert Frey ziehen lassen, sind die Werke Souto de Mouras letztlich sehr individuell und fest in ihrem iberischen Kontext verwurzelt. Das Moledo Haus stellt eine inspirierende Kombination aus Alt und Neu, Vergangenheit und Gegenwart, Masse und Transparenz dar. Mehr noch, es ist die architektonische Manifestation eines frischen, unverbrauchten Umgangs mit dem Thema Landhaus und der damit verbundenen Lebensweise.

[1] Zitiert in Antonio Esposito und Giovanni Leoni, *Eduardo Souto de Moura*, Electa 2003.

Seine erfolgreiche Integration in die durch landwirtschaftliche Nutzung entstandene Terrassierung lässt das Haus vollkommen mit seiner natürlichen Umgebung verschmelzen.

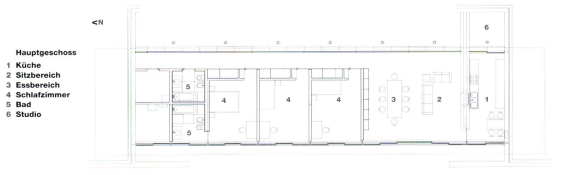

Hauptgeschoss
1 Küche
2 Sitzbereich
3 Essbereich
4 Schlafzimmer
5 Bad
6 Studio

MOLEDO HAUS

1998

UN STUDIO
MÖBIUS HAUS HET GOOI, NIEDERLANDE

UN Studio gehört sicherlich zu den dynamischsten und kreativsten Büros der zeitgenössischen Architekturszene. In einer Reihe von Gebäuden, meist in Europa, doch zunehmend auch andernorts, verbinden Ben van Berkel und Caroline Bos großen Einfallsreichtum mit geometrischer Präzision und Spitzentechnologie. Gleichzeitig zeigen sie sich – ähnlich wie Herzog & de Meuron oder Caruso St John – offen für eine Vielfalt von Einflüssen und begrüßen das neu erwachte Interesse an Texturen, Materialien und reduzierter Ornamentierung, wie ihre innovativen Fassaden und Gebäudehüllen demonstrieren. Mit dieser Einstellung haben sie eine Reihe eher durchschnittlicher Gebäudetypen in außergewöhnliche Bauten verwandelt.

Die Umspannwerke in Innsbruck und Amersfoort etwa wurden zu riesigen, mit Basaltplatten und Lavagestein verkleideten, skulpturalen Kunstwerken, deren Funktion auf den ersten Blick verschlossen bleibt. Gleiches gilt für das Brückenmeisterhaus in Purmerend, einem abstrakten, von Maschendraht umhüllten Betonturm. Das Stuttgarter Mercedes-Benz Museum betrachten viele als eines ihrer Meisterwerke – eine abgerundete Dreiecksform, ummantelt von Metall und Glas und durchzogen von verbundenen Rampen und Gängen, welche die Besucher durch das Gebäude führen. Die schwungvolle und fließende Form der Innenarchitektur, die sie gemeinsam mit dem Ingenieur Werner Sobek entwickelt haben, ist ebenso inspiriert von Frank Lloyd Wrights Guggenheim Museum wie von eigenen geometrischen Experimenten, für die das Möbius Haus als Beispiel gelten kann.

Das Möbiusband, eine in sich gedrehte, endlose Doppelschleife in Form einer Acht und benannt nach dem Leipziger Mathematiker August Ferdinand Möbius (1790–1868), wurde zur Leitidee für Wegführung und Struktur des Möbius Hauses. Der Auftrag kam von einem freiberuflich tätigen Paar mit erwachsenen Kindern. Sie waren zu jedem formalen Experiment bereit, wünschten sich aber zwei Ateliers, die jeweils am anderen Ende des auf einem großen Grundstück in der Nähe von Amsterdam zu errichtenden Hauses liegen sollten.

„Das Möbius Haus verbindet Bauplan, Wegführung und Struktur nahtlos miteinander", erklären van Berkel und Bos. „Das Gebäude macht sich seinen Standort optimal zunutze, indem es sich in horizontaler Richtung entfaltet und es seinen Bewohnern so ermöglicht, die

Obergeschoss
1 Dachgarten
2 Offener Bereich
3 Lagerraum
4 Schlafzimmer
5 Luftzirkulation
6 Bad
7 Atelier
8 Oberer Teil des Wohnzimmers

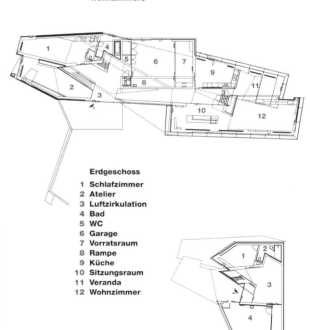

Erdgeschoss
1 Schlafzimmer
2 Atelier
3 Luftzirkulation
4 Bad
5 WC
6 Garage
7 Vorratsraum
8 Rampe
9 Küche
10 Sitzungsraum
11 Veranda
12 Wohnzimmer

Kellergeschoss
1 Gästezimmer
2 Bad
3 Luftzirkulation
4 Lagerraum

Umgebung bei ihren täglichen Aktivitäten auf sich wirken zu lassen."[1] Die beiden Ateliers, drei Schlafzimmer, Funktionsräume und der Wohnraum mit Eckkamin wurden ebenso wie Garage, Veranda und Dachgarten auf die Wünsche der Besitzer zugeschnitten.

Als Experimentalbau nimmt das Haus eine zentrale Stellung in der Entwicklung von UN Studio ein. Zugleich wurde es zum Symbol eines neu erwachten Interesses an einer dynamischen Formensprache innerhalb der zeitgenössischen Architektur.

[1] B. v. Berkel und C. Bos, *UN Studio: Designmodelle, Architektur, Urbanismus, Infrastruktur*, Niggli 2006.

Der an der Möbiusschleife orientierte Grundriss mit seinen vielfältigen Überschneidungen ermöglicht es den Bewohnern, sich an vielen Schnittstellen zu begegnen und miteinander zu interagieren, während sie sich durchs Haus bewegen. Zugleich passt sich das niedrige, langgestreckte Gebäude aus Beton und Glas perfekt seiner waldigen Umgebung an.

MÖBIUS HAUS

1999

STEVEN HOLL

Y-HAUS CATSKILL MOUNTAINS, NEW YORK, USA

Das Bild einer einsam in offener Landschaft stehenden Scheune hat schon etwas Faszinierendes. Für ein so schlichtes und traditionelles Gebäude ist sie von beeindruckender ästhetischer Präsenz und starker emotionaler Anziehungskraft. Diese meist ortsspezifischen Bauten vermitteln den Anschein, wirklich mit dem Land und ihrer Umgebung verbunden zu sein – nicht nur aufgrund ihrer Geschichte, sondern auch aufgrund ihrer Konstruktion und Materialien.

Mit seinem in markantem Rot gehaltenen Y-Haus greift Steven Holl das Motiv der Scheune in der Landschaft auf. Er aktualisiert es und unterläuft es zugleich, indem er daraus ein ebenso reizvolles wie originelles Wohnhaus schafft. Holl konzipierte das auf einem Hügel gelegene, mit Zedernholz verkleidete Landhaus als zwei Gebäude in einem. Die Idee zu dieser Form geht auf einen wie eine Wünschelrute gegabelten Stock zurück, über den er bei einem Besuch des 4,5 Hektar großen Geländes quasi gestolpert war. Angeregt von diesem poetischen Fundstück und der Topografie des Areals, hielt er die Y-förmige Gestalt in seinem Skizzenbuch fest.

„Die Beziehung aller Elemente dieses Ortes zueinander, der weite Blick nach Südwesten, der Stand der Sonne, und der kreisförmige Anstieg auf den Hügel – all das legt den Entwurf eines Hauses nahe, das sich vom Ankunftsort aus als einstöckiger Bau kreisförmig nach oben bewegt und sich zur Y-Form verzweigt", erklärt Holl.

Das Haus scheint direkt der Erde zu entspringen und sich dann in zwei Teile zu spalten. Die Auftraggeber wollten zwei Generationen derselben Familie in einem Gebäude unterbringen, sodass der Architekt faktisch zwei Flügel schuf, von denen jeder mit eigenen Schlaf- und Wohnräumen, Balkon und Veranda ausgestattet war.

„Das Haus wächst buchstäblich aus der Landschaft empor und neigt sich dann in Richtung der im Süden stehenden Sonne, während die überdachten

Die landschaftsgärtnerische Gestaltung des umweltbewussten Y-Hauses, das auch über die technischen Möglichkeiten zur Regenwassergewinnung verfügt, macht einen zusätzlichen Ziergarten überflüssig. Das Gebäude fügt sich nahtlos in das umliegende Grünland ein.

Veranden die Sommersonne fernhalten und die Wintersonne einlassen", so Holl. „Im einen Zweig des Y befinden sich die Schlafzimmer unten, im anderen oben, sodass sich die Wohnsituation umkehrt und Fenster innerhalb der Y-Form die Privatsphäre nicht beeinträchtigen."

In mancherlei Hinsicht knüpft das Y-Haus an frühere Projekte Holls an, die ebenfalls auf landestypische Einflüsse zurückgehen. Man denke dabei insbesondere an das Berkowitz Odgis Haus in Martha's Vineyard, Massachusetts, bei dem die Komponenten der traditionellen Holzhäuser neu zusammengesetzt wurden. Auf ähnliche Weise erfand die Round Lake Hut in Rhinebeck, New York, die Idee der schlichten Uferhütte neu.

Ein Teil der von Holls Arbeit ausgehenden Faszination gründet sich darauf, dass er auf den jeweiligen Kontext und Standort sehr unterschiedlich und überraschend reagiert. So werden unsere Erwartungen beim Y-Haus, denen das Bild einer rot gestrichenen Scheune zugrunde liegt, genial unterlaufen. Anders gesagt, Holl krempelt die Dinge um, schafft aber auch Häuser, die auf sensible Weise mit den Wünschen seiner Auftraggeber übereinstimmen.

Die beiden Einheiten des Y-förmigen Baus haben einen gemeinsamen Zugangsweg und teilen sich Foyers und Funktionsräume, sind sonst aber praktisch unabhängig voneinander.

Y-HAUS

Erdgeschoss

Obergeschoss

2000

DAVID ADJAYE

ELEKTRA HOUSE WHITECHAPEL, LONDON, ENGLAND

Den bedeutendsten von David Adjayes Häusern wohnt eine geheimnisvolle Mehrdeutigkeit inne. Gebäude wie das Dirty House, das Lost House und das Sunken House sind nahezu abstrakte Größen im Stadtbild. Passanten sind sich unsicher, ob es sich dabei überhaupt um Häuser oder Industriebauten handelt. Sie verraten wenig, bis man ins Innere tritt und die Entdeckungsreise beginnt.

In gewisser Weise kann man Adjayes Häuser als eine Reaktion auf urbane Ballungsräume begreifen: Sie zeigen geschlossene Fassaden, die Privatheit und Zurückgezogenheit versprechen, sind in höchstem Grade nach innen gerichtet und genügen sich im Wesentlichen selbst. Gleichzeitig ähneln sie auch Kunstinstallationen, und tatsächlich steht Adjaye in engem Kontakt zur Kunstwelt. Er hat für zahlreiche Künstler Häuser entworfen und arbeitet bei der Gestaltung öffentlicher und kultureller Räume häufig mit Bildhauern und Malern zusammen.

„Je schneller die Städte wachsen und je überwältigender und berauschender die Formen des Urbanismus, desto wichtiger wird meines Erachtens die Vorstellung eines heimischen Rückzugsorts", sagt Adjaye. „Das ist die Ruhezone, das Refugium, der Krafttank (...) Ich glaube auch, dass die Idee des modernen Hauses völlig überholt ist (...). Gut funktionierende sanitäre Anlagen oder eine exzellente Haustechnik sind für mich als Architekt längst nicht so interessant wie die Frage nach einem wohnlichen Zuhause. Ich möchte herausfinden, was dieses Zuhause sonst noch sein kann."[1]

Die erste und vielleicht berühmt-berüchtigste dieser Erkundungen war das Elektra House im Jahre 2000. Die Auftraggeber, eine Künstlerin und ein Bildhauer mit zwei Kindern, baten Adjaye, auf dem Grundstück einer ehemaligen Werkstatt im Londoner East End ein kostengünstiges Haus zu bauen.

Zur Straße hin präsentiert das zweistöckige Gebäude aus einer Holz-Stahl-Konstruktion eine vollständig geschlossene, fensterlose Fassade, die mit dunkel gebeizten Sperrholzplatten verkleidet ist. Über einen seitlichen Durchgang gelangt man zu einem Seiteneingang.

Ein zweistöckiger Bereich des offenen Erdgeschosses wird zur Fassadenseite hin von Oberlichtern illuminiert, während die großflächige Verglasung zum Hof auf der Rückseite zur hellen, freundlichen und luftigen Atmosphäre der Innenräume beiträgt. Die weißen Wände und Betonböden verleihen dem galerieartigen Raum, der sich perfekt für Kunstausstellungen eignet, minimalistisches Flair. Dieses Haus voller Rätsel spielt auf faszinierende Weise mit den Gegensätzen von Licht und Dunkelheit, Offenheit und Geschlossenheit und vermittelt dennoch zugleich das Gefühl von Zuflucht und Ruhe vor der Stadt.

Das Elektra House ist ein ebenso ungewöhnliches wie umstrittenes Gebäude, das Adjaye große Aufmerksamkeit beschert hat. Es gehört zu einer höchst originellen Serie von Häusern, die der Karriere des Architekten ein solides Fundament gab. Seither ist er in seiner Heimat wie auch im Ausland mit großen öffentlichen und kulturellen Projekten beschäftigt, die auf den Qualitäten und Themen seiner früheren Werke aufbauen. Mittlerweile schöpft er aus ganz verschiedenen Quellen der Inspiration – nicht zuletzt aus seiner Kinder- und Jugendzeit in Afrika, ein Kontinent, der ihn noch immer fasziniert. Das Elektra House am Anfang seiner Karriere offenbarte ein starkes Interesse an jeder Form der Ambivalenz sowie an ungewöhnlichen, spektakuären Fassaden und Ummantelungen, die zum Markenzeichen von Adjayes Gebäuden geworden sind.

[1] Interview mit Geoff Manaugh, *Dwell,* März 2008.

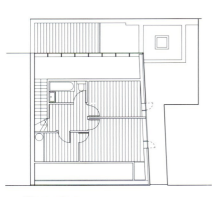

Obergeschoss

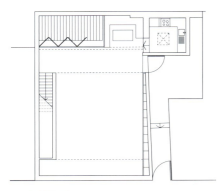

Erdgeschoss

Das Elektra House ist im Grunde konzipiert wie ein Leuchtkasten. Während die Fassade völlig geschlossen ist, fällt durch die Oberlichter und die großen Glasflächen auf der Rückseite ausreichend Licht ins Gebäude.

2000

SEAN GODSELL

CARTER/TUCKER HAUS BREAMLEA, VICTORIA, AUSTRALIEN

Australien befindet sich an einer kulturellen Schnittstelle, die westliche und asiatische Traditionen vereint. Sean Godsell ist dieser kulturellen Fusion in vielen seiner Projekte nachgegangen und hat Gebäude geschaffen, die Elemente beider Kulturen bewusst miteinander kombinieren. Das ist an sich nichts Neues, man denke nur an asiatische Einflüsse auf Pioniere der Moderne wie Frank Lloyd Wright und Rudolph Schindler, aber die Art und Weise, wie Godsell ungewöhnliche heimische und zugleich nachhaltige Materialien integriert, ist bemerkenswert.

Das zeigt sich am besten bei einer Reihe von Häusern, die mit dem Kew Haus, seinem eigenen Zuhause, begann und sich mit den Carter/Tucker und Peninsula Häusern fortsetzte. Sie alle könnte man als zeitgenössische Formen von „Hütten" beschreiben, „die die Erde nur leicht berühren" (um Glenn Murcutts Maxime zu zitieren). In mancherlei Hinsicht sind sie eine Referenz auf die Nutzgebäude des ländlichen Australien, zugleich aber erinnern sie in ihrer Anmut auch an asiatische Holzpavillons.

Das Carter/Tucker Haus wurde von dem Fotografen Earl Carter und seiner Frau Wanda Tucker in Auftrag gegeben. Sie wünschten sich ein einfaches Wochenenddomizil mit flexiblen Nutzungsmöglichkeiten, nicht zuletzt wollten sie das Wohnzimmer bei Bedarf in ein Fotostudio mit Tageslicht umfunktionieren können. Dabei ermutigten sie Godsell sehr in seiner Experimentierfreude und darin, auf Themen aufzubauen, die er in seinem eigenen Haus einige Jahre zuvor begonnen hatte.

Das in Sanddünen eingebettete Carter/Tucker Haus ist ein 12 x 6 Meter großer, extrem anpassungsfähiger und vielseitiger Holzkasten. Seine Hülle aus Zederlamellen verleiht ihm eine hüttenartige Schlichtheit und bietet zugleich einen komplexen und flexiblen Sonnenschutz, der das natürliche Licht filtert oder streut.

Auch innen ist das dreistöckige Haus äußerst flexibel. Über eine kleine Brücke gelangt man zuerst in das aus einem offenen Schlaf- und Wohnraum bestehende mittlere Stockwerk. Im Obergeschoss befindet sich ein ebenfalls offener Küchen-, Ess- und Wohnbereich. Die Gästeschlafzimmer liegen im Untergeschoss, das sich zu einem Deck öffnet. Jede Etage besteht fast zur Gänze aus einem einzigen großen Raum, der sich jedoch mit japanisch anmutenden Schiebewänden unterteilen lässt, während Bad, Nebenräume und eine kleine Küche in schmalen reckteckigen Seitentrakten untergebracht sind. Die meisten der verwendeten Materialien sind schlicht und unbearbeitet, viele von ihnen wurden recycelt.

„Die größte Stärke des Gebäudes", sagt Godsell, „liegt in seiner scheinbaren Einfachheit. In Wahrheit sind Theorie wie Entwurf äußerst komplex, und der Umstand, dass sich diese Komplexität in einem derart schlichten Format darstellen ließ, war eine große Erleichterung für mich."

Die Themen des Carter/Tucker Hauses wurden im Peninsula House weiterverfolgt, bei dem ebenfalls Holzlamellen als Filter fungierten. In ihrer Gesamtheit zeigen beide Projekte den Weg auf zu einer neuen Form des modernen australischen Wohnhauses, das ganz auf stilistische Diversität setzt. Gleichzeitig bieten sie mit ihrer Sensibilität gegenüber der Natur und einer meisterhaften Lichtführung ein höchst flexibles und imaginatives Modell, das auch international beispielgebend ist.

Das auf einer Stahlkonstruktion basierende Carter/Tucker Haus ist von einer mit Luftschlitzen versehenen Haut aus Zederlamellen ummantelt. Dabei handelt es sich vielfach um Klappläden, die sich bei Bedarf in Markisen verwandeln lassen.

Die durchlässigen Holzlamellen filtern das Tageslicht und ersetzen jede Wanddekoration im Haus durch die natürliche Projektion von einmaligen Mustern aus Licht und Schatten.

Obergeschoss
1 Küche / Ess- / Wohnzimmer

Erdgeschoss
1 Schlaf- / Wohnzimmer
2 Bad

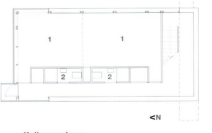

Kellergeschoss
1 Gästezimmer
2 Bad

2000

WERNER SOBEK

HAUS SOBEK / HAUS R128 STUTTGART, DEUTSCHLAND

In einem bahnbrechenden Haus des 21. Jahrhunderts kombiniert Werner Sobek zwei der großen Themen zeitgenössischer Architektur: Vorfertigung und Nachhaltigkeit. Als Bauingenieur war er an architektonischen Großprojekten wie Flughäfen und Bürokomplexen beteiligt, doch als Architekt fühlte er sich immer mehr zur Entwicklung vorgefertigter, vollständig recyclebarer Wohnhäuser hingezogen.

Bei seinem eigenen Wohnhaus auf einem Hügel mit Blick über Stuttgart konnte Sobek seinen Ideen freien Lauf lassen und die Baustelle zum Versuchslabor machen. Überraschenderweise gelang ihm dabei ganz nebenbei auch noch ein beeindruckendes architektonisches Statement in Form eines vierstöckigen Glaskubus.

„Der Bau erzeugt keinerlei Schadstoffe und ist energietechnisch autark", sagt Sobek. „Die Komposition beruht auf einem Modulraster, sodass man es innerhalb kürzester Zeit aufbauen und ebenso schnell wieder zerlegen und seine Einzelteile neu verwenden kann."[1]

Der Stahlrahmen wurde innerhalb von nur vier Tagen errichtet und das Haus anschließend mit dreifach verglastem

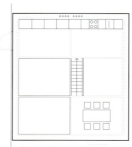

Drittes Obergeschoss

Zweites Obergeschoss

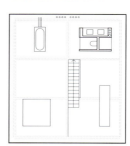

Erstes Obergeschoss

Erdgeschoss

Die Möblierung des energieneutralen, mit Solarenergie betriebenen Sobek Hauses ist stark reduziert, um das Gefühl von Offenheit und Transparenz zu erhalten – und auch die Verbindung zum Außenraum zu stärken. Ein großer roter Bücherschrank im Wohnzimmer setzt dazu einen kontrastiven Farbakzent.

Niedrigemissionsglas ummantelt. Auf dem Dach befinden sich Solarkollektoren, die das Gebäude mit Energie versorgen, während ein Wärmeaustauschsystem überschüssige Hitze im Sommer in wassergefüllte Deckenspeicher leitet. Im Winter kehrt sich der Prozess um, und die Speicher geben Wärme ab.

Das Haus sitzt auf einem kleinen Plateau am Hang. Man betritt es über eine Brücke im obersten Geschoss, das Küche und Esszimmer enthält und einen spektakulären Blick über die Stadt bietet. Eine bemerkenswerte Stahltreppe windet sich in der Mitte durch das Gebäude, und zweigeschossige Leerräume in wichtigen Bereichen des Hauses steigern das Gefühl von Transparenz in den weitgehend offen gestalteten Stockwerken. Die zweite Etage wird vom Wohnraum dominiert, während sich die Schlafzimmer und ein Atelier weiter unten im Haus befinden. Der Gebäudesockel wird von einer Terrasse umfangen.

In diesem Haus gibt es weder Türen noch Schalter, und die Haustechnik verbirgt sich in leicht zugänglichen Metallschächten. Sobeks Experimentierfreude erschöpft sich jedoch nicht mit den Themen Energieeffizienz und vorgefertigte Bauelemente, sondern schloss auch ein computergesteuertes, stimm- oder bewegungsaktives Beleuchtungssystem ein.

Haus Sobek, auch als Haus R128 bezeichnet, beweist, dass Energieeffizienz und Autarkie nicht auf Kosten technischer und architektonischer Brillanz oder der ästhetischen Gestaltung gehen müssen. Dies wird zweifelsohne erhebliche Folgen für die Zukunft des Gebäudedesigns haben, und Sobeks Haus R128 wird sicherlich, wie auch neuere Arbeiten, so zum Beispiel das Haus H16 von 2006, eine große Rolle bei der Transformation des modernen Hauses spielen. Innerhalb der Parameter einer derartigen neuen Architektur stellt selbst ein Glaskubus nicht einfach nur das perfekte Traumhaus dar, sondern wird zu einem erstrebenswerten umweltbewussten Gebäude.

[1] Zitiert in Mercedes Daguerre, *20 Houses by Twenty Architects,* Electa 2002.

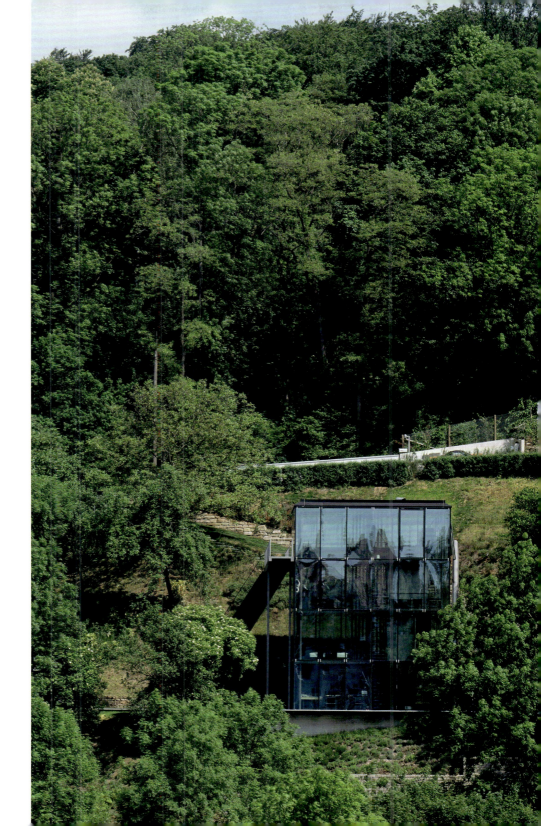

2005

HORDEN, HAACK & HÖPFNER

MICRO COMPACT HOME VERSCHIEDENE ORTE

Das serienmäßig hergestellte Fertighaus ist eine Art Heiliger Gral der Architektur. Seit den frühen Experimenten Richard Buckminster Fullers und Jean Prouvés haben kostengünstige und gut gestaltete Modulhäuser, die sich in großem Umfang fabrikmäßig produzieren lassen, die Aufmerksamkeit von Architekten, Designern und Zukunftsforschern auf sich gezogen.

In den letzten Jahren hat das Interesse am modularen Fertighaus wieder stark zugenommen. Neue Entwürfe kamen auf den Markt, mit denen die Nachfrage der Öffentlichkeit getestet werden sollte. Dazu zählen The Retreat der britischen Architekten Buckley Gray Yeoman und das weeHouse von Alchemy Architects in den USA – Projekte, die versuchen, die Möglichkeiten industrieller Herstellung mit einer maximalen Anpassungsfähigkeit der Häuser zu verbinden, sodass die Entwürfe für individuelle Kunden nach Maß geschneidert werden können.

Eines der bemerkenswertesten Beispiele dieser neuen Spielart des Fertighauses ist das Micro Compact Home. Richard Horden ist schon lange ein großer Anhänger der Vorfertigung: Er entwickelte in den 1990er-Jahren das Skihaus, eine gebirgstaugliche Wohnzelle für unebenes Gelände und alpine Klimazonen. Andere Projekte profitierten von seiner Segelbegeisterung – und der Übernahme von Gestaltungskonzepten, die ursprünglich aus der Schifffahrt stammen. Lydia Haack und John Höpfner wiederum haben viel Erfahrung mit energieeffizienter und nachhaltiger Planung und waren an der Konzeption zahlreicher innovativer Bauten beteiligt.

Das Micro Compact Home wurde zunächst in Zusammenarbeit mit Studenten und Kollegen an der Technischen Universität München entwickelt, wo Horden als Professor tätig war. Weitere Inspirationen für den Entwurf lieferten die Autoindustrie und die Raumfahrtindustrie – Horden trug in Abstimmung mit der NASA zur Entwicklung von Workstations für die Internationale Raumstation bei – sowie das schlichte japanische Teehaus. Der stärkste Anstoß kam jedoch aus der Luftfahrt.

„Unsere Inspiration", äußert sich Horden dazu, „verdankte sich einer detaillierten Untersuchung der aktuellen kommerziellen Luftfahrt und der kompakten, hochwertigen Wohn- und Schlafräume in der Business Class bestimmter Fluglinien. Architekten neigen dazu, bei der Vorfertigung die Raumstandards der Vergangenheit zugrunde zu legen, und das ist meines Erachtens ein fundamentaler Fehler. Wir müssen Raumstandards überdenken und Wohnhäuser ähnlich wie Autos gestalten, sodass die Räume perfekt passen, inklusive Einbaumöbeln und einer Technik, die auf dem neuesten Stand ist."

Das Micro Compact Home ist ein 2,6 x 2,6 Meter großer Kubus auf der Basis einer Holzrahmenkonstruktion, die mit einer extrem belastbaren Aluminiumschale ummantelt ist. Sie bietet Wohn-/Schlafraum für ein bis zwei Personen inklusive aller Einbauelemente, von den Betten über die kleine Küche bis zur Nasszelle.

Seit 2005 haben Horden, Haack + Höpfner gemeinsam mit den österreichischen Herstellern des Gebäudes Micro Compact Home vermarktet und das Konzept weiterentwickelt. Ein kleines, aus sieben Cubes bestehendes Studentendorf, bekannt als O2 Village, wurde in der Nähe von München etabliert, und die Wohnwürfel haben ihre Tauglichkeit als kostengünstige Wohneinheiten für Studenten erfolgreich unter Beweis gestellt.

Das Micro Compact Home hat einen wichtigen Beitrag zur Förderung von Fertigbaukonzepten geleistet. Zugleich hat es deren großes architektonisches und soziales Potenzial zur Lösung einer ganzen Reihe von (gesellschaftlichen) Problemen demonstriert – von Wohnungsmangel über den Katastrophenschutz, bis zum bezahlbaren Zweitwohnsitz auf dem Land. Sicherlich wird es keinen eindeutigen Gewinner bei diesem „Fertigbaurennen" geben, doch das Micro Compact Home ist ein ebenso faszinierender wie origineller Beitrag.

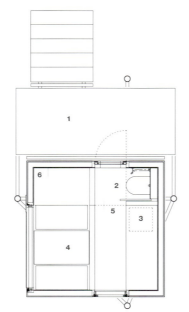

Hauptgeschoss
1. Terrasse
2. Eingang / Duschraum
3. Küche
4. Essbereich
5. Schiebetür
6. Klapphochbett

Das Micro Compact Home hat mit seinem prägnanten Profil und der integrierten, von der Luftfahrt inspirierten „Kabine" die Vorstellungskraft der Öffentlichkeit stärker beflügelt als die meisten anderen Fertigbaukonzepte.

Micro Compact Homes sind ausgesprochen flexibel. Die Auftraggeber können die Farben ihren Wünschen entsprechend anpassen und verschiedene Bauelemente zu größeren Wohnungen zusammenfügen. Das kompakte Haus kann bereits vollständig zusammengebaut per Sattelschlepper geliefert oder mit dem Hubschrauber an entfernte Standorte befördert werden.

2009

ISAY WEINFELD

CASA GRÉCIA SÃO PAULO, BRASILIEN

In einer Metropole wie São Paulo hat das Konzept eines Rückzugorts einen ganz besonderen Reiz. Die Größe und Intensität dieser Stadt kann zeitweise überwältigend wirken, auch aufgrund des vorherrschenden heißen und feuchten Klimas. In São Paulos grünem Stadtviertel Jardins hat der Architekt Isay Weinfeld das Unmögliche möglich gemacht und mit der Casa Grécia mitten in die zersiedelte Stadtlandschaft ein Landhaus gestellt – und einen wertvollen Rückzugsort für seinen Auftraggeber geschaffen. Und das so perfekt, dass laut Weinfeld der Kunde und seine Familie ihr Wochenendhaus am Meer nun viel weniger häufig nutzen.

Die Casa Grécia liegt in einem großzügigen, doch hinter hohen Mauern versteckten geheimen Garten. Diese Umfriedung, aber auch der Altbaumbestand und das üppige Grün der Anlage vermitteln ein besonderes Gefühl von Sicherheit und Privatsphäre. Von dieser Naturkulisse inspiriert, ist der Entwurf des Hauses völlig frei von urbanen Einflüssen und mutet fast wie eins von Weinfelds ländlichen Projekten an. Weinfeld passte das Gebäude der sanften Neigung des Gartens an, indem er es in zwei Volumina unterteilte – einem flachen einstöckigen Pavillon im oberen Bereich und einem zweistöckigen Flügel etwas weiter hangabwärts. Dieser tiefer liegende Bereich beherbergt einen Fitnessraum und ein Studio und führt – auf besonderen Wunsch des Kunden – zu einem einladenden, langgestreckten Pool.

„Er ist Triathlet und sammelt Oldtimer", sagt Weinfeld, „also wünschte er sich eine 50-Meter-Bahn, einen großzügigen Fitnessraum und eine sehr große Garage. Wie das Haus auf dem Grundstück angeordnet wird, war ihm ebenfalls sehr wichtig. So konnte durch die Lage des Hauses der gesamte Bestand an Bäumen erhalten werden."

Die vollkommene Abgeschlossenheit des Settings gab Weinfeld die Freiheit, den Entwurf mit seiner ganz persönlichen Handschrift zu versehen: Er entwarf ein Haus, das sich so zum Garten und den Außenanlagen hin öffnet, dass sich die Grenzen zwischen innen und außen aufzulösen scheinen, ein Markenzeichen des Architekten. Dieser Effekt wird unter anderem durch mehrere „Frischluftbereiche" erzielt wie einer großen Veranda, die in den Hauptwohnraum übergeht, einer angrenzenden Terrasse und einem Balkon, der außen an den Schlafzimmern entlangläuft mit Blick auf den Pool.

Die Verwischung der Grenzen findet auch weiter drinnen statt. So dringt die Vegetation bis zu einem Treppenaufgang vor, der wie ein Felsengarten gestaltet ist: Zwischen Palmen und anderen Grünpflanzen geht es über grobe Steinstufen hinauf, wie auf einem Bergpfad, und der gesamte Raum wird durch ein Dachfenster in geometrisch abstrakter Form beleuchtet. In vielen Bereichen des Hauses ist die Natur trotz des urbanen Kontextes allgegenwärtig. „Durch die innenliegenden Gärten und Innenhöfe gelangt Tageslicht ins Haus, und man hat von überall einen anderen Ausblick," sagt Weinfeld. „So wird man immer wieder überrascht."

Dank der harmonischen Abstimmung der zahlreichen Einbauten mit den von Weinfeld selbst entworfenen Möbeln verschmelzen Architektur und Interieur zu einer Einheit. Ergänzt wird die Einrichtung durch eine erstklassig kuratierte Auswahl

an Vintage- und Midcentury-Objekten von Designern wie George Nakashima, den Castiglionis und anderen. Viele dieser Stücke sind aus schön strukturierten Naturmaterialien, die gut zu den Holzfußböden und anderen organischen Komponenten des Hauses passen. Sie verleihen ihm nicht nur seine besondere Note, sondern sind darüber hinaus ebenfalls ein essentieller Beitrag zu Weinfelds Konzept vom Landhaus mitten in der Metropole.

Der langgestreckte Pool wurde auf Wunsch des Auftraggebers, einem leidenschaftlichen Schwimmer, hinzugefügt. An die Poolterrasse schließt sich ein Fitnessraum im tiefer gelegenen Abschnitt des Hauses an. Das Frühstückszimmer im Obergeschoss (gegenüber) öffnet sich zum Garten.

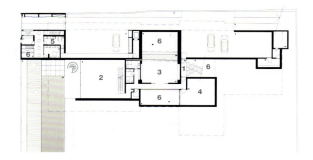

Erdgeschoss

1. Eingang
2. Wohnraum
3. Esszimmer
4. Küche
5. Schlafzimmer
6. Bad
7. Wohnzimmer
8. Mitarbeiterraum
9. Garten
10. Kino
11. Schwimmbad

Untere Etage

1. Eingang
2. Fitnessraum
3. Ruheraum
4. Studio
5. Mitarbeiterküche
6. Garten

Durch das Haus ziehen sich Dachfenster und Innengärten, die eine enge Verbindung zur Natur schaffen. Der Hauptwohnraum (gegenüber, oben) zeigt zum Garten und ist mit einer großen Veranda verbunden. Die dunkle maßgefertigte Regalwand fungiert als Raumteiler und setzt die Lounge-Insel mit Baumscheibentisch ins rechte Licht.

2010

BEDMAR & SHI

JIVA PURI VILLAS BALI, INDONESIEN

Die Entwürfe des Architekten Ernesto Bedmar sind stets perfekt zugeschnitten auf den Standort, den Kontext und ihre spezifischen Bedingungen. Angesichts der großen Bandbreite und geografischen Reichweite seiner Projekte sind seine Konzepte zum großen Teil das Ergebnis entsprechend unterschiedlicher Klimazonen, Landschaften, kultureller Hintergründe und traditioneller Einflüsse. Bedmar hat sein Architekturbüro in Singapur, und viele seiner bekanntesten Wohnprojekte sind auf den asiatischen Markt zugeschnitten. Als Folge hat er sich insbesondere für seine Neuinterpretation der zeitgenössischen tropischen Architektur einen Namen gemacht. In dieser Hinsicht ist das Design der Jiva Puri Wohnanlage auf Bali eine echte Glanzleistung.

Der Standort bot die einmalige Gelegenheit für eine Architektur, die ein ganz besonderes Gefühl der Verbundenheit mit Landschaft und Meer vermittelt. Die „Bali Villas" befinden sich im Süden Balis, wo Strände aus schwarzem Sand und traditionelle Tempel aus Vulkangestein das Bild prägen. Hier erwarb Bedmars Kunde ein großzügig dimensioniertes Grundstück, umgeben von einer schützenden Mauer. Nur eine große Toreinfahrt ermöglicht den Zugang zu dem ausgedehnten und vielgestaltigen Areal.

„Die Nähe zum Meer gibt dem Standort ein besonderes Flair, obwohl er etwas weiter oberhalb liegt", sagt Bedmar. „Da zu beiden Seiten des Grundstücks zwei bedeutende Tempel stehen, bestand die Herausforderung darin, eine moderne Wohnanlage mit starken balinesischen Wurzeln zu schaffen."

Jiva Puri besteht aus einer Reihe von Pavillons, die sich um einen zentralen Innenhof gruppieren, mit zum Teil offenen Seiten – wie beim zentralen Wohn-/Esspavillon. Dies sorgt für eine frische Brise und einen freien Blick. Andere Pavillons sind stärker abgeschlossen. Dennoch wird auch bei den Schlafpavillons die Verbindung zwischen innen und außen durch Glasschiebewände und angrenzende Terrassen voll ausgeschöpft. Die Anlage glänzt mit einer vorbildlichen Landschaftsgestaltung, die sich an strengen Sichtachsen orientiert und den Besucher über Steinpfade führt, die von Zierteichen gesäumt sind. Ausgewachsene Frangipanibäume scheinen hier auf ihren eigenen kleinen Inseln zu schwimmen.

Die formale Gestaltung der Gartenanlagen trägt wesentlich zur Gesamtästhetik der Anlage und ihrer Atmosphäre bei. Die zahlreichen Zierteiche mit ihren kleinen Frangipani-Inseln spielen dabei eine wichtige Rolle – sie lassen die harten Konturen der Gebäude sehr viel weicher erscheinen.

Die Funktionsbereiche wurden an die Hinterseite der Anlage gerückt, während sich der zentrale Wohnpavillon und ein Quartett aus Gästepavillons auf gegenüberliegenden Seiten des Innenhofs befinden. Dadurch ist für alle – Familienangehörige, Freunde, Besucher und Bauherr – ausreichend Privatsphäre gewährleistet. Der allgemeine Wohnpavillon fungiert als Begegnungsort und Kommunikationszentrum, während das Gartenhaus mit Bibliothek einen Rückzugsort ganz in der Nähe bietet. Der Pool und das Poolhaus oder „Bale" sind zum Ozean ausgerichtet.

Die Wahl der verwendeten Materialien zeigt einen hohen Anspruch an Nachhaltigkeit. So kam etwa recyceltes Hartholz von alten Anlegestegen und Gleisanschlüssen zum Einsatz. Die qualitativ hochwertigen, in Handarbeit gefertigten Details sind grundsätzlich schlicht und einfach im Design. Zugleich trifft man auch auf reich verzierte architektonische Schmuckelemente, die wie Kunstwerke präsentiert werden – auch sie sind aus recyceltem Altmaterial und wie Zitate der traditionellen balinesischen Architektur. Die Inneneinrichtung wurde von Bedmar mit dem Anspruch entwickelt, Architektur und Interieur zu einer harmonischen Einheit zu verschmelzen.

„Am besten gefällt mir die ganze Atmosphäre dieser Anlage", sagt Bedmar, der seitdem eine beträchtliche Zahl neuer Aufträge in Bali angenommen hat. „Es war mein erstes Projekt hier, und sowohl vom Grundriss her als auch in seiner Strenge unterscheidet es sich doch sehr von unseren anderen Häusern. Ähnlich wie mein erstes Bauprojekt in Singapur, das Eu Haus an der Belmont Road – das inzwischen zum Studienobjekt für Studenten geworden ist, die sich mit ‚Monsun-Architektur' beschäftigen –, vermittelt auch das Bali Haus das Gefühl, ein Prototyp zu sein, nämlich der eines modernen Zuhauses in den Tropen."

Bedmars Vision eines modernen Zuhauses in den Tropen verwischt die Grenzen zwischen innen und außen, Haus und Garten. So öffnet sich der Wohnpavillon im Zentrum der Anlage auf der einen Seite zum Innenhof und auf der anderen zum Pool.

Erdgeschoss
1. Haupttor
2. Eingang
3. Wohnpavillon
4. Schlafpavillon
5. Gästepavillon
6. Teich
7. Garten
8. Badezimmer
9. Gartenhaus mit Bibliothek
10. Fitnessraum
11. Küche
12. Zentraler Innenhof
13. Swimmingpool
14. Poolhaus

2012

TOM KUNDIG

STUDHORSE WINTHROP, WASHINGTON, USA

Tom Kundigs Häuser zeugen von einem faszinierenden Erfindungsgeist. In seinen Gebäuden kombiniert er High-Tech mit Low-Tech auf eine derart einzigartige Weise, dass jedes seiner Projekte von unverwechselbarem Unikat-Charakter ist. Seine Bauten zeugen von seiner Vorliebe für rohe Grundmaterialien, aber auch von seinem großen Respekt vor Handwerk und Patina. „Funktionalität, Lebensqualität und Technik" sind für ihn die drei Säulen seiner Arbeit. Doch noch zentraler ist sein Wunsch, dem jeweiligen (Stand-)Ort eine Bedeutung zu verleihen, indem seine Bauten sich „anfühlen", als wären sie schon immer Teil der Landschaft gewesen und sich auf elementare und lebendige Weise mit ihrer Umgebung verbinden.

Dies hat er auch in Studhorse verwirklicht, einem Zweitwohnsitz für Shane und Tasha Atchison und ihre beiden Kinder in einer ländlichen Region des Staates Washington. Der Standort des neuen Gebäudes befindet sich in einem etwas über 95 Kilometer langen Gletschertal – auf einem abgelegenen Gelände, das zu Abenteuer oder Weltflucht animiert. Dort herrschen extreme Wetterverhältnisse, mit kalten, schneereichen Wintern und glühend heißen Sommern.

„Der weite Himmel und der Blick auf die Berge und die Hochwüste ist atemberaubend", sagt Kundig. „Es kann wunderschön ruhig, sonnig, friedvoll und meditativ sein – fast so, als befände man sich auf dem Gipfel eines Berges. Umgekehrt kann es durch plötzliche Wetterumschwünge auch stürmisch, dramatisch und wild sein."

Statt ein einzelnes Gebäude zu entwerfen, entschied sich Kundig für ein Triptychon sich ergänzender Baukörper um einen zentralen Innenhof herum. Der Architekt zieht gern einen Vergleich mit den „Wagenburgen" der Siedlertrecks, ließ sich aber auch vom Camping inspirieren, bei dem man durch den ständigen Kontakt mit der Natur die Landschaft auf ganz neue Weise und mit allen Sinnen erlebt.

In einem zweigeschossigen Gebäude befinden sich unten die Kinderzimmer und oben das Elternschlafzimmer. Ein einstöckiger Pavillon auf der anderen Seite des Innenhofs enthält eine Gästesuite und die Garage. Das Hauptgebäude liegt direkt am Pool. Seine großflächigen Glaswände lassen sich aufschieben, sodass man sich unmittelbar mit der Landschaft verbunden fühlt. Der kombinierte Wohn-, Ess- und Küchenbereich wird in den Wintermonaten über einen Kamin beheizt. In einiger Entfernung befindet sich noch ein kleiner Nebenbau mit Sauna.

Die Baukörper sind mit Cortenstahl verkleidet, was eine erfrischend ambivalente Note in die schroffe Landschaft bringt: Die Gebäude wirken dadurch industriell, durch ihre rostrote Patina zugleich aber auch organisch. Das Material zählt zu Kundigs Favoriten und passt perfekt zu diesem extremen Standort, da es witterungsbeständig, wartungsarm und besonders langlebig ist.

„Es ist ein wunderschönes Material, das den natürlichen Farben der Landschaft ähnelt, es erinnert an die Rinde einer Ponderosa-Kiefer, die Farbe von Sandsteinfelsen oder die Farbe der Erde", sagt Kundig. „Genau wie diese natürlichen Materialien verwittert auch Cortenstahl mit der Zeit."

Wie schon andere Projekte Kundigs – zum Beispiel die Rolling Huts in Mazama (2007) – experimentiert auch Studhorse mit dem Konzept eines Wohnensembles, das einer Reihe separater, kleinerer Gebäude verschiedene Nutzungen zuweist und für Bewohner und Besucher gleichermaßen ein großes Maß an Privatsphäre bietet. Es ist ein zunehmendes Interesse an derartigen Wohnkonzepten zu beobachten, bei denen das klassische Wohnhaus in einzelne Komponenten zerlegt wird, beziehungsweise sich aus ihnen zusammensetzt. Eine echte Inspiration dazu bieten so fantasievolle Prototypen wie Studhorse.

Der Schlüssel zum Verständnis von Studhorse ist das architektonische Konzept des „Placemaking": Die Gebäude sind um einen zentralen Innenhof oder eine Plaza herum angeordnet wie bei einem Mikrodorf. Jeder der drei Pavillons hat eine klare Funktion – einer zum Wohnen, einer zum Schlafen und einer für Gäste. Der Pool bildet eine vierte Komponente innerhalb der intelligent durchdachten Komposition.

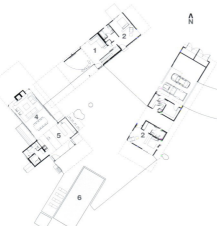

Untere Ebene

1 Familienzimmer
2 Gästezimmer
3 Garderobe
4 Wohn-/Esszimmer
5 Küche/Naßbar
6 Pool/Whirlpool
7 Sauna

Obere Ebene

1 Hauptschlafzimmer
2 Bad
3 Schlafzimmer

BIOGRAFIEN

ALVAR AALTO (1898–1976) **(S. 106–109)**
Aalto wuchs in einer ländlichen Gegend in Finnland auf, wo er die Schönheit der Natur zu schätzen lernte. Er studierte in Helsinki und eröffnete 1923 sein eigenes Büro; im folgenden Jahr heiratete er die Architektin Aino Marsio. Zunächst vom Klassizismus beeinflusst, fühlte er sich zunehmend zur Moderne hingezogen und entwickelte einen unverwechselbaren Stil, der auf seiner Liebe zur Natur, natürlichen Materialien und einer ergonomischen, humanistischen Auffassung von Architektur gründete. Im Lauf seines Berufslebens nutzte er seine gestalterische Begabung auch für Möbelentwürfe und andere Designprodukte.

Wichtige Bauten
Sanatorium Paimio Paimio, Finnland, 1933
Stadtbibliothek Viipuri Viipuri, Finnland, 1935
Experimentalhaus Insel Muuratsalo, Finnland, 1953
Volkspensionsanstalt Helsinki, Finnland, 1956
Kirche der drei Kreuze Vuoksenniska, Imatra, Finnland, 1958

HITOSHI ABE (geb. 1962) **(S. 294–297)**
Hitoshi Abe, im japanischen Sendai geboren, studierte in seiner Heimatstadt und am Southern California Institute of Architecture. Von 1988 bis 1992 arbeitete er mit Coop Himmelb(l)au in Los Angeles zusammen und kehrte dann nach Japan zurück, wo er sein eigenes Büro gründete und als ersten Auftrag das Sendai-Stadion für die Fußballweltmeisterschaft 2002 entwarf. Er lehrte sowohl in Japan als auch in den USA Architektur. Sein Werk steht für strukturelle Originalität und räumliche Innovation.

Wichtige Bauten
Shirasagi Brücke Shiroishi, Japan, 1994
Miyagi Wasserturm Rifu, Miyagi, Japan, 1994
Miyagi Stadion Sendai, Miyagi, Japan, 2000
K-Haus Sendai, Miyagi, Japan, 2003

DAVID ADJAYE (geb. 1966) **(S. 328–331)**
Adjaye wurde als Sohn eines ghanaischen Diplomaten in Tansania geboren. 1979 zog die Familie nach London zurück, wo Adjaye an der South Bank University und am Royal College of Art studierte. Er arbeitete bei David Chipperfield und Eduardo Souto de Moura, bevor er zusammen mit William Russell 1994 ein Büro gründete und dann im Jahr 2000 sein eigenes Studio eröffnete. Bei vielen seiner internationalen Projekte arbeitete er mit bildenden Künstlern zusammen, darunter Chris Offili und Olafur Eliasson.

Wichtige Bauten
Dirty House Shoreditch, London, England, 2002
Idea Store Whitechapel, London, England, 2005
Stephen Lawrence Centre Deptford, London, England, 2008
Museum of Contemporary Art Denver, Colorado, USA, 2008

TADAO ANDO (geb. 1941) **(S. 228–229)**
Ando wurde in Osaka geboren – wo er noch heute lebt und arbeitet – und wuchs bei seiner Großmutter auf. Er arbeitete in einer Zimmermannswerkstatt und einer Glasfabrik, bevor er Berufsboxer wurde. Ando interessierte sich jedoch schon immer für Design, und in den frühen 1960er-Jahren begann er eine autodidaktische Ausbildung zum Architekten, die in einer vier Jahre dauernden Grand Tour um die Welt gipfelte. 1969 gründete er ein Büro in Osaka. Einige seiner Projekte sind in dieser Stadt realisiert worden, doch seine Arbeit hat ihn auch zunehmend ins Ausland geführt. 1995 erhielt er den Pritzker-Preis.

Wichtige Bauten
Kirche auf dem Wasser Tomamu, Hokkaido, Japan, 1988
Kirche des Lichts Ibaraki, Osaka, Japan, 1989
Modern Art Museum Fort Worth, Texas, USA, 2002
4 x 4-Haus Kobe, Hyogo, Japan, 2003
Stone Hill Center, Clark Art Institute Williamstown, Massachusetts, USA, 2008

MACKAY HUGH BAILLIE SCOTT (1865–1945) **(S. 28–31)**
Als Sohn einer schottischen Bauernfamilie studierte Baillie Scott Landwirtschaft, ehe er sich mit Architektur befasste. Er absolvierte zunächst eine Lehre bei Charles Davis, dem Stadtarchitekten von Bath, zog dann auf die Isle of Man, wo er 1889 ein Büro eröffnete. Danach lebte er in Bedfordshire. In den 1890er-Jahren erfreuten sich Baillie Scotts Bauten und seine Möbelentwürfe großer Beliebtheit – sowohl in England als auch auf dem europäischen Kontinent. Seine Arbeiten zeichnen sich durch einen vollendeten Arts-and-Crafts-Stil aus.

Wichtige Bauten
Red House Douglas, Isle of Man, 1893
Majestic Hotel Onchan, Isle of Man, 1893
White House Helensburgh, Schottland, 1900
48 Storey's Way Cambridge, England, 1913
Waldbühl Uzwil, Schweiz, 1914

SHIGERU BAN (geb. 1957) **(S. 284–285)**
Der in Tokio geborene Shigeru Ban studierte in den USA Architektur und schloss sein Studium an der Cooper Union School of Architecture ab. Bevor er 1985 sein eigenes Büro in Tokio eröffnete, arbeitete er mit Arata Isozaki zusammen. Viele Jahre lang unterrichtete er an der Keio Universität und beriet den Hohen Flüchtlingskommissar der Vereinten Nationen im Zusammenhang mit Katastrophenhilfsprojekten.

Wichtige Bauten
Takatori Papierkirche Kobe, Japan, 1995
Curtain-Wall-Haus Tokio, Japan, 1995
Paper Tube Structure 07 Kobe, Japan, 1995
Wall-Less House Karuizawa, Nagano, Japan, 1997
Naked House Saitama, Kawagoe, Japan, 2000

LUIS BARRAGÁN (1902–1988) **(S. 180–181)**
Barragán wurde in Guadalajara geboren und studierte an der Escuela Libre de Ingenieros Ingenieurwissenschaften. Seine Qualifikation als Architekt, Künstler und Landschaftsgestalter erwarb er weitgehend autodidaktisch. In den 1920er-Jahren bereiste er Europa und Nordafrika und hörte Vorlesungen bei Le Corbusier. Sein Werk hat seine Wurzeln ebenso in der mexikanischen Kultur wie im Modernismus. 1927 gründete er sein eigenes Architekturbüro in Guadalajara.

Wichtige Bauten
Luis Barragán Haus Tacubaya, Mexiko-Stadt, Mexiko, 1948
Gálvez Haus Chimalistac, Mexiko-Stadt, Mexiko, 1955
Die Türme von Satellite City (mit Mathias Goeritz) Querétaro Highway, Mexiko-Stadt, Mexiko, 1957
Kapelle und Kloster der Kapuzinerinnen Sacramentarias del Purísimo Corazón de María Tlalpan, Mexiko-Stadt, Mexiko, 1960
Gilardi Haus Chapultepec, Mexiko-Stadt, Mexiko, 1975

GEOFFREY BAWA (1919–2003) **(S. 116–119)**
Bawa wurde in Sri Lanka als Sohn anglo-asiatischer Eltern geboren und studierte in Cambridge Jura. Nach dem Zweiten Weltkrieg kehrte er von England nach Colombo zurück und nahm eine Tätigkeit als Anwalt auf. Als er der Juristerei nach kurzer Zeit überdrüssig wurde, ging er auf Reisen. Die nächste Station war London, um an der Architectural Association Architektur zu studieren. Nach seinem Abschluss im Jahr 1957 kehrte er nach Sri Lanka zurück, wo er zur führenden Figur des „tropischen Modernismus" wurde und eine Reihe von Häusern, Hotels und öffentlichen Gebäuden schuf, die sich besonders durch die dezidierte Berücksichtigung von Landschaft und Standort auszeichnen.

Wichtige Bauten
Ena de Silva Haus Colombo, Sri Lanka, 1962
Bawa Haus Colombo, Sri Lanka, 1969
Parlament von Sri Lanka Kotte, Colombo, Sri Lanka, 1982
Kandalama Hotel Dambulla, Sri Lanka, 1994
Jayewardene Haus Mirissa, Sri Lanka, 1998

ERNESTO BEDMAR (geb. 1954) **(S. 348–351)**
Bedmar ist gebürtiger Argentinier und studierte Architektur an der Universität für Architektur und Stadtplanung in Cordoba. Er arbeitete zunächst im Studio von Miguel Angel Roca in Argentinien und dann in dessen Büros in Südafrika und Hongkong. 1983 wechselte Bedmar zu Palmer & Turner, ein Jahr später ging er nach Singapur, wo er bei SAA Partnership arbeitete. 1986 gründete er zusammen mit Patti Shi die Gruppe Bedmar & Shi in Singapur. Die Arbeit des Büros umfasst ein breites Spektrum an Bauvorhaben in ganz Asien, von Aufträgen in Indonesien, Thailand, Malaysia, Singapur, Indien und Neuseeland bis hin zu Projekten in Großbritannien und den USA.

Wichtige Bauten
Nassim Road House Singapur, 2007
Amrita Shergil Marg Haus Neu Delhi, Indien, 2008
Laemsingh Villas Phuket, Thailand, 2008
Bukit Golf Utama Haus Jakarta, Indonesien, 2008
Queenstown Haus Queenstown, Neuseeland, 2009

JAN BENTHEM (geb. 1952) **(S. 230–233)**
Benthem wuchs in Amsterdam auf und studierte in Delft Architektur, ebenso wie Mels Crouwel, mit dem er 1979 ein Büro eröffnete. Das zukunftsorientierte und experimentierfreudige Team Benthem Crouwel legt Wert auf moderne Materialien und technische Innovation in benutzerfreundlichen Bauten mit oft lebhafter und verspielter Anmutung.

Wichtige Bauten
Skulpturenpavillon Sonsbeek, Niederlande, 1986
Museum De Pont Tilburg, Niederlande, 1993
Bahnhof Schiphol Flughafen Schiphol, Amsterdam, Niederlande, 1995
IJburg-Brücken Amsterdam, Niederlande, 2002
GEM Museum für zeitgenössische Kunst Den Haag, Niederlande, 2003

CAROLINE BOS (geb. 1952) **(S. 322–323)**
siehe **BEN VAN BERKEL**

MARIO BOTTA (geb. 1943) (S. 210–213)
Botta, in Mendrisio in der Schweiz geboren, absolvierte eine Lehre als Bauzeichner in Lugano und studierte in Mailand sowie am Istituto Universitario di Architettura in Venedig bei Carlo Scarpa. Er arbeitete kurze Zeit bei Le Corbusier und Louis Kahn und gründete 1970 sein eigenes Büro in Lugano. Botta war nicht nur international tätig und entwarf u.a. eine Reihe beeindruckender Sakralbauten, in denen zeitgenössische und traditionelle Konzepte miteinander verschmelzen, sondern gründete auch eine neue Architekturakademie im Tessin.

Wichtige Bauten
San Francisco Museum of Modern Art San Francisco, Kalifornien, USA, 1995
Kathedrale von Évry/Auferstehungskathedrale Évry, Frankreich, 1995
Kirche Santa Maria degli Angeli Monte Tamaro, Tessin, Schweiz, 1996
Cymbalista-Synagoge & Jüdisches Kulturzentrum Tel Aviv, Israel, 1998
Tschuggen Bergoase Spa Arosa, Schweiz, 2007

MARCEL BREUER (1902–1981) (S. 114–115)
Der in Ungarn geborene Breuer studierte in Wien und am Bauhaus. Er wurde einer der Bauhausmeister in Dessau, wo er die Innenausstattung der Meisterhäuser betreute und die Arbeit an seinen Möbelentwürfen aufnahm. 1928 eröffnete er ein Architekturbüro in Berlin, emigrierte jedoch 1935 nach London, wo er mit F. R. S. Yorke kooperierte und für die Firma Isokon Möbel entwarf. Zwei Jahre später bot Walter Gropius ihm an, in Harvard zu unterrichten, und beide arbeiteten bei verschiedenen architektonischen Projekten zusammen. 1941 eröffnete Breuer sein eigenes Büro, ab 1946 mit Sitz in New York. Er war einer der wichtigsten Pioniere der Moderne, dessen Arbeit als Designer sich eines ebenso hohen Ansehens erfreut wie seine Architektur.

Wichtige Bauten
Doldertal Wohnungen Zürich, Schweiz, 1936
Breuer Haus I Lincoln, Massachusetts, USA, 1939
UNESCO Hauptverwaltung (mit Pier Luigi Nervi & Bernard Zehrfuss) Paris, Frankreich, 1958
Whitney Museum of American Art (mit Hamilton P. Smith) New York, New York, USA, 1966

ALBERTO CAMPO BAEZA (geb. 1946) (S. 256–259)
Der in Valladolid geborene Campo Baeza studierte in Madrid Architektur, wo er dann auch einige Jahre lehrte, und wurde zu zahlreichen Vorträgen ins Ausland eingeladen. Er ist für seine Geschäfts-, Kultur- und öffentlichen Bauten bekannt, aber auch für einige innovative spanische Privathäuser, die ihm Aufträge im Ausland, vor allem den USA sicherten. Das prominenteste unter seinen vielen Projekten ist wohl der Entwurf des Bürogebäudes der Caja de Granada, das einen fulminanten Innenhof umschließt.

Wichtige Bauten
Rathaus Fene, La Coruña, Spanien, 1980
Casa Turégano Madrid, Spanien, 1988
Casa De Blas Sevilla la Nueva Madrid, Spanien, 2001
Caja de Granada Granada, Spanien, 2001
Casa Asencio Chiclana, Cádiz, Spanien, 2001

SERGE CHERMAYEFF (1900–1996) (S. 90–93)
Der im heutigen Tschetschenien geborene Chermayeff wurde in England ausgebildet und begann seine Laufbahn als Tänzer und Journalist. Ehe er sich als Innenarchitekt, Bühnenbildner und Architekt profilierte, war er Co-Direktor des Modern Design Studio der Möbelfirma Waring & Gillow. Von 1933 bis 1936 arbeitete er zusammen mit seinem Partner Erich Mendelsohn; der De La Warr Pavilion in East Sussex gehörte zu ihren Hauptprojekten. 1940 emigrierte er in die USA und begann eine Laufbahn als Dozent und Autor, während er weiterhin seiner Malerei nachging.

Wichtige Bauten
Shann Haus Rugby, Warwickshire, England, 1934
De-La-Warr-Pavilion (mit Erich Mendelsohn) Bexhill-on-Sea, East Sussex, England, 1935
64 Old Church Street (mit Erich Mendelsohn) Chelsea, London, England, 1935
Gilbey Offices Camden, London, England, 1937
Forschungszentrum ICI Dyestuffs Blackley, Manchester, England, 1938

CHARLES CORREA (1930–2015) (S. 238–239)
Der in Hyderabad geborene Correa studierte in Bombay (heute Mumbai) und anschließend in den USA, unter anderem am Massachusetts Institute of Technology bei Buckminster Fuller. 1958 gründete er sein eigenes Büro in Bombay und war von 1970 bis 1975 Chefarchitekt von New Bombay. Charles Correa wurde als bedeutendstem Vertreter der indischen Architektur des 20. Jahrhunderts 1998 der Aga-Khan-Preis für Architektur verliehen.

Wichtige Bauten
Mahatma Gandhi Memorial Ahmedabad, Indien, 1963
Kanchanjunga Apartments New Bombay, Indien, 1983
National Crafts Museum Neu-Delhi, Indien, 1991
Madhya Pradesh State Parliament Building Bhopal, Indien, 1996

CHARLES DEATON (1921–1996) (S. 168–171)
Der in Mexiko geborene Deaton war Autodidakt. Er arbeitete zunächst als Grafiker, spezialisierte sich aber bald auf Architektur und Ingenieurwesen. Sein frühes architektonisches Schaffen konzentrierte sich auf Entwürfe für Banken. Ab 1955 war er in Denver ansässig, wo er seine Arbeit an innovativen Stadionbauten aufnahm. Deaton begann parallel dazu, Brettspiele zu gestalten und ließ eine Reihe seiner Produkte patentieren. Darüber hinaus war er auch als Industriedesigner tätig.

Wichtige Bauten
Central Bank & Trust Denver, Colorado, USA, 1960
Wyoming National Bank Casper, Wyoming, USA, 1964
Key Savings & Loan Association/Colonial Bank Englewood, Colorado, USA, 1967
Arrowhead Stadium & Kauffman Stadium (mit Kivett & Myers) Kansas City, Missouri, USA, 1972

PIERRE DE MEURON (geb. 1950) (S. 304–305) *siehe* JACQUES HERZOG

DENTON CORKER MARSHALL (gegr. 1972) (S. 298–303)
Denton Corker Marshall gilt als eines der bekanntesten und schöpferischsten zeitgenössischen Architekturbüros Australiens mit internationaler Präsenz. Die Gründer John Denton, Bill Corker und Barrie Marshall übernehmen nur selten Aufträge für Privathäuser, obwohl gerade diese in der Öffentlichkeit oft den stärksten Eindruck hinterlassen.

Wichtige Bauten
Phillip Island Haus nahe Melbourne, Victoria, Australien, 1992
Melbourne Exhibition Centre Melbourne, Victoria, Australien, 1996
Melbourne Museum Melbourne, Victoria, Australien, 1999
Manchester Civil Justice Centre Manchester, England, 2007

CHARLES EAMES (1907–1978) & **RAY EAMES** (1912–1988) (S. 120–125)
Das Werk des Designerpaars Eames umfasst Architektur, Möbel, Grafik, Textilien, Ausstellungsdesign und Filme. Am bekanntesten wurden sie durch eine kleine Anzahl höchst individueller Häuser sowie durch ihre innovativen, ergonomischen Möbelstücke aus Sperrholz, Aluminium und Glasfaser, die von Herman Miller produziert wurden und weltweit stilbildend wirkten.

Wichtige Bauten
LCW Plywood Chair Evans Products/Herman Miller, 1946
DAR Stuhl Zenith Plastics/Herman Miller, 1948
Case Study House #9 (mit Eero Saarinen) Pacific Palisades, Kalifornien, USA, 1949
Max de Pree Haus Zeeland, Michigan, USA, 1954
Eames Lounge Chair (670) & Ottoman (671) Herman Miller, 1956

PETER EISENMAN (geb. 1932) (S. 218–221)
Der als Theoretiker bekannte und dem Dekonstruktivismus und der Postmoderne zugeordnete experimentelle Architekt Eisenman – Mitglied der Gruppe „New York Five" – ist eine umstrittene Persönlichkeit in der Kunst- und Architekturszene. Er erhielt seine Ausbildung an den Universitäten von Cornell, Columbia und Cambridge und ist als Dozent und Autor wie auch als Architekt tätig. Sein abstraktes und verstörendes Berliner Denkmal für die ermordeten Juden in Europa wird als die Kulmination seiner Theorien über Verfolgung und Deportation gepriesen.

Wichtige Bauten
Wexner Center for the Visual Arts Ohio State University, Columbus, Ohio, USA, 1989
Greater Columbus Convention Center Columbus, Ohio, USA, 1993
Aronoff Center for Design and Art University of Cincinnati, Cincinnati, Ohio, USA, 1996
Denkmal für die ermordeten Juden Europas Berlin, Deutschland, 2005
University of Phoenix Stadium Glendale, Arizona, USA, 2006

CRAIG ELLWOOD (1922–1992) (S. 192–195)
In Texas als Jon Nelson Burke geboren, studierte Ellwood zunächst in der Abendschule Architektur, während er tagsüber auf Baustellen arbeitete. Er lernte John Entenza kennen, Herausgeber der Zeitschrift *Art & Architecture* und Initiator des Case-Study-House-Programms. Nachdem er 1948 sein eigenes Architekturbüro eröffnet hatte, entwarf er drei Case-Study-Houses und konzipierte eine Reihe modernistischer Gebäude. Ellwood, eine schillernde Society-Figur und Liebling der Medien, schloss 1977 sein Büro und zog in die Toskana, um sich ganz der Malerei zu widmen.

Wichtige Bauten
Hale Haus Beverly Hills, Los Angeles, Kalifornien, USA, 1949
Case Study House #16 Bel Air, Kalifornien, USA, 1953
Case Study House #18 / Fields Haus Beverly Hills, Los Angeles, Kalifornien, USA, 1958
Rosen Haus Brentwood, Kalifornien, USA, 1962
Art Center College of Design Pasadena, Kalifornien, USA, 1976

JOSEPH ESHERICK (1914 –1998) (S. 176 –179)
Der in Philadelphia geborene Esherick absolvierte eine Lehre bei seinem Onkel Wharton Esherick, einem Künstler und Möbelschreiner. Anschließend studierte er Architektur und zog in die Bay Area im Norden Kaliforniens, wo er 1953 ein Büro eröffnete. An der University of California in Berkeley lehrte er im Fachbereich Architektur und war beteiligt am Aufbau des College of Environmental Design. 1972 gründete er mit drei Kollegen Esherick Homsey Dodge and Davis, später bekannt als EHDD Architects, Träger des Achitecture Firm Award 1986. 1989 wurde Esherick mit der Goldmedaille des American Institute of Architects ausgezeichnet.

Wichtige Bauten
Cary Haus Mill Valley, Kalifornien, USA, 1960
Wurster Hall University of California, Berkeley, USA, 1964
The Cannery San Francisco, Kalifornien, USA, 1968
Garfield School San Francisco, Kalifornien, USA, 1981
Monterey Bay Aquarium Monterey, Kalifornien, USA, 1984

ALBERT FREY (1903 –1998) (S. 166 –167)
Der in der Schweiz geborene Albert Frey war im Pariser Atelier von Le Corbusier am Bau der Villa Savoye (siehe S. 64 – 69) beteiligt, ehe er 1929 in die USA auswanderte. Nach einer Zeit in New York brachte ihn ein Auftrag nach Palm Springs, wo er sich niederließ. Die Wüstenstadt sollte sich für seine künftige Arbeit als zentrale Inspirationsquelle erweisen: Als sie sich zum bevorzugten Rückzugsort der Eliten von Hollywood und Los Angeles entwickelte, wurde Frey zur führenden Persönlichkeit bei der Herausbildung des Desert Modernism.

Wichtige Bauten
Movie Colony Hotel (ehemals San Jacinto Hotel) Palm Springs, Kalifornien, USA, 1935
City Hall Palm Springs, Kalifornien, USA, 1957

North Shore Yacht Club Salton Sea, Kalifornien, USA, 1959
Talstation, Palm Springs Aerial Tramway Palm Springs, Kalifornien, USA, 1963
Tramway-Tankstelle Palm Springs, Kalifornien, USA, 1965

FRANK GEHRY (geb. 1929) (S. 226 –229)
In Toronto geboren, studierte Gehry Architektur an der University of Southern California und an der Harvard University. 1962 gründete er in Los Angeles sein eigenes Büro. Er war einer der Ersten, die mittels CAD-Technologie (Computer Aided Design) an der Neuerfindung architektonischer Formen als fließende, skulpturale Gebäude arbeiteten. 1989 wurde Gehry mit dem Pritzker-Preis ausgezeichnet.

Wichtige Bauten
Schnabel Residence Brentwood, Kalifornien, USA, 1989
Guggenheim Museum Bilbao Bilbao, Spanien, 1997
Experience Music Project Seattle, Washington, USA, 2000
Walt Disney Concert Hall Los Angeles, Kalifornien, USA, 2003
Hotel Marqués de Riscal Elciego, Spanien, 2006

SEAN GODSELL (geb. 1960) (S. 332 – 335)
Der in Melbourne geborene Godsell hat sich als eine der Galionsfiguren der zeitgenössischen Architekturszene Australiens etabliert. Er studierte an der University of Melbourne und bereiste Europa und Japan, bevor er mit Denys Lasdun in London zusammenarbeitete. 1994 gründete er sein eigenes Büro in Melbourne. Godsell hat unter anderem Future Shack entworfen, den Prototyp einer Unterkunft, die im Rahmen der Katastrophenhilfe zum Einsatz kommt.

Wichtige Bauten
Kew Haus Melbourne, Victoria, Australien, 1997
Fakultät für Kunst der Woodleigh School Baxter, Victoria, Australien, 1999
Peninsula House Melbourne, Victoria, Australien, 2003
Naturwissenschaftliche Fakultät der Woodleigh School Baxter, Victoria, Australien, 2003

CHARLES GREENE (1868 –1957) & **HENRY GREENE** (1870 –1954) (S. 52 – 55)
Die Greenes wuchsen in St. Louis, Missouri, auf und studierten in Boston Architektur. Charles war mehr am künstlerischen Aspekt interessiert, während Henry sich auf Ingenieurwesen und Technik konzentrierte und dadurch für bautechnische Fachwissen sorgte. In ihren Wohnbauten (vorwiegend in Kalifornien) mischt sich die Philosophie des Arts-and-Crafts-Stils mit Einflüssen aus der japanischen Architektur und dem spanischen Kolonialstil.

Wichtige Bauten
Cuthbertson Haus Pasadena, Kalifornien, USA, 1902
Charles Greene Haus Pasadena, Kalifornien, USA, 1902
Blacker Haus Pasadena, Kalifornien, USA, 1907
Pratt Haus Ojai, Kalifornien, USA, 1909
Thorsen Haus Berkeley, Kalifornien, USA, 1909

WALTER GROPIUS (1883 –1969) (S. 94 – 95)
Der gebürtige Berliner arbeitete zunächst bei Peter Behrens, ehe er sein eigenes Büro gründete und später Direktor des Bauhauses wurde. 1934 verließ er Deutschland, ging nach England und von dort weiter in die USA. 1945 gründete er das Büro The Architects Collaborative (TAC), das unter anderem das MetLife bzw. das frühere PanAm Building in New York entwarf.

Wichtige Bauten
Faguswerk Alfeld an der Leine, Deutschland, 1925
Bauhausgebäude Dessau, Deutschland, 1926
Bauhaus-Meisterhäuser Dessau, Deutschland, 1926
Graduate Center Harvard University, Cambridge, Massachusetts, USA, 1950
PanAM/MetLife Building New York, New York, USA, 1963

CHARLES GWATHMEY (geb. 1938) (S. 172 –175)
Als Mitglied der einflussreichen „New York Five" – neben Richard Meier, Peter Eisenman, Michael Graves und John Hejduk – studierte Gwathmey an der Yale University und war stark von Le Corbusier beeinflusst. Er arbeitete kurze Zeit bei Edward Larabee Barnes, bevor er mit Robert Siegel 1968 Gwathmey Siegel & Associates gründete. Das Büro verfolgte bei seinen Projekten einen ganzheitlichen Ansatz. Es entstanden zahlreiche kulturelle Baukomplexe, Unterrichtsgebäude sowie bedeutende Wohnbauten.

Wichtige Bauten
Haupt Haus Amagansett, Hamptons, Long Island, USA, 1979
American Museum of the Moving Image Astoria, New York, USA, 1988
Fogg Art Museum Library Harvard University, Cambridge, Massachusetts, USA, 1990
Disney World Convention Center Orlando, Florida, USA, 1991
Solomon R. Guggenheim Museum, Renovierung & Erweiterung New York, New York, USA, 1992

LYDIA HAACK (geb. 1965) *siehe* **RICHARD HORDEN**

AGUSTÍN HERNÁNDEZ (geb. 1924) (S. 196 –197)
Der in Mexiko-Stadt geborene Hernández studierte Architektur an der Nationalen Autonomen Universität von Mexiko. Eine der ersten Auftragsarbeiten in seiner Heimatstadt war die von seiner Schwester, der Choreografin Amalia Hernández, gegründete Escuela de Ballet Folclórico. Eine Reihe späterer Aufträge – unter anderem futuristische Monumentalskulpturen – sind überall in der Stadt zu finden. Neuere Arbeiten haben Hernández nach Guatemala und in andere Regionen Lateinamerikas geführt.

Wichtige Bauten
Mexikanischer Pavillon Osaka Expo, Japan, 1970
Heroico Colegio Militar Mexiko-Stadt, Mexiko, 1976
Meditationszentrum Cuernavaca, Mexiko, 1984
Casa en el Aire Mexiko-Stadt, Mexiko, 1991

JACQUES HERZOG (geb. 1950) **& PIERRE DE MEURON** (geb. 1950) (S. 304 –305)
Herzog und de Meuron, beide in Basel geboren, studierten an der Eidgenössischen Technischen Hochschule in Zürich und bei Aldo Rossi. Später unterrichteten sie in der Schweiz und in den USA. Ihr in Basel ansässiges Büro besteht seit 1978. Der strenge Minimalismus ihrer frühen Werke ist Experimenten mit Mustern, Materialien und Texturen gewichen, die in die Fassaden und Strukturen ihrer Gebäude eingeflochten sind.

Wichtige Bauten
Dominus Winery Napa Valley, Kalifornien, USA, 1999
Tate Modern Bankside, London, England, 2000
Allianz-Arena München, Deutschland, 2005
M. H. de Young Memorial Museum San Francisco, Kalifornien, USA, 2005
Walker Art Center Expansion Minneapolis, Minnesota, USA, 2005
Nationalstadion Beijing Beijing, China, 2008

STEVEN HOLL (geb. 1947) (S. 324 –327)
Der in Bremerton, Washington, geborene Holl absolvierte ein Studium an der University of Washington und studierte anschließend in Rom und London. 1976 gründete er Steven Holl Architects und etablierte sich als einer der begabtesten Architekten seiner Generation mit unterschiedlichsten Projekten, von Privathäusern bis hin zu großen Kulturbauten. Sein Werk ist facettenreich,

jedoch zeichnen sich seine Bauten immer durch ihre große Sensibilität für den Kontext und einen sehr künstlerischen, skulpturalen Ansatz aus. Holl unterrichtet Architektur an der Columbia University in New York.

Wichtige Bauten
Kiasma Museum of Contemporary Art Helsinki, Finnland, 1998
Simmons Hall, Massachusetts Institute of Technology Cambridge, Massachusetts, 2002
Turbulence House Abiquiu, New Mexico, USA, 2005
Nelson-Atkins Museum of Art Expansion Kansas City, Missouri, USA, 2007

JOHN HÖPFNER (geb. 1963) *siehe* **RICHARD HORDEN**

MICHAEL HOPKINS (geb. 1935) & **PATTY HOPKINS** (geb. 1942) (S. 222–225)
Der Sohn eines Bauunternehmers studierte an der Architectural Association in London und arbeitete im Büro von Basil Spence, ehe er eine Partnerschaft mit Norman Foster einging. Anschließend eröffnete er mit seiner Frau Patty 1976 Hopkins Architects. Der anfängliche Fokus auf konstruktive und technische Innovation wurde später ergänzt durch ein wiederbelebtes Interesse an sozio-kultureller Integration und der Neuinterpretation traditioneller Materialien.

Wichtige Bauten
Mound Stand, Lord's Cricket Ground St John's Wood, London, England, 1987
Schlumberger Cambridge Research Centre (SCR) Cambridge, England, 1992
Opernhaus Glyndebourne Sussex, England, 1994
Hauptsitz Saga Group Folkestone, Kent, England, 1998
Portcullis House Westminster, London, England, 2000

RICHARD HORDEN (geb. 1944) (S. 338–341)
Horden, in Leominster geboren, studierte an der Architectural Association und arbeitete später mit Norman Foster bevor Foster Associates an Projekten wie dem Sainsbury Centre in Norwich und dem Flughafen Stansted zusammen. 1986 gründete er sein eigenes Büro, das 1999 zu Horden Cherry Lee Architects wurde und kommerzielle Architektur ebenso wie Kultur- und Wohnprojekte baut.

LYDIA HAACK (geb. 1965) & **JOHN HÖPFNER** (geb. 1963) (S. 338–341)
Lydia Haack studierte in München und London, bevor sie sich Michael Hopkins anschloss. John Höpfner studierte in Deutschland und Großbritannien und war anschließend für Michael Hopkins und Richard Rogers tätig. Das Büro Haack + Höpfner, 1996 in München gegründet, ist für leichte, elegante, umweltbewusste Bauweisen und innovative Entwürfe bekannt.

Wichtige Bauten
RICHARD HORDEN
Queen's Stand Epsom Racecourse Epsom, Surrey, England, 1993
Millennium Tower Glasgow, Schottland, 1999
House on Evening Hill Poole, Dorset, England, 2002
HAACK + HÖPFNER
Parasite BO 01 Malmö Building Exhibition, Schweden, 2000
Tankstellenbauten verschiedene Orte, Deutschland, 1999–2008
Gläserne Waschstraße Germering, Deutschland, 2005

ANTHONY HUDSON (geb. 1955) (S. 274–279)
Der als Sohn einer bäuerlichen Familie in Norfolk geborene Hudson studierte in Cambridge und Westminster Architektur. Er arbeitete in Indien und bei Connor, Powell-Tuck und Orefelt in London, ehe er 1985 sein eigenes Büro eröffnete. Zehn Jahre später arbeitete er mit der Architektin Sarah Featherstone zusammen, nahm jedoch 2002 die Tätigkeit in seinem heute als Hudson Architects firmierenden Büro mit Zweigstellen in London und Norfolk wieder auf. Sein Fokus liegt auf Privathäusern und Umbauten, er übernimmt jedoch inzwischen auch vermehrt größere öffentliche Aufträge.

Wichtige Bauten
Drop House Northaw, Hertfordshire, England, 1999
Cedar House North Elmham, Norfolk, England, 2005
Barsham Barns Walsingham, Norfolk, England, 2005
Leuchtturm Belper, Derbyshire, England, 2006
Stoneleigh Road Managed Workspace Tottenham, London, England, 2007

ARNE JACOBSEN (1902–1971) (S. 70–75)
Arne Jacobsen, ein vielseitiger und begabter Designer, verfolgte bei seinen Projekten einen ganzheitlichen Ansatz. Er entwarf harmonische Innenräume sowie Textilien und Möbel für viele seiner Bauten. Nach einer Ausbildung als Steinmetz studierte er in Kopenhagen, wo er bei Paul Holsøe tätig war, ehe er sein eigenes Büro eröffnete. Jacobsens organische, sensible Varianten des skandinavischen Modernismus und seine Möbelentwürfe wurden internationale Klassiker.

Wichtige Bauten
Siedlung Bellavista Klampenborg, Kopenhagen, Dänemark, 1934
Wohnprojekt Søholm I & II Klampenborg, Kopenhagen, Dänemark, 1951/55
Royal SAS Hotel & Flughafenterminal Vesterbro, Kopenhagen, Dänemark, 1960
St Catherine's College Oxford, England, 1966
Dänische Nationalbank Kopenhagen, Dänemark, 1971

PHILIP JOHNSON (1906–2005) (S. 126–131)
Johnson, in Cleveland geboren, studierte bei Walter Gropius und Marcel Breuer in Harvard. Später wurde er zum Direktor der Architekturabteilung des Museum of Modern Art in New York berufen. Als einer der „Harvard Five" war er Mitarbeiter Mies van der Rohes, dessen Einfluss auf Johnsons frühes Schaffen sehr deutlich ist. Spätere Bauten weisen auf ein breiteres Spektrum an Einflüssen und Stilen hin.

Wichtige Bauten
Robert C. Leonhardt Haus Lloyd's Neck, New York, USA, 1956
Seagram Building (mit Ludwig Mies van der Rohe) New York, New York, USA, 1958
New York State Pavilion, Weltausstellung Flushing Meadows-Corona Park, Queens, New York, USA, 1964
Crystal Cathedral Garden Grove, Kalifornien, USA, 1980
AT&T Building / Sony Plaza New York, New York, USA, 1984

LOUIS KAHN (1901–1974) (S. 154–155)
Der aus armen jüdischen Verhältnissen in Estland stammende Kahn wanderte 1908 mit seiner Familie in die USA aus. Er studierte Architektur an der University of Pennsylvania und arbeitete in den 1920er-Jahren für verschiedene Architekturbüros. Nach ausgiebigen Reisen durch Europa eröffnete er 1934 sein eigenes Büro in Philadelphia. Er unterrichtete an der Yale University und später an der University of Pennsylvania. Viele seiner bekanntesten Projekte entstanden ab den 1950er-Jahren, einige davon wurden erst nach seinem Tod fertiggestellt.

Wichtige Bauten
Kunstgalerie der Yale University New Haven, Connecticut, USA, 1953
Salk Institute for Biological Studies La Jolla, Kalifornien, USA, 1965
Kimbell Art Museum Fort Worth, Texas, USA, 1972
Indian Institute of Management Ahmedabad, Gujarat, Indien, 1974
Regierungszentrum / Hauptstadt Sher-e-Bangla Nagar, Dhaka, Bangladesh, 1983

JAN KAPLICKY (1937–2009) (S. 292–293)
Kaplicky wurde in Prag geboren und studierte und arbeitete in einem Architekturbüro seiner Heimatstadt. 1968 siedelte er nach Großbritannien um. Dort war er in den Büros von Denys Lasdun, Richard Rogers und Norman Foster tätig, bevor er 1979 Future Systems gründete.

AMANDA LEVETE (geb. 1955) (S. 292–293)
Levete stammt aus Bridgend und studierte an der Architectural Association in London. Sie arbeitete mit Will Alsop bei Alsop & Lyall, mit Richard Rogers und in ihrem eigenen Büro Powis & Levete. 1989 wurde sie Partnerin bei Future Systems.

Wichtige Bauten
FUTURE SYSTEMS
Hauer-King Haus Islington, London, England, 1994
Floating Bridge Canary Wharf, London, England, 1996
Media Centre, Lord's Cricket Ground St John's Wood, London, England, 1999
Selfridges Birmingham, England, 2003
Maserati Museum Modena, Italien, 2009

PIERRE KOENIG (1925–2004) (S. 234–237)
In San Francisco als Sohn französisch-deutscher Eltern geboren, studierte Koenig an der University of Southern California Architektur. Noch als Student entwarf und baute er für sich selbst ein preiswertes, avantgardistisches Stahlskeletthaus in Glendale, Kalifornien. Später arbeitete er kurzzeitig mit Raphael Soriano und anderen zusammen, bevor er sein eigenes Büro gründete. Als maßgeblicher Architekt des Case-Study-House-Programms etablierte sich Koenig als ein Meister der Moderne der Jahrhundertmitte. Er war ein Pionier des Stahlskelettbaus und bewies in seiner Arbeit großes Verständnis für Klima und Standortbedingungen.

Wichtige Bauten
Koenig Haus #1 Glendale, Kalifornien, USA, 1950
Lamel Haus Glendale, Kalifornien, USA, 1953
Bailey Haus / Case Study House #21 Los Angeles, Kalifornien, USA, 1958
Seidel Haus Los Angeles, Kalifornien, USA, 1960
Stahl Haus / Case Study House #22 Los Angeles, Kalifornien, USA, 1960

REM KOOLHAAS (geb. 1944) (S. 312–317)
Der in Rotterdam geborene Koolhaas wuchs in Holland und Indonesien auf. Er arbeitete zunächst als Journalist und

Schriftsteller, und seine Essays zur Architekturtheorie stießen auf großes Interesse. Er studierte Architektur an der Architectural Association in London und an der Cornell University und war 1975 Mitbegründer des Office for Metropolitan Architecture (OMA) mit Sitz in Rotterdam. Koolhaas ist einer der radikalsten Architekten seiner Generation und erweitert die Grenzen der Architektur fortwährend mit futuristischen Elementen. Er lehrt an der Harvard University und wurde im Jahr 2000 mit dem Pritzker-Preis ausgezeichnet.

Wichtige Bauten
Prada Epicenter Store New York, New York, USA, 2001
Niederländische Botschaft Berlin, Deutschland, 2003
Zentralbibliothek von Seattle Seattle, Washington, USA, 2004
Casa da Música Porto, Portugal, 2004
China Central Television Building (CCTV) Beijing, China 2009

TOM KUNDIG (geb. 1954) **(S. 352–355)**
Kundig, Sohn eines Architekten, studierte an der Universität von Washington Architektur und schloss das Studium im Jahr 1981 mit einem Master ab. Im Jahr 1985 schloss er sich Jim Olsons Büro in Seattle an, das dieser in den späten 1960er-Jahren gegründet hatte und das mittlerweile Olson Kundig Architects heißt. Die Aufträge des Büros umfassen sowohl Projekte im Kultur- und Wissenschaftsbereich als auch Hotel- und Wohngebäude. Das Büro ist bekannt geworden für seine originellen modernen Privatresidenzen, gebaut in den USA und weltweit. Sie werden in der Regel einem der Hauptpartner des Büros zugeschrieben. Kundig erhielt für seine eigenen Arbeiten mehrere Auszeichnungen und seine Projekte wurden in drei von Princeton Architectural Press herausgegebenen Monografien publiziert.

Wichtige Bauten
Delta Shelter Mazama, Washington, 2002
Rolling Huts Mazama, Washington, 2007
Outpost Bellevue, Idaho, 2008
The Pierre Lopez Island, Washington, 2010
Tacoma Art Museum Tacoma, Washington, 2014

JOHN LAUTNER (1911–1994)
(S. 182–187)
Wie Rudolph Schindler war Lautner ein Protegé von Frank Lloyd Wright. Es gelang ihm langsam, aber erfolgreich, aus dem Schatten seines Mentors zu treten und einen unvergleichlichen, innovativen Stil zu etablieren. Bekannt wurde er vor allem durch eine Reihe origineller Häuser in Kalifornien, deren spektakuläre fließende Formen sich zur Landschaft oder zum Pazifik öffnen.

Wichtige Bauten
Malin Residence („The Chemosphere") Los Angeles, Kalifornien, USA, 1960
Reiner Residence („Silvertop") Los Angeles, Kalifornien, USA, 1963
Sheats/Goldstein Residence Los Angeles, Kalifornien, USA, 1963/89
Zimmerman Residence Studio City, Kalifornien, USA, 1968
Arango Residence Acapulco, Mexiko, 1973

LE CORBUSIER (CHARLES-ÉDOUARD JEANNERET-GRIS) (1887–1965)
(S. 64–69)
Der Architekt, Künstler, Bildhauer, Möbeldesigner, Schriftsteller und Theoretiker Le Corbusier wurde in der Schweiz geboren und studierte an der École d'Art in La Chaux-de-Fonds. 1908 ging er nach Paris, wo er mit Auguste Perret zusammenarbeitete. 1912 eröffnete er sein eigenes Büro in der Schweiz und entwarf für seine Eltern das Maison Blanche. Später zog er nach Paris zurück und nannte sich fortan Le Corbusier – der Künstlername geht auf seinen Urgroßvater Lecorbésier (von *corbeau*, deutsch Rabe) zurück. Projekte unterschiedlichster Art führten ihn in die ganze Welt. Am liebsten jedoch lebte er zurückgezogen in seinem schlichten Haus und Atelier in Roquebrune-Cap-Martin, wo er 1965 beim Schwimmen in der nahen Bucht einen Herzschlag erlitt und ertrank.

Wichtige Bauten
Villa La Roche-Jeanneret Paris, Frankreich, 1925
Unité d'Habitation Marseilles, Frankreich, 1952
Wallfahrtskirche Notre Dame du Haut Ronchamp, Frankreich, 1955
Dominikanerkloster Sainte Marie de la Tourette Eveux-sur-Abresle, Frankreich, 1960
Versammlungspalast Chandigarh, Indien, 1962

RICARDO LEGORRETA (1931–2011)
(S. 250–255)
Der in Mexiko-Stadt geborene und ausgebildete Legorreta arbeitete zunächst bei José Villagrán García, ehe er 1963 Mitbegründer von Legorreta Arquitectos wurde. Der frühe Erfolg für sein außergewöhnliches Hotel Camino Real in Mexiko-Stadt führte zu einer Reihe von Aufträgen für Hotels, Häuser und bedeutende Bauten für Wirtschaft und Kultur. Wenngleich Legorreta fest in der mexikanischen Tradition verwurzelt blieb, wurde er zunehmend auch in den USA und international aktiv. 2000 wurde das Büro aufgrund der Partnerschaft mit seinem Sohn Victor in Legorreta + Legorreta umbenannt. Heute läuft es unter dem Namen Legorreta.

Wichtige Bauten
Hotel Camino Real Mexiko-Stadt, Mexiko, 1967
Renaultwerk Gómez Palacio, Durango, Mexiko, 1985
Montalbán Haus Hollywood, Los Angeles, Kalifornien, USA, 1985
Kathedrale Managua, Nicaragua, 1993
Hauptbibliothek San Antonio San Antonio, Texas, USA, 1995

AMANDA LEVETE (geb. 1955) *siehe* **JAN KAPLICKY**

FRANK LLOYD WRIGHT (1867–1959)
(S. 100–105)
Wright studierte an der University of Wisconsin Ingenieurwesen, ehe er nach Chicago ging, wo er in Louis Sullivans Büro Adler & Sullivan arbeitete. Im Alter von 26 Jahren eröffnete er sein eigenes Büro und entwickelte mit einer Reihe von Häusern in Chicago den Prairie Stil, der im Robie House seine Vollendung fand. Wright, der von der Arts-and-Crafts-Tradition ebenso inspiriert war wie von Elementen der japanischen Architektur, zeichnete sich durch große Experimentierfreude aus. Er entwickelte einen spezifisch amerikanischen Ansatz und nutzte moderne Technologie und innovative Materialien für ausgesprochen handwerklich gefertigte Häuser, die sich in Einklang mit der Landschaft befanden. Auf diese Weise etablierte er sich als einer der Gründerväter der modernen Architektur.

Wichtige Bauten
Frederick C. Robie Haus Chicago, Illinois, USA, 1909
Taliesin Spring Green, Wisconsin, USA, 1911
Hollyhock Haus Los Angeles, Kalifornien, USA, 1920
Taliesin West Scottsdale, Arizona, USA, 1938
Solomon R. Guggenheim Museum New York, New York, USA, 1959

ANTTI LOVAG (1920–2014) **(S. 246–249)**
Als Sohn russisch-skandinavischer Eltern wuchs Antti Lovag in Finnland, der Türkei und in Schweden auf. Bevor er bei Jean Prouvé in Paris arbeitete, hatte er in Stockholm Schiffsbau studiert. Später arbeitete er in Sardinien und konzentrierte sich anschließend in Südfrankreich auf eigene Projekte. Von der Natur inspiriert, entwickelte er eine prägnante Architektursprache, realisiert in einer Reihe von organisch-futuristischen Häusern.

Wichtige Bauten
Maison Bernard Port-la-Galère, Frankreich, 1971
Maison Gaudet Tourette-sur-Loup, Frankreich, 1989

BERTHOLD LUBETKIN (1901–1990)
(S. 80–83)
In Georgien geboren, besuchte Lubetkin eine Kunstakademie in Moskau und setzte seine Studien in Berlin und Paris fort. 1931 zog er nach London, wo er ein Jahr später Tecton mitbegründete. Auf eine Reihe von Zoogebäuden folgten die Highpoint Wohnprojekte. Nach dem Krieg beschäftigte er sich mit Ideen des sozialen Wohnungsbaus, zog sich jedoch schließlich – ernüchtert vom britischen Konservatismus – von der Architektur zurück.

Wichtige Bauten
Pinguinbecken, Londoner Zoo London, England, 1934
Highpoint I / Highpoint II Highgate, London, England, 1935/38
Dudley Zoo Dudley, West Midlands, England, 1937
Finsbury Health Centre Finsbury, London, England, 1938

COLIN LUCAS (1906–1984) **(S. 96–99)**
Lucas stammte aus einer avantgardistisch orientierten Familie mit einer komponierenden Mutter und einem Vater, der als Erfinder und Unternehmer tätig war. Er studierte in Cambridge, arbeitete anschließend als Architekt und Bauunternehmer und experimentierte vorwiegend mit Betonbauten. 1934 beteiligte er sich an einem von den Neuseeländern Arnyas Connell und Basil Ward gegründeten Architekturbüro. Obgleich das Büro Connell, Ward & Lucas nur fünf Jahre existierte, war es sehr einflussreich. Mit einer Reihe filigraner Häuser etablierte das Trio eine richtungsweisende Spielart des Internationalen Stils. Später war Colin Lucas im London County Council Architect's Department tätig.

Wichtige Bauten
CONNELL, WARD & LUCAS
High and Over Amersham, Buckinghamshire, England, 1931
New Farm / The White House Haslemere, Surrey, England, 1933
Noah's House Bourne End, Buckinghamshire, England, 1934
Concrete House Westbury-on-Trym, Bristol, England, 1935
Greenside / Bracken Virginia Water, Surrey, England, 1936

EDWIN LUTYENS (1869–1944)
(S. 32–35)
Lutyens, in London geboren, studierte Architektur an der Kensington School of Art. Nach seiner Lehrzeit bei den Landhausarchitekten Ernest George & Peto eröffnete er 1889 sein eigenes Büro. Er entwarf Häuser im Arts-and-Crafts-Stil, aber auch im Stil des Klassizismus und

war stark beeinflusst von Norman Shaw, William Morris und Philipp Webb. In England ist er bekannt für die Realisierung wegweisender Landhäuser und als Architekt des Cenotaph Memorial. Höhepunkt seiner Karriere war der Auftrag zur Planung von Neu-Delhi, der Hauptstadt Britisch-Indiens, wo er auch einige der eindrucksvollsten Gebäudeanlagen geschaffen hat.

Wichtige Bauten
Munstead Wood Munstead, Godalming, Surrey, England, 1896
Orchards Munstead, Godalming, Surrey, England, 1899
Deanery Gardens Sonning, Berkshire, England, 1902
Castle Drogo Drewsteignton, Devon, England, 1930
Rashtrapati Bhavan / Haus des Vizekönigs Neu-Delhi, Indien, 1931

CHARLES RENNIE MACKINTOSH (1868–1928) (S. 40–43)
Mackintosh wurde in Glasgow als Sohn eines Polizeibeamten geboren und verbrachte seine produktivsten Jahre in seiner Heimatstadt. Er schuf einen einzigartigen Stil, indem er Einflüsse der Arts-and-Crafts-Bewegung – insbesondere von Charles F. A. Voysey und Mackay Hugh Baillie Scott – mit dem Jugendstil, der traditionellen Architektur Schottlands und einer aktuellen Moderne kombinierte. Einen Großteil seiner Bauten in Glasgow realisierte er gemeinsam mit dem Architekturbüro Honeyman & Kepple, dessen Partner er wurde. 1914 verließ er Glasgow und ging anschließend nach Suffolk, London und dann nach Frankreich, wo Möbelentwürfe und Aquarelle entstanden.

Wichtige Bauten
Windyhill Kilmacolm, Schottland, 1901
Willow Tea Rooms Sauchiehall Street, Glasgow, Schottland, 1904
Scotland Street School Glasgow, Schottland, 1906
Glasgow School of Art Glasgow, Schottland, 1899 / 1909

LOUIS MAJORELLE (1859–1926) (S. 36–39)
Als Möbeldesigner und Ausstatter gehörte Majorelle zu den bedeutendsten Vertretern des Jugendstils. Er studierte in Nancy und anschließend an der École des Beaux-Arts in Paris. Nach dem frühen Tod seines Vaters – Majorelle kam aus einer Familie von Möbelherstellern – kehrte er in seine Heimatstadt zurück, um den Familienbetrieb zu übernehmen. Sein Sohn Jacques Majorelle wurde berühmt als Maler und als Gestalter der Majorelle-Gärten in Marrakesch.

HENRI SAUVAGE (1873–1932) (S. 36–39)
Der Sohn eines Tapetenfabrikanten studierte an der École des Beaux-Arts in Paris. Anfangs leitete er seine eigene Tapetenfabrikation ab 1898 entstanden architektonische Entwürfe zusammen mit Charles Sarazin, und Sauvage etablierte sich als Architekt, Designer und Künstler.

Wichtige Bauten
Villa Océana Biarritz, Frankreich, 1903
Villa Leuba / Villa Natacha Biarritz, Frankreich, 1908
Grand Hotel Les Terrasses Tréport, Frankreich, 1909

ROBERT MALLET-STEVENS (1886–1945) (S. 76–79)
Der in Paris geborene Mallet-Stevens stammte aus einer Familie wohlhabender Kunstsammler. Er studierte an der École Spéciale d'Architecture in Paris und arbeitete zunächst als Filmsetdesigner und Innenausstatter, bevor er sich der Architektur zuwandte. Er war vom Art-déco-Stil beeinflusst, arbeitete jedoch in erster Linie mit Stahlbeton. In Paris sind fünf von ihm gebaute Häuser in der Rue Mallet-Stevens erhalten. Bedauerlicherweise ließ er vor seinem Tod alle seine Archive zerstören. Er gilt heute als einer der einflussreichsten französischen Architekten des 20. Jahrhunderts.

Wichtige Bauten
Villa Paul Poiret Mézy-sur-Seine, Frankreich, 1924
Rue Mallet-Stevens Paris, Frankreich, 1927
Villa Cavrois Croix, Frankreich, 1932
Maison Barillet Paris, Frankreich, 1932
Feuerwehrwache Passy Paris, Frankreich, 1935

RICHARD MEIER (geb. 1934) (S. 214–217)
Der in New Jersey geborene Richard Meier absolvierte seine Ausbildung an der Cornell University. Anschließend arbeitete er im Büro von Marcel Breuer, ehe er 1963 sein eigenes Büro eröffnete. Als führendes Mitglied der Gruppe „New York Five" beeindruckte er zunächst mit dem Bau einer Reihe von Privathäusern und wandte sich dann größeren Projekten zu, insbesondere Kulturbauten in den USA und im Ausland.

Wichtige Bauten
Smith Haus Darien, Connecticut, USA, 1967
High Museum of Art Atlanta, Georgia, USA, 1983
Museum für Angewandte Kunst Frankfurt, Deutschland, 1985
Zentrale des Fernsehsenders Canal Plus Paris, Frankreich, 1992
Getty Center Los Angeles, Kalifornien, USA, 1997

PAULO MENDES DA ROCHA (geb. 1928) (S. 198–201)
Mendes da Rocha wurde in Vitória, Brasilien, geboren und studierte an der Mackenzie University School of Architecture in São Paulo. 1955 gründete er sein eigenes Büro in der Stadt. Hier entstanden auch viele von ihm konzipierte Wohn-, Kultur- oder Geschäftsbauten. Mendes da Rocha ist ein bekannter Vertreter des Brutalismus der Paulista-Schule, dessen Schwerpunkt auf struktureller Monumentalität und einer innovativen Konstruktionsweise liegt. Viele Jahre lang war er auch als Lehrer und Dozent sowie als Möbel- und Setdesigner tätig. 2006 erhielt er den Pritzker-Preis.

Wichtige Bauten
Club Athlético Paulistano São Paulo, Brasilien, 1957
Mendes da Rocha Haus São Paulo, Brasilien, 1960
Kapelle des Heiligen Petrus São Paulo, Brasilien, 1987
Brasilianisches Skulpturmuseum São Paulo, Brasilien, 1988

LUDWIG MIES VAN DER ROHE (1886–1969) (S. 136–141)
Der gebürtige Deutsche Mies van der Rohe arbeitete bei Peter Behrens und anderen, ehe er 1912 in Berlin sein eigenes Büro eröffnete. Vor der Schließung des Bauhauses war er drei Jahre lang dessen Direktor. 1938 emigrierte er in die USA und nahm später die amerikanische Staatsbürgerschaft an. Seine nach dem Leitmotiv „Weniger ist mehr" konzipierten Häuser und Möbel machten ihn zu einem der einflussreichsten Architekten und Designer des 20. Jahrhunderts.

Wichtige Bauten
Barcelona Pavillon / deutscher Beitrag zur internationalen Ausstellung in Barcelona Barcelona, Spanien, 1929
Haus Tugendhat Brno, Tschechische Republik, 1930
Chicago Convention Hall Chicago, Illinois, USA, 1954
Seagram Building (mit Philip Johnson) New York, New York, USA, 1958
Neue Nationalgalerie Berlin, Deutschland, 1968

ERIC OWEN MOSS (geb. 1943) (S. 264–267)
Nach dem Studium der Architektur an der University of California und an der Harvard University eröffnete Owen Moss 1973 ein Büro in Culver City im County Los Angeles. Unter der Schirmherrschaft der Bauträger Frederick und Laurie Samitaur-Smith entwarf er in diesem früheren Industriegebiet eine Reihe von Projekten. In seiner fließenden und unkonventionellen Architektur erforscht Moss dekonstruktivistische Konzepte und die Neuerfindung der Form und überrascht zudem mit ungewöhnlichen Materialien.

Wichtige Bauten
Petal House West Los Angeles, Kalifornien, USA, 1984
Hauptbürogebäude University of California, Irvine, USA, 1989
The Box Culver City, Los Angeles, Kalifornien, USA, 1994
Stealth Culver City, Los Angeles, Kalifornien, USA, 2001
Beehive Culver City, Los Angeles, Kalifornien, USA, 2002

GLENN MURCUTT (geb. 1936) (S. 280–283)
Als Galionsfigur umweltbewusster Architekten genießt Murcutt internationales Ansehen und ist doch weiterhin als allein agierender Architekt in seinem heimatlichen Australien tätig. In seiner Bauweise verschränken sich modernistische Einflüsse von Pierre Chareau, Alvar Aalto, Ludwig Mies van der Rohe und anderen mit Traditionen der ländlichen Architektur Australiens und begegnen der Landschaft und Umgebung mit uneingeschränktem Respekt.

Wichtige Bauten
Marie Short Haus Kempsey, New South Wales, Australien, 1975
Magney Haus Bingie Point, New South Wales, Australien, 1984
Marika Alderton Haus Yirrkala Community, Eastern Arnhem Land, Australien, 1994
Arthur and Yvonne Boyd Art Centre Riversdale, West Cambewarra, New South Wales, Australien, 1999

RICHARD NEUTRA (1892–1970) (S. 110–113)
Neutra studierte an der Technischen Hochschule in Wien, wo Adolf Loos ein Mentor, Otto Wagner eine Inspiration und Rudolph Schindler ein Freund waren. 1923 emigrierte er in die USA und ließ sich in Los Angeles nieder. Er war bei Frank Lloyd Wright tätig und arbeitete mit Schindler zusammen, ehe er sich selbstständig machte. Seine Werke waren von architektonischer wie psychologischer Aussagekraft – dazu geschaffen, um das Wohlbefinden ihrer Bewohner zu fördern und die Verbindung zur Natur sichtbar zu machen.

Wichtige Bauten
Lovell Health Haus Los Angeles, Kalifornien, USA, 1929
Miller Haus Palm Springs, Kalifornien, USA, 1937

Tremaine Haus Montecito, Kalifornien, USA, 1948
Case Study House #20 Pacific Palisades, Kalifornien, USA, 1948

OSCAR NIEMEYER (1907–2012) (S. 142–145)

Niemeyer wurde in Rio de Janeiro geboren und studierte an der dortigen Nationalen Kunstakademie. Von 1934 bis 1938 arbeitete er zusammen mit Lúcio Costa und Le Corbusier am Gebäude des Bildungs- und Gesundheitsministeriums in Rio. In den späten 1950er-Jahren wurde er zum Chefarchitekten der Hauptstadt Brasília ernannt, und sein Name ist seitdem untrennbar mit der von ihm gestalteten Stadt assoziiert. Ende der 1960er-Jahre ging er aufgrund der veränderten politischen Lage ins französische Exil. Doch kehrte er 1982 zurück, um in seiner Heimat Architektur zu unterrichten und als Architekt zu arbeiten. Spätere Projekte machten ihn international bekannt, und 1988 wurde ihm der Pritzker-Preis verliehen.

Wichtige Bauten
Pampulha-Komplex Minas Gerais, Brasilien, 1940
Nationalkongress Brasília, Brasilien, 1958
Kathedrale von Brasília Brasília, Brasilien, 1959
MAC Niterói – Museum für zeitgenössische Kunst Niterói, Rio de Janeiro, Brasilien, 1996
Nationalmuseum & Nationalbibliothek Brasília, Brasilien, 2006

JOHN PAWSON (geb. 1949) (S. 240–245)

Pawson, in Yorkshire geboren, war zunächst im Textilbetrieb seiner Familie tätig. Er bereiste anschließend Japan und studierte nach seiner Rückkehr an der Architectural Association in London. 1981 gründete er sein eigenes Büro. Seine Partnerschaft mit Claudio Silvestrin bestand von 1987 bis 1989. Pawson etabliert sich als einer der führenden Vertreter des Minimalismus.

CLAUDIO SILVESTRIN (geb. 1954) (S. 240–245)

Der in Italien geborene Silvestrin studierte in Mailand und an der Architectural Association in London. 1989 eröffnete er ein eigenes Büro, das Aufträge für Wohnhäuser ebenso ausführte wie für größere internationale Projekte, etwa für Giorgio Armani.

Wichtige Bauten
JOHN PAWSON
Kloster Novy Dvur Touzim, Tschechische Republik, 2004
Baron Haus Skåne, Schweden, 2005

CLAUDIO SILVESTRIN
Museum für zeitgenössische Kunst Turin, Italien, 2002
Räumlichkeiten der Privatsammlung Victoria Miro London, England, 2006

PAUL PAGET (1901–1985) siehe JOHN SEELY

AUGUSTE PERRET (1874–1954) (S. 58–59)

Auguste Perret wurde als Sohn eines Bauunternehmers in Ixelles, Belgien, geboren. 1881 zog seine Familie nach Paris, und Perret studierte an der École des Beaux-Arts bei Julien Guadet. Mit seinen Brüdern Gustave und Claude gründete er 1905 das Büro Perret Frères. Perret gehörte zu den Pionieren einer anspruchsvollen Verwendung von Eisenbeton und war, obgleich auch vom Klassizismus geprägt, ein bedeutender Vorläufer der modernistischen Bewegung. Von 1908 bis 1909 ging Le Corbusier bei ihm in die Lehre.

Wichtige Bauten
Wohnhaus in der Rue Franklin Paris, Frankreich, 1904
Kirche Notre-Dame Raincy, Frankreich, 1923
Atelierhaus für Georges Braque Paris, Frankreich, 1929
Musée des Travaux Publiques Paris, Frankreich, 1948
Kirche St. Joseph (und Umbauarbeiten) Le Havre, Frankreich, 1956

ANTOINE PREDOCK (geb. 1936) (S. 268–273)

Predock, gleichermaßen Künstler wie Architekt, studierte Malerei bei Elaine de Kooning. Er besuchte die Universität von New Mexico und die Columbia University in New York, ehe er 1967 sein Architekturbüro eröffnete, das inzwischen Zweigstellen in Albuquerque, Los Angeles und Taipei unterhält. Neben seiner internationalen Bautätigkeit sind die von ihm gebauten Anlagen in New Mexico und den Wüstenstaaten von Nordamerika nach wie vor am eindrucksvollsten.

Wichtige Bauten
Zuber Haus Phoenix, Arizona, USA, 1989
Nelson Fine Arts Center Arizona State University, Tempe, USA, 1989
Las Vegas Library & Museum Las Vegas, Nevada, USA, 1990
American Heritage Center Laramie, Wyoming, USA, 1993
Grundschule Ventana Vista Tucson, Arizona, USA, 1994

EDWARD PRIOR (1857–1932) (S. 44–47)

Prior, während seiner Ausbildung in Harrow und Cambridge als Sportler sehr erfolgreich, war ab 1874 bei Norman Shaw angestellt. Sechs Jahre später eröffnete er sein eigenes Büro. Neben seiner Tätigkeit als Architekt verfasste er Schlüsselwerke über Kunst und Architektur der Gotik und zählt zu den Mitbegründern der Art Worker's Guild. Später wurde er Slade Professor of Art in Cambridge und gründete die Cambridge School of Architecture.

Wichtige Bauten
Henry Martyn Hall Cambridge, England, 1887
Bothenhampton Church Bothenhampton, Dorset, England, 1889
The Barn Exmouth, Devon, England, 1896
Cambridge Medical Schools Cambridge, England, 1904
St Andrew's Church Roker, Sunderland, England, 1906

JEAN PROUVÉ (1901–1984) (S. 146–149)

Als Designer, Fabrikant, Unternehmer, Baugutachter, Technikexperte und ehemaliger Bürgermeister von Nancy entzieht sich Jean Prouvé jeglicher Kategorisierung. Als Architekt faszinierten ihn vor allem Vorfertigung und maschinelle Herstellungsverfahren. Er leitete selbst zahlreiche eigene Produktionswerkstätten und Ateliers. Selbst nie offiziell als Architekt registriert, realisierte er einen Großteil seiner experimentellen Ideen und Bauwerke in Zusammenarbeit mit anderen Architekten und Ingenieuren, darunter seinem Bruder Henri sowie Le Corbusier, Oscar Niemeyer und Robert Mallet-Stevens.

Wichtige Bauten
Maison du Peuple (mit Eugène Beaudouin & Marcel Lods) Clichy, Frankreich, 1939
Maisons Tropicales (mit Henri Prouvé) Niamey, Niger & Brazzaville, Kongo, 1949
Pavillon für die Hundertjahrfeier des Aluminiums (mit Henri Hugonet & Armand Copienne) Paris, Frankreich, 1954
Fertighaus für das Obdachlosenprogramm des Abbé Pierre Paris, Frankreich, 1956
Trinkhalle der Cachat-Quelle (mit Maurice Novarina & Serge Kétoff) Évian-les-Bains, Frankreich, 1956

RICHARD ROGERS (geb. 1933) (S. 188–191)

Richard Rogers, in Florenz geboren, zog bereits als Kind nach London. Er studierte an der Architectural Association und bei Serge Chermayeff an der Yale University, wo er Norman Foster kennenlernte. 1963 gründeten sie gemeinsam das kurzlebige Team 4. 1971 gewann Rogers mit Renzo Piano den Wettbewerb zum Bau des Centre Pompidou. 1977 gründete er die Richard Rogers Partnership, heute bekannt als Rogers Stirk Harbour + Partners.

Wichtige Bauten
Centre Pompidou Paris, Frankreich, 1977
Lloyd's of London London, England, 1986
Millennium Dome London, England, 1999
National Assembly for Wales Cardiff, Wales, 2005
Flughafen Madrid Barajas Madrid, Spanien, 2005

EERO SAARINEN (1910–1961) (S. 150–153)

Der in Finnland geborene Saarinen zog 1923 mit seiner Familie in die USA. In Paris studierte er Bildhauerei, anschließend Architektur an der Yale University. Ab 1936 arbeitete er mit seinem Vater zusammen, kooperierte aber auch mit Charles Eames. Nach dem Tod seines Vaters im Jahre 1950 gründete er sein eigenes Architekturbüro in Bloomfield Hills, Michigan. Saarinen selbst starb früh und hinterließ einige seiner Projekte unvollendet, die von seinen Partnern Kevin Roche und John Dinkeloo fertiggestellt wurden.

Wichtige Bauten
Kresge-Auditorium & Kapelle, Massachusetts Institute of Technology Cambridge, Massachusetts, USA, 1955
General Motors Technical Center (mit Smith, Hinchman & Grylls) Warren, Michigan, USA, 1956
Trans World Airlines (TWA) Terminal, Flughafen John F. Kennedy New York, New York, USA, 1962
North Christian Church Columbus, Indiana, USA, 1963
Jefferson National Expansion Memorial St. Louis, Missouri, USA, 1968

ELIEL SAARINEN (1873–1950) (S. 60–63)

Der in Finnland geborene Saarinen studierte Kunst und Architektur. Zu Beginn des 20. Jahrhunderts arbeitete er bei Herman Gesellius und Armas Lindgren und entwarf bedeutende Bauten in und um Helsinki, u. a. den Bahnhof. Parallel dazu entstanden Entwürfe für Möbel. 1923 wanderte er in die USA aus, gefolgt von seiner Frau und den beiden Kindern. Er war Mitbegründer der Cranbrook Academy of Art und wurde 1932 deren Präsident. Später arbeitete er mit seinem Sohn Eero zusammen und entwarf eine Reihe von Kirchenbauten.

Wichtige Bauten
Finnischer Pavillon auf der Weltausstellung Paris, Frankreich, 1900
Pohjola Versicherungsgebäude Helsinki, Finnland, 1901
Hvittträsk Kirkkonummi, Finnland, 1902
Hauptbahnhof Helsinki, Finnland, 1909
Finnisches Nationalmuseum Helsinki, Finnland, 1910

HENRI SAUVAGE (1873–1932) *siehe*
LOUIS MAJORELLE

RUDOLPH M. SCHINDLER (1887–1953)
(S. 56–57)
Der in Wien gebürtige Schindler studierte bei Otto Wagner und Adolf Loos, ehe er 1914 in die USA übersiedelte. Er arbeitete bei Frank Lloyd Wright in Chicago und eröffnete 1922 sein eigenes Büro in Los Angeles, wo er eine Zeit lang auch gemeinsam mit Richard Neutra tätig war. Schindlers Werk besteht in erster Linie aus Einfamilienhäusern und Wohnbauten, die – angepasst ans kalifornische Klima – offen zur Landschaft, räumlich innovativ und entschieden modern sind.

Wichtige Bauten
Lovell Beach House Newport Beach, Los Angeles, Kalifornien, USA, 1926
Wolfe Haus Catalina Island, Kalifornien, USA, 1929
Pearl M. Mackey Apartments Los Angeles, Kalifornien, USA, 1939
Bethlehem Baptist Church Los Angeles, Kalifornien, USA, 1944

SCOTT TALLON WALKER (gegr. 1960)
(S. 202–205)
Der 1927 geborene Ronald Tallon studierte Architektur am University College Dublin. 1960 gründete er mit Michael Scott (1905–1989) und Robin Walker (1924–1991) Scott Tallon Walker, das zum führenden zeitgenössischen Architekturbüro Irlands wurde und sowohl Büro- und Industriearchitektur als auch Wohnhäuser und Kultureinrichtungen entwarf. Auch nach dem Ausscheiden der Gründungsgeneration ist das Unternehmen mit neuen Führungskräften weiterhin erfolgreich.

Wichtige Bauten
Kirche Knockanure Moyvane, County Kerry, Irland, 1964
Carroll's Tobacco Factory Dundalk, Irland, 1969
Central Remedial Clinic Clontarf, Irland, 1970
Tallon Haus Foxrock, County Dublin, Irland, 1970
Bank of Ireland, Zentrale Dublin, Irland, 1975

JOHN SEELY (1900–1963) **& PAUL PAGET**
(1901–1985) (S. 84–87)
Seely und Paget lernten sich im Trinity College in Cambridge kennen und schlossen sich 1926 in einem Architekturbüro zusammen. Seely wurde später als Lord Mottistone in den Adelsstand erhoben, und seine gesellschaftlichen Verbindungen halfen bei der Beschaffung der frühen Aufträge. Später spezialisierten sich beide auf sakrale Bauten, insbesondere den Wiederaufbau im Krieg beschädigter Londoner Kirchen. Paget wurde schließlich leitender Baugutachter an der St. Paul's Cathedral.

Wichtige Bauten
Chapel of the Venerable Bede Durham, County Durham, England, 1939
St Mary's Church Islington, London, England, 1955
The Grand Priory Church of the Order of St John Clerkenwell, London, England, 1958
All Hallows-by-the-Tower, St Andrew's Church Holborn, London, England, 1961

HARRY SEIDLER (1923–2006)
(S. 132–135)
Nach dem Anschluss Österreichs an Nazi-Deutschland floh Seidler zunächst nach England, um dann in Winnipeg, Kanada, Architektur zu studieren. Nach seiner anschließenden Studien an der Harvard University unterrichtete ihn der ehemalige Bauhausdirektor Walter Gropius. Seidler studierte und arbeitete zudem bei Josef Albers, Alvar Aalto, Marcel Breuer und Oscar Niemeyer. Später folgte er seiner Familie nach Sydney, wo er sich niederließ und mit seinen Wohnbauten und anderen Projekten den Einzug der Moderne in Australien initiierte.

Wichtige Bauten
Blues Point Tower McMahons Point, Sydney, New South Wales, Australien, 1962
Harry & Penelope Seidler Haus Killara, Sydney, New South Wales, Australien, 1967
Australia Square Tower Central Business District, Sydney, New South Wales, Australien, 1967
Waverley Civic Centre Waverley, Victoria, Australien, 1984
Berman Haus Joadja, New South Wales, Australien, 1999

PATTI SHI (geb. 1945) (S. 348–351) *siehe*
ERNESTO BEDMAR

KEN SHUTTLEWORTH (geb. 1952)
(S. 306–311)
Der in Birmingham geborene Shuttleworth studierte in Leicester Architektur. Anschließend schloss er sich Norman Fosters Büro an, wurde 1991 einer seiner Partner und war an der Gestaltung des Hauptsitzes der Swiss Re („The Gherkin") beteiligt. 2004 gründete er sein eigenes Büro und entwickelte rasch ein vielfältiges Portfolio an Projekten, sowohl in Großbritannien als auch auf der internationalen Bühne. Seine Bauten zeichnen sich aus durch einen dynamischen und innovativen Ansatz hinsichtlich ihrer architektonischen Form und Struktur.

Wichtige Bauten
Sony Center (mit Murphy/Jahn Architects) Berlin, Deutschland, 2000
Interbank Lima (mit Atelier Hollein) Lima, Peru, 2000
Swiss Re Headquarters (mit Foster & Partners) St Mary Axe, London, England, 2004
Dartford Dojo Dartford, Kent, England, 2006
St Paul's Information Centre St Paul's, London, England, 2007
55 Baker Street London, England, 2007
University of Nottingham Jubilee Campus Nottingham, England, 2008

CLAUDIO SILVESTRIN (geb. 1954) *siehe*
JOHN PAWSON

ALISON SMITHSON (1928–1993) **&
PETER SMITHSON** (1923–2003)
(S. 160–163)
Die in Sheffield respektive Stockton-on-Tees geborenen Architekten lernten sich an der School of Architecture der Durham Universität kennen. Nachdem sie ihren ersten Auftrag, die Hunstanton School in Norfolk, bekommen hatten, eröffneten sie 1949 ein Büro. Die freimütigen und exzentrischen Smithsons erhielten großes Lob für ihr Economist Building, aber auch viel Kritik für ihre 1964 entstandene Wohnanlage Robin Hood Gardens. Als Kuratoren und Kulturkolumnisten hatten sie in den 1960er-Jahren einigen Anteil an der Entstehung der Pop-Art-Bewegung in Großbritannien.

Wichtige Bauten
Hunstanton Secondary Modern School Hunstanton, Norfolk, England, 1954
House of the Future Ideal Home Show, London, England, 1956
Economist Plaza London, England, 1964
Robin Hood Gardens Poplar, London, England, 1972
Hexenhaus Lauenförde, Deutschland, 2001

WERNER SOBEK (geb. 1953) (S. 336–337)
Die Bauingenieur und Architekt Werner Sobek wurde in Aalen geboren und studierte Ingenieurwesen und Architektur an der Universität Stuttgart. Er arbeitete vier Jahre bei den Ingenieuren Schlaich, Bergmann & Partner, bevor er 1992 sein eigenes in Stuttgart ansässiges Unternehmen gründete. Sein Büro beschäftigt sich sowohl mit Einzelprojekten als auch mit Kooperationen mit anderen bedeutenden Büros wie UN Studio. Besonders bei seinen Häusern experimentiert Sobek mit Vorfertigungstechniken. Er lehrt an der Universität Stuttgart.

Wichtige Bauten
Sony Center (mit Murphy/Jahn Architects) Berlin, Deutschland, 2000
Interbank Lima (mit Atelier Hollein) Lima, Peru, 2000
Mercedes-Benz Museum (mit UN Studio) Stuttgart, Deutschland, 2006
Internationaler Flughafen Bangkok (mit Murphy/Jahn Architects) Bangkok, Thailand, 2006

EDUARDO SOUTO DE MOURA
(geb. 1952) (S. 318–321)
Souto de Moura studierte an der Kunsthochschule seiner Heimatstadt Porto in Portugal. In den 1970er-Jahren arbeitete er mit Álvaro Siza zusammen, bevor er 1980 sein eigenes Büro gründete. Er entwarf mehrere Gebäude für Porto, war aber auch anderswo auf der iberischen Halbinsel und international tätig. Sein Werk kombiniert traditionelle und lokale Einflüsse mit einem zeitgenössischen und originellen Umgang mit Material und Form.

Wichtige Bauten
Haus Miramar Vila Nova de Gaia, Portugal, 1991
Kulturzentrum Casa das Artes Porto, Portugal, 1991
Klosterhotel Santa María do Bouro Amares, Portugal, 1997
Portugiesischer Pavillon, Expo '98 Lissabon, Portugal, 1998
Bragastadion Braga, Portugal, 2000

BASIL SPENCE (1907–1976) (S. 156–159)
Spence wurde in Indien geboren und absolvierte sein Studium in Edinburgh und London. Nachdem er eine Zeit lang im Büro von Edwin Lutyens tätig war, gründete er zusammen mit Kollegen ein Büro in Schottland, wo frühe Arbeiten unter dem Einfluss der Arts-and-Crafts-Bewegung entstanden. In den 1940er-Jahren gründete er Spence & Partners und arbeitete von da an in einem modernistischen, bisweilen brutalistischen Stil. Sein Meisterwerk gelang ihm mit der Kathedrale von Coventry.

Wichtige Bauten
Gribloch Haus Kippen, Stirling, Schottland, 1939
Kathedrale von Coventry Coventry, England, 1962
Parlamentsgebäude von Neuseeland / Beehive („Bienenstock") Wellington, Neuseeland, 1964
Hyde Park Cavalry Barracks London, England, 1970
Britische Botschaft Rom, Italien, 1971

GIUSEPPE TERRAGNI (1904–1943)
(S. 88–89)
Terragni, Sohn einer Familie von Bauunternehmern, studierte Architektur am Mailänder Polytechnikum. Er war Gründungsmitglied der Gruppo 7, einer Architektengruppe des italienischen

Rationalismus. 1927 eröffnete er zusammen mit seinem Bruder Attilio, einem Bauingenieur, ein Büro in Como. Vor seinem Eintritt in die Armee wurde er mit der totalitären Architektur von Mussolinis faschistischer Bewegung assoziiert. Nach seinem Einsatz an der russischen Front kehrte er nach Italien zurück und starb im Haus seiner Verlobten in Como.

Wichtige Bauten
Novocomum-Wohnhäuser Como, Italien, 1929
Casa del Fascio/Casa del Popolo Como, Italien, 1936
Casa del Floricoltore / Casa Amedeo Bianchi Rebbio, Italien, 1937
Kindergarten Antonio Sant'Elia Como, Italien, 1937
Casa del Fascio/Casa del Popolo Lissone, Italien, 1939

O. M. UNGERS (1926–2007) (S. 286–291)
Der in Kaisersesch geborene Ungers studierte in Karlsruhe Architektur, ehe er 1950 in Köln ein Büro eröffnete. Als ausgewiesener Theoretiker lehrte er von 1969 bis 1975 an der Cornell University. Ihn faszinierte der Klassizismus ebenso wie das Bauhaus und die Moderne. Ungers entwarf eine Reihe von Bauten mit klassizistischen Elementen. In späteren Jahren entwickelte er sich allmählich hin zu einer zunehmend abstrakten Formensprache mit klaren, geometrischen Strukturen.

Wichtige Bauten
Haus Ungers I Köln, Deutschland, 1959
Deutsches Architekturmuseum Frankfurt, Deutschland, 1984
Kubushaus Köln, Deutschland, 1989
Badische Landesbibliothek Karlsruhe, Deutschland, 1991
Wallraf-Richartz-Museum Köln, Deutschland, 2001

SIMON UNGERS (1957–2006) (S. 260–263)
Der Sohn des deutschen Architekten O. M. Ungers kam in den 1960er-Jahren in die USA, als sein Vater dort lehrte. Er studierte an der Cornell University, gründete 1982 mit zwei Partnern UKZ Design und 1992 sein eigenes Büro und arbeitete zeitweilig mit Tom Kinslow zusammen. Ungers, der sowohl als Bildhauer als auch als Architekt arbeitete, schuf Bauten, die wie überdimensionale Skulpturen in die Landschaft gesetzt sind.

Wichtige Bauten
Hobbs Haus Lansing, New York, USA, 1982
Erweiterung des Weinguts Hermann J. Wiemer Dundee, New York, USA, 1982
Knee Residence Caldwell, New Jersey, USA, 1984
Cube House Ithaca, New York, USA, 2001

JØRN UTZON (1918–2008) (S. 206–209)
Utzon kam als Sohn eines Schiffsbauingenieurs in Kopenhagen zur Welt und studierte an der dortigen Königlichen Dänischen Kunstakademie. Er arbeitete bei Alvar Aalto in Finnland und eröffnete 1945 in Kopenhagen sein eigenes Büro. 1957 gewann er den Wettbewerb für das Opernhaus in Sydney; der Bau erwies sich als umstritten und Utzon zog sich 1966 von dem Projekt zurück (2007 wurde das Bauwerk zum UNESCO Welterbe erklärt). 2003 erhielt Utzon den Pritzker-Preis. Heute arbeiten seine Söhne Jan und Kim im Büro Utzon Architects.

Wichtige Bauten
Kingo Gartenhofsiedlung Helsingør, Dänemark, 1958
Bank Melli Teheran, Iran, 1962
Opernhaus von Sydney Sydney, Australien, 1973 fertiggestellt
Bagsværd Kirche Bagsværd, Dänemark, 1976
Parlamentsgebäude von Kuwait Kuwait-Stadt, Kuwait, 1982

BEN VAN BERKEL (geb. 1957) (S. 322–323)
Van Berkel studierte Architektur an der Rietveld Akademie in Amsterdam und der Architectural Association in London. 1986 war er Mitbegründer von van Berkel & Bos Architectuur, das 1999 zu UN Studio umbenannt wurde.

CAROLINE BOS (geb. 1959) (S. 322–323)
Nachdem sie in Birkbeck, London, Kunstgeschichte studiert hatte, arbeitete Bos als Journalistin, Herausgeberin und Autorin. Sie war Mitbegründerin von van Berkel & Bos Architectuur.

Wichtige Bauten
BERKEL & BOS ARCHITECTUUR / UN STUDIO
Klappbrücke & Brückenmeisterhaus Purmerend, Niederlande, 1998
Het Valkhof Museum Nijmegen, Niederlande, 1999
Umspannwerk Innsbruck, Österreich, 2002
VilLA NM Bethel, New York, USA, 2006
Mercedes-Benz Museum Stuttgart, Deutschland, 2006

ROBERT VENTURI (geb. 1925) (S. 164–165)
Der Architekt, Theoretiker, Autor und Dozent wurde in Philadelphia geboren und studierte an der Princeton University. Er arbeitete kurzzeitig mit Eero Saarinen und Louis Kahn zusammen, ehe er 1960 ein Gemeinschaftsbüro eröffnete. Nachdem er seine Architektenkollegin Denise Scott Brown geheiratet hatte, firmierte das Büro als Venturi, Scott Brown & Associates. Venturis architektonisches Schaffen entzieht sich einer einfachen Zuordnung. Er wurde insbesondere für sein Motto „Less is a bore" („Weniger ist langweilig") bekannt, das als Antwort auf Mies van der Rohes „Weniger ist mehr" auf Stilvielfalt setzt. Venturi erhielt 1991 den Pritzker-Preis.

Wichtige Bauten
Guild House Philadelphia, Pennsylvania, USA, 1964
Sainsbury Wing, National Gallery London, England, 1991
Seattle Art Museum Seattle, Washington, USA, 1991
San Diego Museum of Contemporary Art San Diego, Kalifornien, USA, 1996
Haute-Garonne Provincial Capitol Building Toulouse, Frankreich, 1999

CHARLES F. A. VOYSEY (1857–1941) (S. 48–51)
In Yorkshire als Sohn eines puritanischen Geistlichen geboren, wurde Voysey privat unterrichtet, ehe er 1873 bei dem Architekten J. P. Seddon in die Lehre ging. Nach anschließender Tätigkeit bei George Devey gründete er 1882 sein eigenes Büro. Später wurde er Freund und Nachbar seines ebenfalls im Arts-and-Crafts-Stil arbeitenden Kollegen Edward Prior. Voysey tat sich mit einer Reihe von Landhäusern und Cottages hervor. Er entwarf jedoch auch Tapeten, Textilien und Möbel. Dabei erwies er sich als ebenso herausragender Gestalter wie Architekt.

Wichtige Bauten
Perrycroft Colwall Herefordshire, England, 1894
Norney Shackleford, Surrey, England, 1897
Broadleys Windermere, Cumbria, England, 1898
The Orchard Chorleywood, Hertfordshire, England, 1899
Moor Crag Windermere, Cumbria, England, 1899

ISAY WEINFELD (geb. 1952) (S. 342–347)
Weinfeld wurde in São Paulo geboren, studierte Architektur an der Mackenzie University und gründete im Jahr 1973 sein eigenes Büro. Zu seinen zahlreichen Projekten zählen eine Reihe origineller und einflussreicher Privathäuser in Brasilien. Er ist darüber hinaus bekannt geworden für seine Zusammenarbeit mit dem Hotelier Rogério Fasano. Wichtigste Projekte in diesem Bereich sind das Hotel Fasano in São Paulo (entworfen in Zusammenarbeit mit Marcio Kogan), gefolgt von Projekten in Porto Feliz und Punta del Este. Weinfeld hat zudem auch Gewerbegebäude, Kulturbauten und Wohnhäuser konzipiert. In den letzten Jahren wurde seine Arbeit zunehmend internationaler, so etwa entwarf er Wohnungen in New York und das Design des neuen Restaurants Four Seaons, ebenfalls in New York. Weinfeld ist darüber hinaus auch Filmemacher – seine Leidenschaft gilt der Architektur, dem Film und der Musik gleichermaßen.

Wichtige Bauten
Hotel Fasano (mit Marcio Kogan) São Paulo, Brasilien, 2003
Casa Iporanga Guarujá, São Paulo, Brasilien, 2006
Havaianas Store Rua Oscar Freire, São Paulo, Brasilien, 2009
Fasano Las Piedras Punta del Este, Uruguay, 2011
Fazenda Boa Vista Porto Feliz, Brasilien, 2011

BIBLIOGRAFIE

Hinweis des Verfassers: Zitate ohne Nachweise im Text stammen generell aus Interviews oder der Korrespondenz mit dem Architekten und den Bauherren des jeweiligen Hauses bzw. aus von ihnen zur Verfügung gestellten Materialien.

ALLGEMEIN

Andrews, Peter u. a., *Das Hausbuch*, Phaidon, 2001
Arieff, Allison, & Bryan Burkhart, *Prefab*, Gibbs Smith, 2002
Barreneche, Raul A., *Moderne Häuser II*, Phaidon, 2005
Betsky, Aaron, *Landscrapers: Building with the Land*, Thames & Hudson, 2002
Boissière, Olivier, *Twentieth-Century Houses*, Terrail, 1998
Bradbury, Dominic, *Mexico*, Conran Octopus, 2003
Bradbury, Dominic, *New Country House*, Laurence King, 2005
Bradbury, Dominic, *Mediterranean Modern*, Thames & Hudson, 2006
Coquelle, Aline, *Palm Springs Style*, Assouline, 2005
Cygelman, Adèle, *Palm Springs Modern*, Rizzoli, 1999
Daguerre, Mercedes, *20 Houses by Twenty Architects*, Electa, 2002
Davey, Peter, *Arts-and-Crafts-Architektur*, DVA, 1996
Davies, Colin, *Key Houses of the Twentieth Century: Plans, Sections and Elevations*, Laurence King, 2006
Doordan, Dennis P., *Twentieth-Century Architecture*, Laurence King, 2001
Doubilet, Susan, & Daralice Boles, *European House Now*, Thames & Hudson, 1999
Droste, Magdalena, *Bauhaus: 1919–1933*, Taschen, 2002
Fiell, Charlotte & Peter, *Design des 20. Jahrhunderts*, Taschen, 2000
Frampton, Kenneth, & David Larkin (Hrsg.), *Villen in Amerika. Meisterwerke der Moderne*, Kohlhammer, 1995
Futagawa, Yukio (Hrsg.), *GA Houses Special: Masterpieces, 1945–1970*, GA/Edita, 2001
Futagawa, Yukio (Hrsg.), *GA Houses Special: Masterpieces, 1971–2000*, GA/Edita, 2001
Glancey, Jonathan, *Architektur der Welt: Berühmte Bauwerke von 1900 bis heute*, Bucher, 2007
Glancey, Jonathan, *Modern – 100 Jahre Wohndesign*, Knesebeck, 2000
Gordon, Alastair, *Weekend Utopia: Modern Living in the Hamptons*, Princeton Architectural Press, 2001
Gössel, Peter, & Gabriele Leuthäuser, *Architektur des 20. Jahrhunderts, 2 Bde.* Taschen, 2006
Jodidio, Philip, *Contemporary American Architects, Bd. I–IV*, Taschen, 1993–1998
Jodidio, Philip, *Architecture Now! 3*, Taschen, 2004
Jodidio, Philip, *100 Contemporary Architects*, Taschen, 2008
Khan, Hasan-Uddin, *International Style: Architektur der Moderne von 1925 bis 1965*, Taschen, 2001
Melhuish, Clare, *Modern House 2*, Phaidon, 2000
Pearson, Clifford A. (Hrsg.), *Moderne Amerikanische Einfamilienhäuser*, Callwey, 2000
Postiglione, Gennaro (Hrsg.), *100 Houses for 100 Architects*, Taschen, 2004
Powers, Alan, *Modern: The Modern Movement in Britain*, Merrell, 2005
Rattenbury, Kester, Rob Bevan & Kieran Long, *Architects Today*, Laurence King, 2004
Rybczynski, Witold, *Home: A Short History of an Idea*, Penguin, 1987
Smith, Elizabeth A. T., *Case Study Houses*, Taschen, 2009
Soane, James, *New Home*, Conran Octopus, 2003
Street-Porter, Tim, *The Los Angeles House*, Thames & Hudson, 1995
Sudjic, Deyan, *Home: Wohnhausarchitektur. Klassische Konzepte, Innovative Entwürfe, Zukunftsmodelle*, Kohlhammer, 2000
Thiel-Siling, Sabine (Hrsg.), *Architektur! Das 20. Jahrhundert*, Prestel, 2005
Tinniswood, Adrian, *The Art Deco House*, Mitchell Beazley, 2002
Watkin, David, *A History of Western Architecture*, Laurence King, 1986
Webb, Michael, *Architects House Themselves*, Preservation Press, 1994
Welsh, John, *Modern House*, Phaidon, 1995
Weston, Richard, *Das Haus im 20. Jahrhundert*, Knesebeck, 2002
Weston, Richard, *Key Buildings of the Twentieth Century*, Laurence King, 2004

ALVAR AALTO

Pallasmaa, Juhani (Hrsg.), *Alvar Aalto: Villa Mairea 1938–39*, Alvar Aalto Foundation, 1998
Pallasmaa, Juhani, & Tomoko Sato (Hrsg.), *Alvar Aalto Through the Eyes of Shigeru Ban*, Black Dog Publishing, 2007
Weston, Richard, *Villa Mairea: Alvar Aalto*, Phaidon, 2002

HITOSHI ABE

Abe, Hitoshi, *Hitoshi Abe*, Toto Shuppan, 2005

DAVID ADJAYE

Allison, Peter (Hrsg.), *David Adjaye: Häuser*, Niggli, 2005
Allison, Peter (Hrsg.), *David Adjaye: Making Public Buildings*, Thames & Hudson, 2006

TADAO ANDO

Ando, Tadao, *Tadao Ando: Houses & Housing*, Toto Shuppan, 2007
Furuyama, Masao, *Tadao Ando*, Taschen, 2009
Pare, Richard, *Tadao Ando: Die Farben des Lichts*, Phaidon, 2000

SHIGERU BAN

Ambasz, Emilio, & Shigeru Ban, *Shigeru Ban*, Laurence King, 2001
McQuaid, Matilda, *Shigeru Ban*, Phaidon, 2003

LUIS BARRAGÁN

Barragán, Luis, & René Burri, *Luis Barragán*, Phaidon, 2000
Zanco, Federica (Hrsg.), *Luis Barragán: Die Stille Revolution*, Gingko Press, 2001

GEOFFREY BAWA

Bon, Christoph u. a., *Lunuganga*, Marshall Cavendish Editions, 2007
Robson, David, *Geoffrey Bawa: The Complete Works*, Thames & Hudson, 2002
Robson, David, *Beyond Bawa: Modern Masterworks of Monsoon Asia*, Thames & Hudson, 2007
Taylor, Brian Brace, *Geoffrey Bawa*, Thames & Hudson, 1986

ERNESTO BEDMAR

Smyth, Darlene, *5 in Five*, Thames & Hudson, 2011
Smyth, Darlene, *Bedmar & Shi: The Bali Villas*, Thames & Hudson, 2013

MARIO BOTTA

Pizzi, Emilio (Hrsg.), *Mario Botta: Das Gesamtwerk: Bd. 1: 1960–1985*, Birkhäuser, 1993
Sakellaridou, Irena, *Mario Botta: Architectural Poetics*, Thames & Hudson, 2000

MARCEL BREUER

Cobbers, Arnt, *Marcel Breuer*, Taschen, 2009
Driller, Joachim, *Marcel Breuer: Die Wohnhäuser*, DVA, 1998

RICHARD BUCKMINSTER FULLER

Gorman, Michael John, *Buckminster Fuller: Designing for Mobility*, Skira, 2005
Hays, K. Michael, & Dana A. Miller, *Buckminster Fuller: Starting with the Universe*, Whitney Museum of Art, 2008

ALBERTO CAMPO BAEZA

Pizza, Antonio, *Alberto Campo Baeza: Works and Projects*, Gustavo Gili, 1999

PIERRE CHAREAU

Taylor, Brian Brace, *Pierre Chareau: Designer and Architect*, Taschen, 1992
Vellay, Dominique, *La Maison de Verre: Pierre Chareau's Modernist Masterwork*, Thames & Hudson, 2007

SERGE CHERMAYEFF

Powers, Alan, *Serge Chermayeff: Designer, Architect, Teacher*, RIBA, 2001

CHARLES CORREA

Correa, Charles, *Charles Correa*, Thames & Hudson, 1996
Correa, Charles, *Charles Correa: Housing & Urbanization*, Thames & Hudson, 2000

DENTON CORKER MARSHALL

Beck, Haig u. a., *Denton Corker Marshall: Rule Playing and the Ratbag Element*, Birkhäuser, 2000
Schaik, Leon van, *Denton Corker Marshall: Non-Fictional Narratives*, Birkhäuser, 2008

CHARLES & RAY EAMES

Koenig, Gloria, *Charles & Ray Eames*, Taschen, 2008
Neuhart, Marilyn & John, *Eames House*, Ernst & Sohn, 1994
Steele, James, *Eames House: Charles and Ray Eames*, Phaidon, 1994

PETER EISENMAN

Davidson, Cynthia (Hrsg.), *Auf den Spuren von Eisenman*, Niggli, 2006
Frank, Suzanne, *Peter Eisenman's House VI*, Whitney Library of Design, 1994

CRAIG ELLWOOD

Jackson, Neil, *Craig Ellwood*, Laurence King, 2002
McCoy, Esther, *Craig Ellwood: Architecture*, Alfier, 1968
Vacchini, Livio, u. a., *Craig Ellwood: 15 Houses*, 2G/Gustavo Gili, 1999

JOSEPH ESHERICK

Lyndon, Donlyn, & Jim Alinder, *The Sea Ranch*, Princeton Architectural Press, 2004

ALBERT FREY

Golub, Jennifer, *Albert Frey: Houses 1 & 2*, Princeton Architectural Press, 1999
Koenig, Gloria, *Albert Frey*, Taschen, 2008
Rosa, Joseph, *Albert Frey: Architect*, Rizzoli, 1990

FUTURE SYSTEMS
Field, Marcus, *Future Systems,* Phaidon, 1999
Sudjic, Deyan, *Future Systems,* Phaidon, 2006

ANTONI GAUDÍ
Crippa, Maria Antonietta, *Gaudí: Von der Natur zur Baukunst,* Taschen, 2008

FRANK GEHRY
Co, Francesco Dal, & Kurt W. Foster, *Frank O. Gehry: The Complete Works,* Monacelli Press, 1998
Ragheb, J. Fiona, *Frank Gehry: Architect,* Guggenheim Museum, 2001
Steele, James, Schnabel House: *Frank Gehry,* Phaidon, 1993

SEAN GODSELL
Schaik, Leon van, *Sean Godsell,* Phaidon, 2005

EILEEN GRAY
Constant, Caroline, *Eileen Gray,* Phaidon, 2000

GREENE & GREENE
Arntzenius, Linda G., *The Gamble House,* University of Southern California School of Architecture, 2000
Bosley, Edward R., *Gamble House: Greene & Greene,* Phaidon, 1992
Bosley, Edward R., *Greene & Greene,* Phaidon, 2000
Smith, Bruce, & Alexander Vertikoff, *Greene & Greene: Master Builders of the American Arts & Crafts Movement,* Thames & Hudson, 1998

WALTER GROPIUS
Lupfer, Gilbert, & Paul Sigel, *Walter Gropius,* Taschen, 2008

CHARLES GWATHMEY
Breslow, Kay, *Charles Gwathmey & Robert Siegel: Residential Works, 1966–1977,* Architectural Book Publishing Company, 1977

AGUSTÍN HERNÁNDEZ
Mereles, Louise Noelle, *Agustín Hernández,* Gustavo Gili, 1995

HERZOG & DE MEURON
Mack, Gerhard, *Herzog & de Meuron: Das Gesamtwerk: Bd. 3: 1992–1996,* Birkhäuser, 2005
Wang, Wilfried, *Herzog & de Meuron,* Birkhäuser, 1999

JOSEF HOFFMANN
Sarnitz, August, *Josef Hoffmann: Im Universum der Schönheit,* Taschen, 2007

STEVEN HOLL
Frampton, Kenneth, *Steven Holl: Architect,* Electa, 2002
Garofalo, Francesco, *Steven Holl,* Thames & Hudson, 2003

MICHAEL HOPKINS
Davies, Colin, Patrick Hodgkinson & Kenneth Frampton, *Hopkins: The Work of Michael Hopkins & Partners,* Phaidon, 1995
Donati, Cristina, *Michael Hopkins,* Skira, 2006

RICHARD HORDEN
Horden, Richard, *Micro Architecture: Lightweight, Mobile and Ecological Buildings for the Future,* Thames & Hudson, 2008

ARNE JACOBSEN
Faber, Tobias, *Arne Jacobsen,* Alec Tiranti, 1964
Solaguren-Beascoa, Félix, *Arne Jacobsen: Works and Projects,* Gustavo Gili, 1989
Solaguren-Beascoa, Félix, *Arne Jacobsen: Approach to his Complete Works, 1926–1949,* Danish Architectural Press, 2002

PHILIP JOHNSON
Dunn, Dorothy, *The Glass House,* Assouline, 2008
Fox, Stephen u. a., *The Architecture of Philip Johnson,* Bulfinch, 2002
Whitney, David, & Jeffrey Kipnis (Hrsg.), *Philip Johnson: The Glass House,* Pantheon Books, 1993

LOUIS KAHN
McCarter, Robert, *Louis I. Kahn,* Phaidon, 2005
Rosa, Joseph, *Louis I. Kahn,* Taschen, 2007

MATHIAS KLOTZ
Adrià, Miquel, *Mathias Klotz: Architecture and Projects,* Electa, 2005

PIERRE KOENIG
Jackson, Neil, *Pierre Koenig,* Taschen, 2007
Steele, James, & David Jenkins, *Pierre Koenig,* Phaidon, 1998

REM KOOLHAAS
Koolhaas, Rem (Hrsg.), *Content,* Taschen, 2004
Koolhaas, Rem, & Bruce Mau, *S, M, L, XL,* 010, 1995

KENGO KUMA
Alini, Luigi, *Kengo Kuma: Works and Projects,* Electa, 2005
Casamonti, Marco (Hrsg.), *Kengo Kuma,* Motta Architettura, 2007

TOM KUNDIG
Kundig, Tom, *Houses 2,* Princeton Architectural Press, 2011
Kundig, Tom, *Works,* Princeton Architectural Press, 2015

CARL LARSSON
Segerstad, Ulf Hard af, *Der Carl Larsson-Hof: Das Sonnenhaus von Carl Larsson,* Langewiesche, 1986
Snodin, Michael, & Elisabet Stavenow-Hidemark (Hrsg.). *Carl und Karin Larsson: Ihr Leben und ihre Kunst,* Langewiesche, 1998

JOHN LAUTNER
Campbell-Lange, Barbara-Ann, *John Lautner 1911–1994: Der aufgelöste Raum,* Taschen, 2009
Escher, Frank (Hrsg.), *John Lautner: Architect,* Artemis, 1994
Hess, Alan, *The Architecture of John Lautner,* Thames & Hudson, 1999

LE CORBUSIER
Cohen, Jean-Louis, *Le Corbusier,* Taschen, 2008
Jenger, Jean, *Le Corbusier: Architect of a New Age,* Thames & Hudson, 1996
Kries, Mateo u. a. (Hrsg.), *Le Corbusier: The Art of Architecture,* Vitra Design Museum, 2007
Sbriglio, Jacques, *Le Corbusier: The Villa Savoye,* Birkhäuser, 2008

RICARDO LEGORRETA
Mutlow, John V., *Ricardo Legorreta Architects,* Rizzoli, 1997

BERTHOLD LUBETKIN
Allan, John, *Berthold Lubetkin,* Merrell, 2002
Reading, Malcolm, & Peter Coe, *Lubetkin and Tecton,* Triangle Architectural Publishing, 1992

COLIN LUCAS
Sharp, Dennis, & Sally Rendel, *Connell, Ward and Lucas: Modern Movement Architects in England 1929–1939,* Frances Lincoln, 2008

EDWIN LUTYENS
Edwards, Brian, *Goddards: Sir Edwin Lutyens,* Phaidon, 1996

CHARLES RENNIE MACKINTOSH
Macaulay, James, *Charles Rennie Mackintosh: Hill House,* Phaidon, 1994

CURZIO MALAPARTE
Talamona, Marida, *Casa Malaparte,* Princeton Architectural Press, 1992

ROBERT MALLET-STEVENS
Deshoulières, Dominique, u. a. (Hrsg.), *Rob Mallet-Stevens: Architecte,* Archives d'Architecture Moderne, 1981
Pinchon, Jean-Francois (Hrsg.), *Rob Mallet-Stevens: Architecture, Furniture, Interior Design,* MIT Press, 1990

RICHARD MEIER
Goldberger, Paul, & Joseph Giovannini, *Richard Meier: Houses and Apartments,* Rizzoli, 2007

KONSTANTIN MELNIKOV
Fosso, Mario u. a. (Hrsg.), *Konstantin S. Melnikov and the Construction of Moscow,* Skira, 2000
Starr, S. Frederick, *Melnikov: Solo Architect in a Mass Society,* Princeton University Press, 1978

PAOLO MENDES DA ROCHA
Artigas, Rosa (Hrsg.), *Paulo Mendes da Rocha: Projects 1957–2007,* Rizzoli, 2007
Montaner, Josep, & Maria Isabel Villac, *Mendes da Rocha,* Gustavo Gili, 1996

LUDWIG MIES VAN DER ROHE
Vandenberg, Maritz, *Farnsworth House: Mies van der Rohe,* Phaidon, 2003
Zimmerman, Claire, *Mies van der Rohe,* Taschen, 2009

ERIC OWEN MOSS
Collins, Brad (Hrsg.), *Eric Owen Moss: Buildings and Projects 2,* Rizzoli, 1996
Giaconia, Paola, *Eric Owen Moss: The Uncertainty of Doing,* Skira, 2006
Steele, James, *Eric Owen Moss: Lawson-Westen House,* Phaidon, 1993

GLENN MURCUTT
Beck, Haig, & Jackie Cooper, *Glenn Murcutt: A Singular Architectural Practice*, Images Publishing Group, 2002
Frampton, Kenneth u. a., *Glenn Murcutt, Architect*, 01 Editions, 2006
Fromonot, Françoise, *Glenn Murcutt, Architect, 1962–2003*, Thames & Hudson, 2003

RICHARD NEUTRA
Hines, Thomas S., *Richard Neutra and the Search for Modern Architecture*, Rizzoli, 2005
Lamprecht, Barbara, *Richard Neutra*, Taschen, 2007

OSCAR NIEMEYER
Andreas, Paul, & Ingeborg Flagge, *Oscar Niemeyer: A Legend of Modernism*, Birkhäuser, 2003
Hess, Alan, & Alan Weintraub, *Oscar Niemeyer Häuser*, DVA, 2006

JOHN PAWSON & CLAUDIO SILVESTRIN
Pawson, John, *John Pawson*, Gustavo Gili, 1998
Silvestrin, Claudio u. a., *Claudio Silvestrin*, Birkhäuser, 1999

AUGUSTE PERRET
Britton, Karla, *Auguste Perret*, Phaidon, 2001
Cohen, Jean-Louis u. a. (Hrsg.), *Encyclopédie Perret*, Monum, 2002

ANTOINE PREDOCK
Collins, Brad, & Juliette Robbins (Hrsg.), *Antoine Predock: Architect*, Rizzoli, 1994
Predock, Antoine, *Turtle Creek House*, Monacelli Press, 1998

JEAN PROUVÉ
Peters, Nils, *Jean Prouvé*, Taschen, 2008
Prouvé, Catherine, & Catherine Coley, *Jean Prouvé*, Galerie Patrick Seguin, 2008
Vegstack, Alexander von, *Jean Jean Prouvé: Die Poetik des technischen Objekts*, Vitra Design Museum, 2006

GERRIT RIETVELD
Mulder, Bertus, & Ida van Zijl, *Rietveld Schröder House*, Princeton Architectural Press, 1999
Overy, Paul u. a., *The Rietveld Schröder House*, Butterworth, 1988
Zijl, Ida van, & Marijke Kuper, *Gerrit Rietveld: The Complete Works*, Centraal Museum Utrecht, 1993

RICHARD ROGERS
Powell, Kenneth, *Richard Rogers: Complete Works, Bde. 1–3*, Phaidon, 1999–2006

PAUL RUDOLPH
Alba, Roberto de, *Paul Rudolph: The Late Work*, Princeton Architectural Press, 2003
Domin, Christopher, & Joseph King, *Paul Rudolph: The Florida Houses*, Princeton Architectural Press, 2002
Monk, Tony, *The Art and Architecture of Paul Rudolph*, Wiley-Academy, 1999
Rudolph, Paul, & Sibyl Moholy-Nagy, *The Architecture of Paul Rudolph*, Thames & Hudson, 1970

EERO SAARINEN
Merkel, Jayne, *Eero Saarinen*, Phaidon, 2005
Serraino, Pierluigi, *Eero Saarinen, Bd. 1–3*, Taschen, 2008

HENRI SAUVAGE
Loyer, François, & Hélène Guéné, *Henri Sauvage: Set Back Buildings*, Mardaga, 1989
Minnaert, Jean-Baptiste, *Henri Sauvage*, Norma Editions, 2002

CARLO SCARPA
Beltramini, Guido & Italo Zannier, *Carlo Scarpa: Architecture Atlas*, Centro Internazionale di Studi di Architettura Andrea Palladio, 2006
Co, Francesco Dal, *Villa Ottolenghi*, Monacelli Press, 1998
Los, Sergio, *Architekturführer Carlo Scarpa*, Hatje Cantz, 1995

RUDOLPH SCHINDLER
March, Lionel, & Judith Sheine (Hrsg.), *R. M. Schindler: Composition and Construction*, Academy Editions, 1993
Noever, Peter, *Schindler by MAK*, Prestel, 2005
Sheine, Judith, *R. M. Schindler*, Phaidon, 2001
Smith, Kathryn, *Schindler House*, Harry N. Abrams, 2001
Steele, James, *R. M. Schindler*, Taschen, 1999

SCOTT TALLON WALKER
O'Regan, John (Hrsg.), *Scott Tallon Walker Architects: 100 Buildings and Projects, 1960–2005*, Gandon Editions, 2006

HARRY SEIDLER
Frampton, Kenneth, & Philip Drew, *Harry Seidler: Four Decades of Architecture*, Thames & Hudson, 1992
Seidler, Harry, *Harry Seidler, 1955–63: Houses, Buildings and Projects*, Horwitz Publications, 1964
Sharp, Dennis, *Harry Seidler: Selected and Current Works*, Images Publishing Group, 1997

ALISON & PETER SMITHSON
Heuvel, Dirk van den, & Max Risselada, *Alison and Peter Smithson: From the House of the Future to a House of Today*, 010 Publishers, 2004

EDUARDO SOUTO DE MOURA
Blaser, Werner, *Eduardo Souto de Moura: Stein Element Stone*, Birkhäuser, 2003
Esposito, Antonio, & Giovanni Leoni, *Eduardo Souto de Moura*, Electa, 2003
Wang, Wilfried, & Alvaro Siza, *Souto de Moura*, Gustavo Gili, 1990

BASIL SPENCE
Edwards, Brian, *Basil Spence: 1907–1976*, Rutland Press, 1995
Long, Philip, & Jane Thomas (Hrsg.), *Basil Spence: Architect*, National Galleries of Scotland, 2007

GIUSEPPE TERRAGNI
Schumacher, Thomas L., *Surface and Symbol: Giuseppe Terragni and the Architecture of Italian Rationalism*, Princeton Architectural Press, 1991
Terragni, Attilio, Daniel Libeskind & Paolo Rosselli, *The Terragni Atlas: Built Architecture*, Skira, 2004
Zevi, Bruno, *Giuseppe Terragni*, Triangle Architectural Publishing, 1989

UN STUDIO
Berkel, Ben van, & Caroline Bos, *UN Studio: Designmodelle, Architektur, Urbanismus, Infrastruktur*, Niggli, 2006
Betsky, Aaron, *UN Studio*, Taschen, 2007

O. M. UNGERS
Crespi, Giovanna (Hrsg.), *Oswald Mathias Ungers: Works and Projects, 1991–1998*, Electa, 1998
Kieren, Martin, *Oswald Mathias Ungers*, Birkhäuser, 1996
Lepik, Andres, *O. M. Ungers: Kosmos der Architektur*, Hatje Cantz, 2006

SIMON UNGERS
Urbach, Henry, *Simon Ungers*, 2G/GG Portfolio, 1998

USHIDA FINDLAY
Ostwald, Michael J., *Ushida Findlay*, 2G/GG Portfolio, 1997

JØRN UTZON
Møller, Henrik Sten, & Vibe Udsen, *Jørn Utzon Houses*, Living Architecture, 2007
Pardey, John, *Jørn Utzon Logbook Vol. III: Two Houses on Majorca*, Edition Bløndal, 2004

ROBERT VENTURI
Schwartz, Frederic (Hrsg.), *Mutters Haus. Die Entstehung von Vanna Venturis Haus in Chestnut Hill*, Wiese, 1992

CHARLES VOYSEY
Hitchmough, Wendy, *The Homestead: C. F. A. Voysey*, Phaidon, 1994
Hitchmough, Wendy, *C. F. A. Voysey*, Phaidon, 1995

OTTO WAGNER
Sarnitz, August, *Architektur: Wagner*, Taschen, 2009

ISAY WEINFELD
Barrenche, Raul A., *Isay Weinfeld*, BEI, 2012

FRANK LLOYD WRIGHT
McCarter, Robert, *Fallingwater: Frank Lloyd Wright*, Phaidon, 1994
Meehan, Patrick J. (Hrsg.), *The Master Architect: Conversations with Frank Lloyd Wright*, Wiley, 1984
Pfeiffer, Bruce Brooks, *Frank Lloyd Wright*, Taschen, 2000

ORTSVERZEICHNIS

Diese Liste enthält Adressen und Kontaktdaten für Häuser, die Besuchern offen stehen oder für sie zugänglich sind.

Bitte beachten: Die Zugangsbedingungen zu den jeweiligen Anwesen sind sehr unterschiedlich. Nehmen Sie daher vor einem eventuellen Besuch unbedingt mit der jeweiligen Institution Kontakt auf, um entsprechende Vereinbarungen zu treffen.

Bei allen Häusern, die im Buch erwähnt, aber nicht in diesem Verzeichnis aufgeführt werden, handelt es sich um Privatgebäude, die nicht für öffentliche Besuche vorgesehen sind.

ALVAR AALTO
VILLA MAIREA
BESCHRÄNKTER ZUGANG NACH ABSPRACHE
Noormarkku
Finnland
Tel: + 358 10 888 4460
E-Mail: info@villamairea.fi
www.alvaraalto.fi

MACKAY HUGH BAILLIE SCOTT
BLACKWELL
Bowness-on-Windermere
Cumbria LA23 3JT
Großbritannien
Tel: + 44 (0)15394 46139
E-Mail: info@blackwell.org.uk
www.blackwell.org.uk

GEOFFREY BAWA
LUNUGANGA
Lunuganga Trust
Dedduwa
Bentota
Sri Lanka
Tel: + 94 11 4337335 / + 94 34 4287056
www.geoffreybawa.com

RICHARD BUCKMINSTER FULLER
WICHITA HAUS
The Henry Ford Museum
20900 Oakwood Boulevard
Dearborn, MI 48124
USA
Tel: + 1 313 982 6001
www.hfmgv.org

CHARLES & RAY EAMES
EAMES HAUS/CASE STUDY #8
BESCHRÄNKTER ZUGANG NACH ABSPRACHE
Eames Foundation
203 Chautauqua Boulevard
Pacific Palisades
Los Angeles, CA 90272
USA
Tel: + 1 310 459 9663
E-Mail: info@eamesfoundation.org
www.eamesfoundation.org

ALBERT FREY
FREY HAUS II
BESCHRÄNKTER ZUGANG NACH ABSPRACHE
Palm Springs Art Museum
101 Museum Drive
Palm Springs, CA 92262
USA
Tel: + 1 760 322 4800
E-Mail: info@psmuseum.org
www.psmuseum.org

GREENE & GREENE
GAMBLE HAUS
4 Westmoreland Place
Pasadena, CA 91103
USA
Tel: + 1 626 793 3334
E-Mail: gamblehs@usc.edu
www.gamblehouse.org

WALTER GROPIUS
GROPIUS HAUS
National Historic Landmark
68 Baker Bridge Road
Lincoln, MA 01773
USA
Tel: + 1 781 259 8098
E-Mail: GropiusHouse@HistoricNewEngland.org
www.historicnewengland.org

VICTOR HORTA
HOTEL SOLVAY
BESCHRÄNKTER ZUGANG NACH ABSPRACHE
224, avenue Louise
1050 Brüssel
Belgien
Tel: + 32 2 640 56 45
E-Mail: galeriewittamer@swing.be
www.hotelsolvay.be

PHILIP JOHNSON
GLASS HOUSE
National Trust for Historic Preservation
199 Elm Street
New Canaan, CT 06840
USA
Tel: + 1 866 811 4111
www.philipjohnsonglasshouse.org

LE CORBUSIER
VILLA SAVOYE
Fondation Le Corbusier
82, rue de Villiers
78300 Poissy
Frankreich
Tel: + 33 (0)1 39 65 01 06
www.fondationlecorbusier.asso.fr
www.monuments-nationaux.fr

CARL LARSSON
LILLA HYTTNÄS/LARSSON HAUS
790 15 Sundborn
Schweden
Tel: + 46 023 600 53
E-Mail: info@clg.se
www.carllarsson.se

EDWIN LUTYENS
GODDARDS
BESCHRÄNKTER ZUGANG NACH ABSPRACHE
Lutyens Trust
Abinger Common
Surrey RH5 6JL
Großbritannien
Tel: + 44 (0)1306 730 871
www.lutyenstrust.org.uk
www.landmarktrust.org.uk

CHARLES RENNIE MACKINTOSH
HILL HAUS
National Trust for Scotland
Upper Colquhoun Street
Helensburgh G84 9AJ
Schottland
Tel: + 44 (0)844 4932208
www.nts.org.uk

ROBERT MALLET-STEVENS
VILLA NOAILLES
Montée de Noailles
83400 Hyères
Frankreich
Tel: + 33 (0)4 98 08 01 98
E-Mail: contact@villanoailles-hyeres.com
www.villanoailles-hyeres.com

LUDWIG MIES VAN DER ROHE
FARNSWORTH HAUS
National Trust for Historic Preservation
14520 River Road
Plano, IL 60545
USA
Tel: + 1 630 552 0052
www.farnsworthhouse.org

JUAN O'GORMAN
RIVERA/KAHLO HAUS & ATELIERS
Calle Diego Rivera 2, Ecke Avenida Altavista
San Ángel, Mexiko-Stadt
Mexiko

EDWARD PRIOR
VOEWOOD
BESCHRÄNKTER ZUGANG NACH ABSPRACHE
Cromer Road
High Kelling
Norfolk NR25 6QS
Großbritannien
Tel: + 44 (0)1263 713029
E-Mail: voewood@simonfinch.com
www.voewood.com

GERRIT RIETVELD
SCHRÖDER HAUS
BESCHRÄNKTER ZUGANG NACH ABSPRACHE
Centraal Museum
Prins Hendriklaan 50
Utrecht
Niederlande
Tel: + 31 30 2362 310
E-Mail: rhreserveringen@centraalmuseum.nl
www.rietveldschroderhuis.nl
www.centraalmuseum.nl

ELIEL SAARINEN
SAARINEN HAUS
Cranbrook Art Museum
39221 Woodward Avenue
Bloomfield Hills, MI 48303
USA
Tel: + 1 248 645 3361
E-Mail: ArtMuseum@cranbrook.edu
www.cranbrook.edu/

HENRI SAUVAGE & LOUIS MAJORELLE
VILLA MAJORELLE
1, rue Louis Majorelle
54000 Nancy
Frankreich
Tel: + 33 (0)3 83 40 14 86
E-Mail: ecole-de-nancy@id-net.fr
www.mairie-nancy.fr/culturelle/musee/html/majorelle.php

RUDOLPH SCHINDLER
SCHINDLER HAUS
MAK Center
835 North Kings Road
West Hollywood, CA 90069
USA
Tel: + 1 323 651 1510
E-Mail: office@makcenter.org
www.makcenter.org

SEELY & PAGET
ELTHAM PALACE
English Heritage
Court Yard
Eltham
Greenwich
London SE9 5QE
Großbritannien
Tel: +44 (0)20 8294 2548
www.elthampalace.org.uk
www.englishheritage.org.uk

HARRY SEIDLER
ROSE SEIDLER HAUS
Historic Houses Trust
71 Clissold Road
Wahroonga, NSW 2076
Australien
Tel: + 61 (0)2 9989 8020
www.hht.net.au/museums/rose_seidler_house

FRANK LLOYD WRIGHT
FALLINGWATER
Western Pennsylvania Conservancy
1491 Mill Run Road
Mill Run, PA 15464
USA
Tel: + 1 724 329 8501
www.fallingwater.org
www.paconserve.org

HÄUSER NACH STILEN

ART DÉCO
Eliel Saarinen, Saarinen Haus, Cranbrook, Bloomfield Hills, Michigan, USA, 1930 **60**

Seely & Paget, Eltham Palace, Greenwich, London, England, 1936 **84**

ART NOUVEAU / JUGENDSTIL
Henri Sauvage & Louis Majorelle, Villa Majorelle, Nancy, Lothringen, Frankreich, 1902 **36**

Josef Hoffmann, Palais Stoclet, Brüssel, Belgien, 1911 **12**

ARTS & CRAFTS
Mackay Hugh Baillie Scott, Blackwell, Bowness-on-Windermere, Cumbria, England, 1900 **28**

Edwin Lutyens, Goddards, Abinger Common, Surrey, England, 1900 **32**

Charles Rennie Mackintosh, Hill Haus, Helensburgh, Dunbartonshire, Schottland, 1903 **40**

Edward Prior V., Voewood/Home Place, Holt, Norfolk, England, 1905 **44**

Charles F. A. Voysey, The Homestead, Frinton-on-Sea, Essex, England, 1906 **48**

Greene & Greene, Gamble Haus, Pasadena, Kalifornien, USA, 1908 **52**

BAUHAUS
Walter Gropius, Gropius Haus, Lincoln, Massachusetts, USA, 1938 **94**

Marcel Breuer, Breuer Haus II, New Canaan, Connecticut, USA, 1948 **114**

Ludwig Mies van der Rohe, Farnsworth Haus, Plano, Ilinois, USA, 1951 **136**

DEKONSTRUKTIVISTISCH
Peter Eisenman, Haus VI, Cornwall, Connecticut, USA, 1975 **218**

Frank Gehry, Gehry Haus, Santa Monica, Los Angeles, Kalifornien, USA, 1978 **226**

Eric Owen Moss, Lawson-Westen Haus, Brentwood, Kalifornien, USA, 1993 **264**

FUTURISTISCH
Richard Buckminster Fuller, Wichita Haus, Kansas, USA, 1947 **20**

Oscar Niemeyer, Haus in Canoas, Rio de Janeiro, Brasilien, 1954 **142**

Charles Deaton, Sculptured House, Genesee Mountain, Golden, Denver, Colorado, USA,1965 **168**

Matti Suuronen, Futuro Haus, verschiedene Orte, 1968 **23**

John Lautner, Elrod Residence, Palm Springs, Kalifornien, USA, 1968 **182**

Staffan Berglund, Villa Spies, Torö, Schweden, 1969 **23**

Agustín Hernández, Casa Hernández, Mexiko-Stadt, Mexiko, 1970 **196**

Ken Shuttleworth, Crescent House, Winterbrook, Wiltshire, England, 1997 **306**

GEBÄUDEKOMPLEX
Denton Corker Marshall, Farmhaus, Avington, Kyneton, Victoria, Australien, 1997 **298**

Bedmar & Shi, Jiva Puri Villas, Bali, Indonesien, 2010 **348**

Tom Kundig, Studhorse, Winthrop, Washington, USA, 2012 **352**

HIGHTECH
Richard Rogers, Dr Rogers Haus, Wimbledon, London, England, 1969 **188**

Scott Tallon Walker, Goulding Haus, Enniskerry, County Wicklow, Irland, 1972 **202**

Mario Botta, Haus in Riva San Vitale, Tessin, Schweiz, 1973 **210**

Michael & Patty Hopkins, Hopkins Haus, Hampstead, London, England, 1976 **222**

Jan Benthem, Benthem Haus, Almere, Amsterdam, Niederlande, 1984 **230**

Rem Koolhaas, Haus nahe Bordeaux, Bordeaux, Frankreich, 1998 **312**

UN Studio, Möbius Haus, Het Gooi, Niederlande, 1998 **322**

David Adjaye, Elektra Haus, Whitechapel, London, England, 2000 **328**

LE CORBUSIER-STIL
Le Corbusier, Villa Savoye, Poissy, Frankreich, 1931 **64**

Juan O'Gorman, Rivera/Kahlo Haus & Ateliers, Mexiko-Stadt, Mexiko, 1932 **18**

Harry Seidler, Rose Seidler Haus, Wahroonga, New South Wales, Australien, 1950 **132**

Charles Gwathmey, Gwathmey Haus & Studio, Amagansett, Hamptons, Long Island, USA, 1966 **172**

MINIMALISTISCH
Tadao Ando, Koshino Haus, Ashiya, Hyogo, Japan, 1981 **228**

John Pawson & Claudio Silvestrin, Neuendorf Haus, Mallorca, Spanien, 1989 **240**

Alberto Campo Baeza, Casa Gaspar, Zahora, Cádiz, Spanien, 1992 **256**

O. M. Ungers, Haus Ungers III, Köln, Deutschland, 1995 **286**

MODERNE (VORKRIEGSZEIT)
Rudolph Schindler, Schindler Haus, West Hollywood, Los Angeles, Kalifornien, USA, 1922 **56**

Gerrit Rietveld, Schröder Haus, Utrecht, Niederlande, 1924 **15**

Auguste Perret, Atelierhaus für Chana Orloff, Paris, Frankreich, 1929 **58**

Le Corbusier, Villa Savoye, Poissy, Frankreich, 1931 **64**

Arne Jacobsen, Rothenborg Haus, Klampenborg, Dänemark, 1931 **70**

Robert Mallet-Stevens, Villa Noailles, Hyeres, Provence, Frankeich, 1933 **76**

Berthold Lubetkin, Bungalow A, Whipsnade, Bedfordshire, England, 1935 **80**

Giuseppe Terragni, Villa Bianca, Seveso, Lombardei, Italien, 1937 **88**

Serge Chermayeff, Bentley Wood, Halland, East Sussex, England, 1938 **90**

Walter Gropius, Gropius Haus, Lincoln, Massachusetts, USA, 1938 **94**

Colin Lucas, 66 Frognal, Hampstead, London, England, 1938 **96**

Frank Lloyd Wright, Fallingwater, Bear Run, Pennsylvania, USA, 1939 **100**

Alvar Aalto, Villa Mairea, Noormarkku, Finnland, 1939 **106**

NACHHALTIG
Rudolph Schindler, Schindler Haus, West Hollywood, Los Angeles, Kalifornien, USA, 1922 **56**

Serge Chermayeff, Bentley Wood, Halland, East Sussex, England, 1938 **90**

Frank Lloyd Wright, Fallingwater, Bear Run, Pennsylvania, USA, 1939 **100**

Alvar Aalto, Villa Mairea, Noormarkku, Finnland, 1939 **106**

Richard Neutra, Kaufmann Haus, Palm Springs, Kalifornien, USA, 1947 **110**

Geoffrey Bawa, Lunuganga, Dedduwa, Bentota, Sri Lanka, 1948 **116**

Albert Frey, Frey Haus II, Palm Springs, Kalifornien, USA, 1964 **166**

Pierre Koenig, Koenig Haus #2, Brantwood, Los Angeles, Kalifornien, USA, 1985 **234**

Charles Correa, Haus in Koramangala, Bangalore, Indien, 1988 **238**

Glenn Murcutt, Simpson-Lee Haus, Mount Wilson, New South Wales, Australien, 1994 **280**

Shigeru Ban, Papierhaus, Yamanakasee, Yamanashi, Japan, 1995 **284**

Sean Godsell, Carter/Tucker Haus, Breamlea, Victoria, Australien, 2000 **332**

Werner Sobek, Haus Sobek / Haus R128, Stuttgart, Deutschland, 2000 **336**

REGIONAL
Alvar Aalto, Villa Mairea, Noormarkku, Finnland, 1939 **106**

Geoffrey Bawa, Lunuganga, Dedduwa, Bentota, Sri Lanka, 1948 **116**

Alison & Peter Smithson, Upper Lawn Pavilion, Tisbury, Wiltshire, England, 1962 **160**

Joseph Esherick, Esherick Hedgerow House, Sea Ranch, Sonoma County, Kalifornien, USA, 1966 **176**

Luis Barragán, Gestüt San Cristóbal, Los Clubes, Mexiko-Stadt, Mexiko, 1968 **180**

Jørn Utzon, Can Lis, Porto Petro, Mallorca, Spanien, 1972 **206**

Charles Correa, Haus in Koramangala, Bangalore, Indien, 1988 **238**

Ricardo Legorreta, Greenberg Haus,
Los Angeles, Kalifornien, USA, 1991 **250**

Hitoshi Abe, Gästehaus Yomiuri, Zao,
Miyagi, Japan, 1997 **294**

Steven Holl, Y House, Catskills, New York,
USA, 1999 **324**

ORGANISCH
Antoni Gaudí, Villa Bellesguard, Barcelona,
Spanien, 1905 **11**

Arne Jacobsen, Rothenborg Haus,
Klampenborg, Dänemark, 1931 **70**

Frank Lloyd Wright, Fallingwater, Bear Run,
Pennsylvania, USA, 1939 **100**

Geoffrey Bawa, Lunuganga, Dedduwa,
Bentota, Sri Lanka, 1948 **116**

Carlo Scarpa, Villa Ottolenghi, Bardolino,
Verona, Italien, 1978 **24**

Antti Lovag, Palais Bulles, Théoule-sur-Mer,
Cannes, Frankreich, 1989 **246**

Ushida Findlay, Truss Wall House,
Tokio, Japan, 1993 **26**

Antoine Predock, Turtle Creek House,
Dallas, Texas, USA, 1993 **268**

Future Systems, Haus in Wales,
Milford Haven, Pembrokeshire,
Wales, 1996 **292**

Eduardo Souto de Moura, Moledo Haus,
Moledo, Caminha, Portugal, 1998 **318**

Isay Weinfeld, Casa Grécia, São Paulo,
Brasilien, 2009 **342**

Bedmar & Shi, Jiva Puri Villas, Bali,
Indonesien, 2010 **348**

POSTMODERN
Robert Venturi, Vanna Venturi Haus,
Chestnut Hill, Philadelphia, Pennsylvania,
USA, 1964 **164**

Peter Eisenman, Haus VI, West Cornwall,
Connecticut, USA, 1975 **218**

Eric Owen Moss, Lawson-Westen Haus,
Brentwood, Kalifornien, USA, 1993 **264**

Antoine Predock, Turtle Creek House,
Dallas, Texas, USA, 1993 **268**

FERTIGBAUWEISE
Richard Buckminster Fuller, Wichita Haus,
Kansas, USA, 1947 **20**

Charles & Ray Eames, Eames Haus/Case
Study #8, Pacific Palisades, Los Angeles,
Kalifornien, USA, 1949 **120**

Jean Prouvé, Maison Prouvé, Nancy,
Lothringen, Frankreich, 1954 **146**

Matti Suuronen, Futuro Haus, verschiedene
Orte, 1965 **23**

Richard Rogers, Dr Rogers Haus,
Wimbledon, London, England, 1969 **188**

Jan Benthem, Benthem Haus, Almere,
Amsterdam, Niederlande, 1984 **230**

Shigeru Ban, Papierhaus, Yamanakasee,
Yamanashi, Japan, 1995 **284**

Horden, Haack & Höpfner, Micro-Compact
Home, verschiedene Orte, 2005 **338**

SKULPTURAL
Oscar Niemeyer, Haus in Canoas,
Rio de Janeiro, Brasilien, 1954 **142**

Charles Deaton, Sculptured House,
Genesee Mountain, Golden, Denver,
Colorado, USA, 1965 **168**

John Lautner, Elrod Residence,
Palm Springs, Kalifornien, USA, 1968 **182**

Simon Ungers, T-House, Wilton, Saratoga
Springs, New York, USA, 1992 **260**

Ken Shuttleworth, Crescent House,
Winterbrook, Wiltshire, England, 1997 **306**

UN Studio, Möbius Haus, Het Gooi,
Niederlande, 1998 **322**

TRANSPARENT
Pierre Chareau, La Maison de Verre,
Paris, Frankreich, 1932 **19**

Richard Neutra, Kaufmann Haus,
Palm Springs, Kalifornien, USA, 1947 **110**

Philip Johnson, Glass House, New Canaan,
Connecticut, USA, 1949 **126**

Kengo Kuma, Wasser-Glas-Haus, Atami,
Shizuoka, Japan, 1995 **27**

Shigeru Ban, Papierhaus, Yamanakasee,
Yamanashi, Japan, 1995 **284**

Werner Sobek, Haus Sobek/Haus R128,
Stuttgart, Deutschland, 2000. **336**

BILDNACHWEIS

Soweit nicht anders vermerkt, stammen alle Farbfotografien von Richard Powers.

o: oben; u: unten; l: links; r: rechts

11 José Fuste Raga/AGE Fotostock/Photolibrary; **13** János Kalmár/akg-images; **14** Carl Larsson Gården, Sundborn; **15** VIEW Pictures Ltd./Alamy. © DACS 2009; **16** Fritz von der Schulenburg/The Interior Archive. © DACS 2009; **17l** Juri Tschariyski/Bulgarian Cultural Institute „Haus Wittgenstein"; **17r** RIBA Library Photographs Collection; **18** Lightworks Media/Alamy. © DACS 2009; **19** Mark Lyon; **20l** Lou Embo/Eredi Malaparte; alle Rechte vorbehalten; **20r** © The Estate of R; Buckminster Fuller, Santa Barbara; **22** Bill Maris/Esto/VIEW Pictures Ltd.; **23l** Bettmann/Corbis; **23r** Scanpix Sweden/PA Photos; **24** Vaclav Sedy © CISA A. Palladio; **25** Arcaid/Alamy; **26** Ushida Findlay Architects; **27** Mitsumasa Fujitsuka; **31u** Grundrisse courtesy Lakeland Arts Trust/Blackwell; **34u** Grundrisse courtesy The Landmark Trust; **39u** Grundrisse courtesy Villa Majorelle/Musée de l'Ecole de Nancy; **41u** Grundrisse courtesy The Hill House; **47u** Grundrisse courtesy Simon Finch/Voewood; **51u** Grundrissgestaltung David Hoxley, mit Dank an Michael Max; **55u** Grundrissgestaltung David Hoxley, gezeichnet mit freundlicher Genehmigung von Gamble House; **57u** Grundrissgestaltung David Hoxley, gezeichnet mit freundlicher Genehmigung von Architecture & Design Collection, University Art Museum, University of California, Santa Barbara; **59u** Grundrissgestaltung David Hoxley; Originalgrundriss courtesy Chana Orloff Association; **61u** Grundrissgestaltung David Hoxley; Originalgrundriss courtesy Collection of Cranbrook Art Museum, Bloomfield Hills, Michigan. Schenkung von Loja Saarinen (CAM 1951.67); **64** Grundrissgestaltung David Hoxley, gezeichnet mit freundlicher Genehmigung von Fondation Le Corbusier; **65–69** © FLC/ADAGP, Paris und DACS, London 2009; **75u** Grundrissgestaltung David Hoxley, mit Dank an Pernille Iben Linde; **76l** © ADAGP, Paris and DACS, London 2009; **76r** Mr Megapixel/Alamy Stock Photo; **77o** Chris Hellier/Alamy Stock Photo; **77u** Grundriss courtesy Villa Noailles; **78o** Chris Hellier/Alamy Stock Photo; **78ul** © ADAGP, Paris und DACS, London 2009; **78ur** Hemis/Alamy Stock Photo; **79** V. Dorosz/Alamy Stock Photo; **83o** Grundriss courtesy John Allan; **86o** Architekturzeichnung von Seely & Paget, courtesy English Heritage; **89u** Grundrissgestaltung Thames & Hudson; **92o** Grundrisse courtesy abq studio; **94–95** © DACS 2009; **95u** Grundrisse courtesy Historic New England; **98o** Grundrisse courtesy Avanti Architects; **100–105** Fotos courtesy Western Pennsylvania Conservancy. © ARS, NY und DACS, London 2009; **103l** Grundrisse courtesy Astorino/Western Pennsylvania Conservancy; **109u** Grundrisse courtesy The Alvar Aalto Museum, Jyväskylä, Finnland; **112u** Grundriss courtesy Marmol Radziner Architects; **114** Grundrissgestaltung David Hoxley; **115** David Sundberg/Esto/VIEW Pictures Ltd.; **118u** Grundriss Bawa Archive; **121u** Grundrissgestaltung David Hoxley, © Eames Office; **128l** Grundriss courtesy Philip Johnson Glass House/National Trust for Historic Preservation; **135u** Grundrisse courtesy Rose Seidler House/Historic Houses Trust; **137u** Grundriss courtesy Farnsworth House; **142–145** Fotos Leonardo Finotti; **144u** Grundrissgestaltung David Hoxley; **146–149** © ADAGP, Paris and DACS, London 2009; **149l** Grundrissgestaltung David Hoxley, mit freundlicher Genehmigung von Catherine Prouvé; **150–153** Fotos Tad Fruits, courtesy Indianapolis Museum of Art; **153u** Grundrisse courtesy Irwin Management Company, Inc; **154–155** Fotos Roberto Schezen/Esto/VIEW Pictures Ltd.; **155u** Grundrisse courtesy Wright; **158u** Grundrisse courtesy John Pardey; **163u** Grundrisse courtesy Sergison Bates Architects, London; **165u** Grundrisse courtesy Venturi, Scott Brown and Associates, Inc.; **166u** Grundriss courtesy Palm Springs Art Museum; **174ol** Grundrisse courtesy Gwathmey Siegel & Associates Architects llc; **177ul** Grundrissgestaltung David Hoxley; **180–181** Armando Salas Portugal/Luis Barragán © Barragán Foundation, Birsfelden, Schweiz/ProLitteris, Zürich, Schweiz/DACS. © DACS 2009; **184ol** Grundrisse von Benjamin Larkin Richards, courtesy Karine Gornes; **191u** Grundrisse courtesy Richard Rogers/Rogers Stirk Harbour + Partners; **195u** Grundrissgestaltung Thames & Hudson; **196–197** Fotos Mark Luscombe-Whyte/The Interior Archive; **197u** Grundrisse courtesy Agustín Hernández; **201u** Grundrisse courtesy Paulo Mendes da Rocha; **204ur** Grundrisse courtesy Scott Tallon Walker Architects; **208u** Grundriss courtesy John Pardey; **210r, 211u** Grundrisse courtesy Architect Mario Botta; **216o** Grundrisse courtesy Richard Meier & Partners; **221u** Grundrisse courtesy Eisenman Architects; **224u** Grundrisse courtesy Hopkins Architects Ltd.; **226ol** Leslie Brenner/Esto/VIEW Pictures Ltd.; **226ur, 227** Tim Street-Porter/Esto/VIEW Pictures Ltd.; **228, 229o** Shinkenchiku-sha/The Japan Architect Co., Ltd.; **229u** Grundrisse courtesy Tadao Ando; **233ur** Grundriss © Benthem Crouwel Architekten BV bna; **237u** Grundrisse mit freundlicher Genehmigung von Gloria Koenig; **238–239** Fotos Claire Arni/Charles Correa Associates; **239o** Grundriss courtesy Charles Correa Associates; **245u** Grundrisse courtesy Claudio Silvestrin; **246ul** Antti Lovag, Espace Cardin, Théoule-sur-Mer, 1992, Zeichnung, 60 x 83,5 cm, inv. 000 04 26. Foto François Lauginie. Collection FRAC Centre, Orléans, Frankreich; **251u** Grundrisse courtesy Legorreta + Legorreta; **257u** Grundriss courtesy Estudio Arquitectura Campo Baeza S.L., Madrid; **258–259** Hisao Suzuki, courtesy Estudio Arquitectura Campo Baeza S.L., Madrid; **263u** Grundrisse courtesy Roettger Architektur; **267u** Grundrisse courtesy Eric Owen Moss Architects; **272u** Grundrisse courtesy Antoine Predock; **275u** Grundrisse courtesy Anthony Hudson; **282ol** Grundrissgestaltung © Françoise Fromonot; **284–285** Fotos Hiroyuki Hirai/Shigeru Ban Architects; **284ur** Grundrisse courtesy Shigeru Ban Architects; **290u** Grundrisse courtesy O. M. Ungers, Köln; **292–293** Fotos Richard Davies; **292u** Grundrisse courtesy Future Systems; **294–297** Fotos Shinichi Atsumi/Studio Shun's; **296o** Grundrisse courtesy Atelier Hitoshi Abe; **298** Grundrisse courtesy Denton Corker Marshall; **304–305** Fotos Christian Richters; **305u** Grundrisse © Herzog & de Meuron; **310u** Grundriss © make architects, courtesy Ken Shuttleworth; **312–317** Fotos Ila Bêka & Louise Lemoîne, »Koolhaas HouseLife«, 2008. © Bêka/Lemoîne www.koolhaashouselife.com. © DACS 2009; **316u** Grundriss © OMA; **321u** Grundriss courtesy Souto de Moura; **322–323** Fotos Möbius House, Het Gooi 1993–1998/U. N. Studio; **322r** Grundrisse courtesy U. N. Studio; **324–327** Fotos © Paul Warchol; **326u** Grundrisse courtesy Steven Holl Architects; **328–331** Fotos Lyndon Douglas Photography; **329l** Grundrisse courtesy Adjaye/Associates Ltd.; **332–335** Fotos Earl Carter/Sean Godsell Architects; **335u** Grundrisse courtesy Sean Godsell Architects; **336–337** Fotos Roland Halbe Fotografie; **336r** Grundrisse courtesy Werner Sobek Stuttgart GmbH & Co.; **338** Grundriss courtesy Richard Horden, Horden Cherry Lee, London, und Lydia Haack & John Höpfner, Haack + Höpfner, München; **339** Sascha Kietzsch; **340–341** Dennis Gilbert/VIEW Pictures Ltd.; **348–351** Albert Lim; **352–355** Benjamin Benschneider; **355u** Grundrisse courtesy Olson Kundig

REGISTER

Aalto, Alvar 14, 70, 106–109, 156, 356, 361, 363, 364
Abe, Hitoshi 294–297, 356
Adjaye, David 328–331, 356
Adler & Sullivan 360
Afrikanische Architektur, Einfluss 192, 256, 328
Albers, Josef 132, 363
Alchemy Architects 338
Alsop, Will 359
Ando, Tadao 228–229, 356
Antonopoulos, Nicholas 168
Art déco 13, 17, 60, 61, 76, 77, 84, 86, 361
Art nouveau 13
Art Workers' Guild 32
Arts and Crafts 11, 12, 28, 32, 33, 40, 44, 48, 49, 52, 60, 61, 70, 155, 168, 274, 356, 358, 360, 361, 363, 364
Australien:
    Carter/Tucker Haus (Sean Godsell) 332–335
    Farmhaus (Denton Corker Marshall) 298–303
    Rose Seidler Haus (Harry Seidler) 132–135
    Simpson-Lee Haus (Glenn Murcutt) 280–283
Avanti Architects 96

Badovici, Jean 17
Baillie Scott, Mackay Hugh 11, 12, 28–31, 356, 361
Balmond, Cecil 312
Ban, Shigeru 21, 230, 284, 294, 356
Barnes, Edward Larabee 172, 358
Barragán, Luis 21, 180–181, 238, 240, 250, 279, 356
Bauhaus 13, 60, 94, 114, 132, 357, 358, 361, 363, 364
Bawa, Geoffrey 21, 116–119, 356
Bearth & Deplazes 260
Beaudouin, Eugène 362
Bedmar & Shi 21–24, 348–351, 356
Bedmar, Ernesto 348–351, 356
Behrens, Peter 358, 361
Belgien:
    Hotel Solvay (Victor Horta) 10
    Palais Stoclet (Josef Hoffmann) 12
Bentham, Jan 230–233, 356
Berglund, Staffan 11, 23
Berglund, Tor 63
Bertoia, Harry 60
Bianchi, Amedeo 88
Bigot, Alexandre 37
Bijvoet, Bernard 19
Blackie, Walter W. und Anna 40
Boeke, Al 176
Botta, Mario 155, 210–213, 357
Braque, Georges 58, 362
Brasilien:
    Casa Grécia (Isay Weinfeld) 342–347
    Haus in Canoas (Oscar Niemeyer) 142–145
    Millán Haus (Paulo Mendes da Rocha) 198–201
Breuer, Marcel 13, 56, 94, 114–115, 132, 357, 359, 361, 363
Brown, Denise Scott 364

Brutalismus 64, 156, 160, 198, 199, 286, 361, 363
Buckley Gray Yeoman 338
Buckminster Fuller, Richard 20, 23, 26, 230, 338, 357

Campo Baeza, Alberto 256–259, 357
Candela, Félix 168, 170
Cardin, Pierre 246, 249
Carter, Earl 322
Caruso St John 322
Case-Study-House-Programm 16, 120, 150, 168, 188, 234, 357–359, 362
Casillas, Andrés 180
Cassandre 58
Chace, Clyde und Marian 56, 57
Chareau, Pierre 13, 19, 58, 78, 361
Chermayeff, Serge 80, 90–93, 274, 357, 362
Chihuly, Dale 187
Chile:
    Casa Klotz (Mathias Klotz) 25
Chipperfield, David 356
Connell, Amyas 96, 360
Connell, Ward & Lucas 96, 360
Copienne, Armand 362
Correa, Charles 238–239, 357
Costa, Lúcio 362
Courtauld, Sir Stephen und Virginia 84
Crouwel, Mels 356

Dalbet, Louis 19
Dalsace, Dr Jean 19
Dänemark:
    Rothenborg Haus (Arne Jacobsen) 70–75
Davies, Mike 80
Davis, Charles 356
De Stijl 15
Deaton, Charlee 168
Deaton, Charles 11, 23, 168–171, 357
Dekonstruktivismus 218, 264, 357
Denton Corker Marshall (John Denton, Bill Corker und Barrie Marshall) 292, 298–303, 356
Desert Modernism 166, 167, 358
Deutschland:
    Haus Sobek/Haus R128 (Werner Sobek) 9, 336–337
    Haus Ungers III (O. M. Ungers) 286–291
Devey, George 364
Dinkeloo, John 362
Dorn, Marion 84

Eames, Charles und Ray 14, 60, 120–125, 132, 150, 188, 222, 357, 362
Egerström, Folke 180
Eisenman, Peter 8, 218–221, 357, 358
Ellrichshausen, Pezo von 260
Ellwood, Craig 188, 192–195, 202, 357
Elrod, Arthur 182
Engelmann, Paul 17
England:
    66 Frognal (Colin Lucas) 96–99
    Baggy Haus (Anthony Hudson) 274–279
    Bentley Wood (Serge Chermayeff) 90–93
    Blackwell (Mackay Hugh Baillie Scott) 11, 28–31

Bungalow A (Berthold Lubetkin) 80–83
Crescent House (Ken Shuttleworth) 306–311
Dr Rogers Haus (Richard Rogers) 188–191
Elektra Haus (David Adjaye) 328–331
Eltham Palace (Seely & Paget) 13, 84–87
Goddards (Edwin Lutyens) 32–35
Homestead (Charles F. A. Voysey) 48–51
Hopkins Haus (Michael und Patty Hopkins) 222–225
Spence Haus (Basil Spence) 156–159
Upper Lawn Pavilion (Alison und Peter Smithson) 160–163
Voewood/Home Place (Edward Prior) 33, 44–47
Engströmer, Rolf 84
Entenza, John 16, 120, 234, 357
Ernest George & Peto 360
Esherick, Joseph 176–179, 358
Esherick, Wharton 154, 358

Farnsworth, Dr. Edith 8, 136
Fasano, Rogério 364
Featherstone, Sarah 359
Ferrater, Carlos 207
Fertigbauweise 20, 23, 26, 120, 121, 146, 147, 160, 188, 198, 230, 234, 293, 337, 338, 339
Finch, Simon 45
Finnland:
    Villa Mairea (Alvar Aalto) 106–109
Foster, Norman 188, 359, 362, 363
Foster, Wendy 188
Frank, Suzanne 218, 219
Frankreich:
    Atelierhaus für Chana Orloff (Auguste Perret) 58–59
    E-1027 (Eileen Gray) 9, 13, 17, 96, 214
    Haus nahe Bordeaux (Rem Koolhaas) 312–317
    Maison de Verre (Pierre Chareau) 19
    Maison Prouvé (Jean Prouvé) 146–149
    Palais Bulles (Antti Lovag) 246–249
    Rudin Haus (Herzog & de Meuron) 304–305
    Villa Majorelle (Henri Sauvage und Louis Majorelle) 36–39
    Villa Noailles (Robert Mallet-Stevens) 8, 76–79
    Villa Savoye (Le Corbusier) 10, 15, 64–69, 100, 164, 358
Frey, Albert 110, 166–167, 318, 358
Fry, Maxwell 274
Future Systems (Jan Kaplicky und Amanda Levete) 292–293, 359
Futuro Haus 23

Gamble, Familie 52
Garcia, José Villagrán 250
Gaudí, Antoni 11, 13, 40
Gehry, Frank 226–227, 264, 358
Gesellius, Herman 362
Giacometti, Alberto 78
Godard, Jean-Luc 20
Godsell, Sean 332–335, 358
Goeritz, Mathias 356

Goulding, Sir Basil und Valerie 202
Graves, Michael 358
Gray, Eileen 9, 13, 17, 96, 214
Greenberg, Arthur N. 250
Greene & Greene (Charles und Henry Greene) 11, 52–55, 60, 70, 358
Gropius, Walter 13, 22, 56, 70, 94–95, 114, 132, 357, 358, 359, 363
Gruber, Jacques 37
Gruppo 7 363
Guadet, Julien 362
Guévrékian, Gabriel 78
Gullichsen, Familie 106, 107
Gwathmey, Charles 9, 172–175, 358
Gwathmey, Robert und Rosalie 172, 173
Gwynne, Patrick 274

Haack + Höpfner (Lydia Haack und John Höpfner) 338–341, 359
Haertling, Charles A. 246
Hahl, Nils-Gustav 106
Halprin, Lawrence 176
Hardoy, Jorge Ferrari 132
Harvard Five 114, 359
Häusermann, Pascal 246
Hejduk, John 358
Henderson, Noel und Lyndsay 298
Hernández, Agustín 196–197, 358
Hernández, Amalia 358
Herzog & de Meuron (Jacques Herzog und Pierre de Meuron) 21, 304–305, 322, 358
Hispanische/prähispanische Architektur, Einfluss 180, 196, 206, 250, 268
Hoffmann, Josef 12, 13
Holl, Steven 324–327, 358
Holsoe, Paul 359
Holt, Sir Edward 28
Honeyman & Keppie 361
Hopkins, Michael und Patty 222–225, 359
Horden, Richard 26, 338–341, 359
Horta, Victor 10, 13
Hudson, Anthony 274–279, 359
Hugonnet, Henri 362

Indien:
    Haus in Koramangala (Charles Correa) 238–239
Internationaler Stil 16, 21, 94, 110, 136, 246, 360
Irland:
    Goulding Haus (Scott Tallon Walker) 202–205
Isozaki, Arata 26, 356
Italien:
    Casa Malaparte (Curzio Malaparte) 20
    Villa Bianca (Giuseppe Terragni) 88–89
    Villa Ottolenghi (Carlo Scarpa) 24, 292

Jacobsen, Arne 14, 70–75, 156, 359
Japan:
    Koshino Haus (Tadao Ando) 228–229
    Papierhaus (Shigeru Ban) 284–285
    Truss Wall House (Ushida Findlay) 26
    Wasser-Glas-Haus (Kengo Kuma) 27
    Gästehaus Yomiuri (Hitoshi Abe) 294–297

Japanische Architektur, Einfluss 27, 52, 57, 106, 110, 120, 228, 240, 284, 332, 338, 358, 360
Jeanneret, Pierre 64
Jekyll, Gertrude 32, 34
Johansen, Ati Gropius 94
Johnson, Philip 9, 19, 114, 126–131, 136, 226, 359
Jones, A. Quincy 192
Judd, Donald 298
Jugendstil 10, 11, 13, 36, 37, 40, 48, 361
Justman, Ary 58

Kahlo, Frida 18
Kahn, Louis 154–155, 357, 359, 364
Kaufmann, Edgar J. 8, 100, 110–112
Kétoff, Serge 362
Kiley, Dan 150
Kinslow, Tom 260, 363
Kivett & Myers 357
Klimt, Gustav 12
Klotz, Mathias 25, 260
Knoll, Florence 60
Koenig, Gloria 234, 235
Koenig, Pierre 26, 234–237
Kogan, Marcio 364
Koolhaas, Rem 21, 312–317, 359
Kretz, Jeanne 36
Kubismus 12, 17, 22, 58, 76–78, 180, 210, 238, 291
Kuma, Kengo 21, 27
Kundig, Tom 24, 352–355, 360

Lange, Emil 52
Larsson, Carl 14
Lasdun, Denys 358, 359
Lassen, Fleming 70
Laurens, Henri 78
Lautner, John 142, 168, 170, 182–187, 202, 360
Lawson, Linda 264
Le Corbusier 10, 15, 17, 18, 58, 64–69, 70, 76, 80, 100, 132, 166, 172, 214, 238, 356, 257, 358, 360, 362
Legorreta, Ricardo 21, 238, 240, 250–255, 360
Lehrer, Mia 250
Libera, Adalberto 20
Lindgren, Armas 362
Lloyd, Reverend Percy 44
Lods, Marcel 362
Loos, Adolf 12, 17, 274, 361, 363
Lovag, Antti 170, 246–249, 360
Lubetkin, Berthold 80–83, 274, 360
Lucas, Colin 96–99, 360
Ludwig, Ernst, Großherzog von Hessen 28
Lutyens, Edwin 12, 32–35, 360, 363

Macdonald-Mackintosh, Margaret 40
Mackintosh, Charles Rennie 40–43, 60, 274, 361
Majorelle, Jacques 361
Majorelle, Louis 36–39, 361
Malacrida, Peter 84, 86
Malaparte, Curzio 20
Mallet-Stevens, Robert 8, 76–79, 361, 362
Man Ray 76
Mann, Ida 80

Marcelle, Lawrence 260
Marmol Radziner 110
Marshall-Andrews, Bob 292
Marsio-Aalto, Aino 107, 356
Martel, Joël und Jan 78
Mawson, Thomas 28
Meier, Richard 9, 210, 214–217, 358, 361
Melnikov, Konstantin 16
Mendelsohn, Erich 80, 90, 357
Mendes da Rocha, Paulo 198–201, 361
Mexikanische Architektur, Einfluss 181, 192, 196, 250, 356
Mexiko:
    Casa Hernández (Agustín Hernández) 196–197
    Gestüt San Cristóbal (Luis Barragán) 180–181
    Rivera/Kahlo Haus & Ateliers (Juan O'Gorman) 18
Micro Compact Home 338–341
Mies van der Rohe, Ludwig 8, 13, 19, 56, 70, 76, 120, 126, 136–141, 192, 202, 203, 280, 284, 359, 361
Milam, Arthur 22
Millán, Fernando 198
Minimalismus 26, 180, 198, 228, 240, 244, 256, 260, 280, 286, 304, 328, 336, 358, 362
Mirrielees, Sir Frederick und Margaret 32–33
MLTW Architects 176
Moderne 13–18, 20, 21, 25, 40, 48, 56–58, 60–61, 64, 70, 76, 80, 83, 88, 90, 94, 96, 106–107, 110, 114, 116, 120, 121, 126, 132, 136, 142, 146, 150, 154, 156, 180, 188, 192, 196, 206, 238, 250, 264, 274, 280, 332, 356, 357, 359, 360, 361, 363, 364
    Australisch 132, 280
    Englisch 80, 96, 274
    Italienisch 88
    Irisch 202
    Kalifornisch 14, 57, 83, 110, 120, 121, 192, 234, 280, 362
    Skandinavisch 14, 70
Moore, Henry 90
Morphosis 264
Morris, William 44, 52, 361
Moss, Eric Owen 264–267, 361
Murcutt, Glenn 21, 280–283, 332, 361
Muthesius, Hermann 28

Narini 84, 86
Neoklassizismus 17, 32, 33, 40, 70, 274, 356, 360, 362
Neogotik 11
Nervi, Pier Luigi 357
Neuendorf, Hans und Carolina 240
Neutra, Richard 10, 14, 26, 57, 110–113, 361, 363
New York Five 172, 214, 218, 357, 358, 361
Nicholson, Ben 90
Niederlande:
    Benthem Haus (Jan Benthem) 230–233
    Möbius Haus (UN Studio) 294, 322–323
    Schröder Haus (Gerrit Rietveld) 15
Niemeyer, Oscar 132, 142–145, 362, 363
Noailles, Vicomte und Vicomtesse de 76

Novarina, Maurice 362
Noyes, Eliot 114

O'Gorman, Juan 18
Olson, Jim 360
Olson Kundig Architects 360
Orloff, Chana 58–59
Österreich:
    Haus Wittgenstein 17
    Villa Wagner II 13
Ottolenghi, Carolo 24
Ove Arup & Partners 80, 202, 312

Palevsky, Max 192
Palmer & Turner 356
Pardey, John 156
Pawson, John 199, 240–245, 362
Perret, Auguste 13, 58–59, 80, 360, 362
Perret, Claude 362
Perret, Gustave 362
Perriand, Charlotte 69
Peter Hall Manufacturing Company 52
Pevsner, Nikolaus 96
Piano, Renzo 362
Picasso, Pablo 90
Piper, John 90
Portugal:
    Moledo Haus (Eduardo Souto de Moura) 318–321
Postmoderne 164, 218, 357
Predock, Antoine 268–273, 362
Prior, Edward 12, 33, 40, 44–47, 362, 364
Prouvé, Henri 362
Prouvé, Jean 26, 146–149, 230, 338, 360, 362

Reis, António 318
Rietveld, Gerrit 15
Rivera, Diego 18
Roche, Kevin 362
Rogers, Dr. Nino und Dada 188
Rogers, Ab 188
Rogers, Richard 9, 10, 188–191, 222, 230, 359, 362
Rogers, Su 188
Rogers Stirk Harbour & Partners 80, 362
Rose, Rusty und Deedie 268
Rossi, Aldo 358
Rothenborg, Max 70
Rudolph, Paul 22
Ruskin, John 28, 44, 52
Russell, William 356
Russland:
    Melnikov Haus (Konstantin Melnikov) 16

SAA Partnership 356
Saarinen, Eero 60, 61, 120, 150–153, 357, 362, 364
Saarinen, Eliel 60–63, 150, 362
Saarinen, Loja 60, 61, 63
Sagués, María 11
Samitaur Smith, Frederick und Laurie 361
Sarazin, Charles 361
Sauvage, Henri 12, 36–39, 361
Savoye, Pierre und Emilie 64
Scarpa, Carlo 24, 292, 357
Schindler, Rudolph 9, 13, 56–57, 110, 188, 332, 360, 361, 363

Schnabel, Marna und Rockwell 226
Schottland:
    Hill Haus (Charles Rennie Mackintosh) 40–43, 60
Schröder, Truus 15
Schweden:
    Lilla Hyttnäs/Larsson Haus (Carl Larsson) 14
    Villa Spies (Staffan Berglund) 11, 23
Schweiz:
    Haus in Riva San Vitale (Mario Botta) 210–213
Scott Tallon Walker (Michael Scott, Ronald Tallon und Robin Walker) 202–205, 363
Seddon, J. P. 364
Seely & Paget (John Seely und Paul Paget) 13, 84–87, 362, 363
Seidler, Harry 9, 114, 132–135, 363
Seidler, Rose 132
Sergison Bates 160
Serra, Richard 260, 298
Shaw, Norman 44, 361, 362
Shi, Patti 356
Shulman, Julius 21
Shuttleworth, Ken 12, 306–311, 363
Siegel, Robert 358
Silvestrin, Claudio 199, 240–245, 362
Simpson-Lee, Geelum und Sheila 280
Siza, Álvaro 318, 363
Skandinavische Architektur, Einfluss 70, 156, 159, 280
Smith, Hamilton P. 357
Smith, Hinchman & Grylls 362
Smithson, Alison und Peter 160–163, 363
Soane, Sir John 286
Sobek, Werner 9, 26, 322, 336–337, 363
Solvay, Armand 10
Soriano, Raphael 188, 359
Souto de Moura, Eduardo 318–321, 356, 363
Spanien:
    Can Lis (Jørn Utzon) 206–209
    Casa Gaspar (Alberto Campo Baeza) 256–259
    Neuendorf Haus (John Pawson und Claudio Silvestrin) 240–245
    Villa Bellesguard (Antoni Gaudí) 11
Spence, Basil 156–159, 160, 359, 363
Spies, Simon 23
Sri Lanka:
    Lunuganga (Geoffrey Bawa) 116–119
Stickley, Gustav 52
Stoclet, Adolphe und Suzanne 12
Stoller, Ezra 21
Stonborough-Wittgenstein, Margarethe 17
Storrow, Helen 94, 114
Sullivan, Louis 360
Suuronen, Matti 23

Tasker, Sir Robert 96
Taut, Bruno 27
Terragni, Angelo 88
Terragni, Attilio 363
Terragni, Giuseppe 88–89, 363
Tucker, Wanda 332
Tunnard, Christopher 90
Turner, Sidney Claridge 48

UN Studio (Ben van Berkel und Caroline
    Bos) 11, 294, 322–323, 363, 364
Ungers, O. M. 286–291, 364
Ungers, Simon 260–263, 364
USA:
    Breuer Haus II, (Marcel Breuer)
        114–115
    Douglas Haus (Richard Meier) 210,
        214–217
    Eames Haus / Case Study #8
        (Charles und Ray Eames) 120–125,
        188, 222
    Elrod Residence (John Lautner)
        142, 168, 182–187
    Esherick Hedgerow House (Joseph
        Esherick) 176–179
    Esherick Haus (Louis Kahn) 154–155
    Fallingwater (Frank Lloyd Wright) 10,
        100–105, 106, 110, 202
    Farnsworth Haus (Ludwig Mies van der
        Rohe) 19, 126, 136–141, 192, 203,
        222, 284
    Frey Haus II (Albert Frey) 166–167
    Gamble Haus (Greene & Greene) 11,
        52–55, 60
    Gehry Haus (Frank Gehry) 226–227
    Glass House (Philip Johnson) 9, 19, 114,
        126–131, 136
    Greenberg Haus (Ricardo Legorreta)
        250–255
    Gropius Haus (Walter Gropius) 94–95
    Gwathmey Haus & Studio
        (Charles Gwathmey) 172–175
    Haus VI (Peter Eisenman) 8, 218–221
    Irwin Miller Haus (Eero Saarinen)
        150–153
    Kaufmann Haus (Richard Neutra) 10,
        110–113
    Koenig Haus #2 (Pierre Koenig)
        234–237
    Lawson-Westen Haus (Eric Owen Moss)
        264–267
    Milam Residence (Paul Rudolph) 22
    Palevsky Haus (Craig Ellwood)
        192–195
    Saarinen Haus (Eliel Saarinen) 60–63
    Schindler Haus (Rudolph Schindler) 9,
        56–57
    Sculptured House (Charles Deaton)
        11, 168–171
    Studhorse (Tom Kundig) 24, 352–355
    T-House (Simon Ungers) 260–263
    Turtle Creek House (Antoine Predock)
        268–273
    Vanna Venturi Haus (Robert Venturi)
        164–165
    Wichita Haus (Richard Buckminster
        Fuller) 20
    Y-Haus (Steven Holl) 324–327
Ushida Findlay (Eisaku Ushida und Kathryn
    Findlay) 12, 26
Utzon, Jørn 206–209, 364

Vallejo, Alvaro 192
Venturi, Robert 9, 155, 164–165, 364
Venturi, Vanna 164
Voysey, Charles F. A. 12, 28, 40, 48–51,
    274, 361, 364

Wagner, Otto 12, 361, 363
Wales:
    Haus in Wales (Future Systems) 292–293
Walford, Geoffrey 96
Ward, Basil 96, 360
Waring & Gillow 357
Webb, Philip 44, 361
Weissenburger, Lucien 36
Werkmäster, Jerk 84, 86
Westen, Tracy 264
Western Pennsylvania Conservancy 100
Whitney, David 126
Wiener Secession 13
Wiener Werkstätte 12
Williams, Amancio 202
Wittgenstein, Ludwig 17
Wren, Sir Christopher 84
Wright, Frank Lloyd 8, 10, 14, 24, 56, 57,
    58, 100–105, 106, 110, 182, 202, 318,
    322, 332, 360, 361, 363
Wyman, George 168

Yorke, F. R. S. 357

Zehrfuss, Bernard 357

FÜR FAITH UND DANIELLE

Dominic Bradbury ist Journalist und Autor. Er schreibt für zahlreiche Publikationen, darunter *Wallpaper**, *World of Interiors*, *House & Garden*, *Vogue Living*, *The Telegraph*, *The Times* und *The Financial Times*. Zu seinen vielen Buchveröffentlichungen zählen *Mid-Century Modern Complete: Design des 20. Jahrhunderts*, *The Iconic Interior*, *Mountain Modern* und *Waterside Modern*.

Richard Powers ist ein auf Architektur und Interieurs spezialisierter Fotograf. Zu seinen Buchveröffentlichungen zählen *The Iconic Interior*, *Beyond Bawa* und *New Paris Style*.

Titelbild: Farnsworth House, entworfen von Ludwig Mies van der Rohe. Foto von Richard Powers
Rückendeckel (von links): Rothenburg Haus, entworfen von Arne Jacobsen; Glass House, entworfen von Philip Johnson; Dr Rogers House, entworfen von Richard Rogers.
Fotos von Richard Powers

DANKSAGUNG

Dominic Bradbury und Richard Powers bedanken sich bei den vielen Eigentümern, Architekten, Hütern und Bewahrern der Häuser, die auf diesen Seiten vorgestellt sind, für ihre großzügige Hilfe und Unterstützung. Ohne ihren Beistand wäre dieses Buch nicht möglich gewesen. Wir danken außerdem den zahlreichen im Buch erwähnten Architekturbüros und ihren Mitarbeitern, die uns bei der Produktion dieser Publikation geholfen haben.

Unser ganz besonderer Dank geht außerdem an John Allan & Avanti Architects, Catherine Coley, Claire Curtice, Catherine Drouin, Albert Hill & Matt Gibberd, Sarah Kaye, Coralie Langston-Jones, Davide Macullo, Marmol Radziner Architects, Lyz Nagan, John Pardey, Sergison Bates Architects, Theresa Simon, Shannon Stoddart von TKCM, Paul Stelmaszczyk & Rogers Stirk & Harbour, Sara Tonolini & Mornatti Consonni Architects, Ariane Tamir, Anna Utzon, Richard Whitaker von Sea Ranch, Sidney Williams vom Palm Springs Art Museum und den Angestellten der RIBA Library. Ganz besonderer Dank gebührt auch Jonny Pegg, Gordon Wise und Shaheeda Sabir von Curtis Brown, Louise Thomas und Lucas Dietrich, Cat Glover, Sarah Praill, Jenny Wilson, Jane Cutter und Sam Ruston von Thames & Hudson.

Veröffentlicht im Rahmen einer Kooperation mit
Thames & Hudson, Ltd, London
Erste englische Ausgabe 2009 bei Thames & Hudson erschienen.
Diese überarbeitete und erweiterte Ausgabe:
The Iconic House: Architectural Masterworks since 1900
© 2018 Thames & Hudson
Text © 2009 und 2018 Dominic Bradbury
In Auftrag gegebene Fotos © 2009 und 2018 Richard Powers

Deutsche Ausgabe:
Wohnhäuser: 103 Ikonen der Architekturgeschichte

© 2018
Detail Business Information GmbH, München
www.detail.de

Erste deutsche Ausgabe 2009 bei Prestel erscheinen unter dem Titel: *100 Häuser aus 100 Jahren. Von Gaudí bis Koolhaas*.

Übersetzung aus dem Englischen:
Christiane Court, Frankfurt am Main; Nikolaus G. Schneider, Berlin; Nicoline Brodehl für keiki communication, Berlin
Lektorat: Hannes Schmidt, Hands & Fingers
Projektleitung: Nicola Brower
Umschlag: Jan Haux
Satz: Roswitha Siegler
Druck und Bindung: C&C Offset Printing Co. Ltd., China

ISBN 978-3-95553-418-9

Dieses Werk ist urheberrechtlich geschützt. Die dadurch begründeten Rechte, insbesondere die der Übersetzung, des Nachdrucks, des Vortrags, der Entnahme von Abbildungen und Zeichnungen, der Mikroverfilmung oder der Vervielfältigung auf anderen Wegen und der Speicherung in Datenverarbeitungsanlagen, bleiben, auch bei nur auszugsweiser Verwertung, vorbehalten. Eine Vervielfältigung dieses Werks oder von Teilen dieses Werks ist auch im Einzelfall nur in den Grenzen der gesetzlichen Bestimmungen des Urheberrechtsgesetzes in der jeweils geltenden Fassung zulässig. Sie ist grundsätzlich vergütungspflichtig. Zuwiderhandlungen unterliegen den Strafbestimmungen des Urheberrechts.

Bibliografische Information der Deutschen Nationalbibliothek: Die Deutsche Nationalbibliothek verzeichnet diese Publikation in der Deutschen Nationalbibliografie; detaillierte bibliografische Daten sind im Internet über http://dnb.d-nb.de abrufbar.